Mendel Plädoyer für die Entkolonisierung des Kindes

WV

Gérard Mendel

PLÄDOYER FÜR DIE ENTKOLONISIERUNG DES KINDES

Soziopsychoanalyse der Autorität

Walter-Verlag Olten und Freiburg im Breisgau

Der Titel der Originalausgabe lautet «Pour décoloniser l'enfant – Sociopsychanalyse de l'Autorité». Sie ist 1971 erschienen bei Payot in Paris.

Die Übersetzung aus dem Französischen besorgte
Gisela Hesse

1973

Satz und Druck: Druckerei und Verlagsanstalt Konstanz Am Fischmarkt
Einbandarbeiten: Walter-Verlag, Buchbinderei Heitersheim
Printed in Germany

ISBN 3-530-56 401-x

Selbst da, wo die Erwachsenen Verständnis für die Kinder als eigenständige Persönlichkeiten zeigen, weigern sie sich oft, ihnen eine eigene kollektive Existenz zuzugestehen, und statt das Entstehen einer Gesellschaft der Jugend zu fördern, widersetzen sie sich dem auf die verschiedenste Weise. Disziplinierung, Strafen, Anleitung zu Konkurrenzverhalten, Appell an die Eigenliebe und andere Maßnahmen zielen darauf ab, das Kind zur Anpassung an die Gesellschaft der Erwachsenen zu zwingen.

Aus dem «Einleitenden Bericht» zur XV. Generalversammlung der UNESCO (1958).

Inhalt

DRITTER TEIL: DIE PÄDAGOGISCHE REVOLUTION

Anhang

Vorwort zur deutschen Ausgabe

Die Neuauflage eines Buches oder seine Übersetzung können dem Autor ein willkommener Anlaß sein, sich den Weg zu vergegenwärtigen, den er seit der Niederschrift des Textes zurückgelegt hat. Dies eben möchte ich hier als Einleitung zu meinem «Plädoyer für die Entkolonisierung des Kindes», das im ersten Drittel des Jahres 1971 geschrieben wurde, zu tun versuchen.

Das Buch in seiner jetzigen Gestalt hat im Grunde seinen Ursprung in einigen Kapiteln einer schon 1969 begonnenen anthropologischen Arbeit, mit der ich mich auch heute noch beschäftige und deren erster Band 1972 unter dem Titel «Anthropologie différentielle» erschienen ist. Ähnlich läßt sich – und das scheint mir bemerkenswert – der Leitgedanke meines «Manifeste Educatif» (1973), das die natürliche Fortsetzung des «Plädoyers», dessen politisches Gegenstück bildet, auf den zweiten, in Vorbereitung befindlichen Band dieser Anthropologie zurückführen.

Um aber den Weg ganz verstehen zu können, der von der humanistischen und liberalen Ideologie meiner ersten beiden Schriften – «Die Revolte gegen den Vater» (1968) und «Die Generationskrise» (1969) – zur klaren Entscheidung für eine sozialistische, sich selbst verwaltende Gesellschaft führt, wie sie dem «Manifeste Educatif» zugrunde liegt, muß man noch eine andere, zur rein anthropologischen Betrachtung hinzutretende Dimension der soziopsychoanalytischen Disziplin einbeziehen, nämlich die Entwicklung der institutionalisierten Soziopsychoanalyse. Denn die genannte politische Entscheidung wurde, wie ich meine, aus wissenschaftlichen Gründen getroffen.

Die institutionalisierte Soziopsychoanalyse beschäftigt gegenwärtig etwa 60 Mitarbeiter, die in kleinen Gruppen in Frankreich, Belgien, Algerien und der Schweiz tätig sind; sie untersucht anhand von vorzugsweise in Bildungs- und Gewerkschaftseinrichtungen durchgeführten Studien die, man könnte sagen, psychologischen Probleme der Selbstverwaltung und der kollektiven Machtausübung in ihren Beziehungen zu den herrschenden Ideologien – einer Selbstverwaltung, die zwar erst noch zu verwirklichen ist, so hoffen wir wenigstens, die sich aber doch schon in einigen Institutionen, deren Angehörige die Macht kollektiv ausüben, andeutet. Eine Methode zur Analyse der Komponenten institutionalisierter Macht ist bereits Schritt für Schritt erarbeitet worden. Die Protokolle der Analysen, die Denkmodelle wurden seither in drei Bänden veröffentlicht: «Sociopsychanalyse I – Psychosociologie ... psychomanipulation?» (1972), «Sociopsychanalyse II – La plus-value de pouvoir» (1973) und «Sociopsychanalyse III – Psychanalyse et Sociopsychanalyse» (1973). Außerdem erschien ein Buch, das ein spezielleres Problem behandelt: «L'Angoisse atomique et les centrales nucléaires» (1973).

Ich habe oben das «Manifeste Educatif» aufgeführt. Sein Untertitel, «Contestation et socialisme», spricht für sich selbst. Es bildet die Ergänzung zum vorliegenden Buch, das zwar, wie ich glaube, was die Analyse des Phänomens Autorität und die These über den Kindheitsstatus angeht, seine Gültigkeit hat und durch die gesellschaftliche Entwicklung seit 1971 bestätigt wurde, das jedoch diese Aspekte nur sehr unzureichend in den gegenwärtigen politischen Kontext, d. h. die merkantile kapitalistische Gesellschaft und ihre vorherrschend bürgerliche Gesellschaftsideologie integriert hat.

Das eben genannte Buch, «Le Manifeste Educatif», gibt demnach auf Fragen wie diese Antwort: Wie entwickelt sich bei der Jugend die Ideologie des Protests, d. h. die antiautoritäre Ideologie, ausgehend von den Gegebenheiten des Schulsystems und der Gesellschaft? Inwiefern hängt diese Protest-Ideologie direkt zusammen mit den mächtigen Strömungen, die im neunzehnten Jahrhundert entstanden sind und als utopischer Sozialismus, Anarchismus, freiheitliche Bewegung und anarchistische Gewerkschaftsbewegung in Erscheinung traten? Wieso war die Durchschlagskraft der Marxschen ökonomischen Analysen in gewisser Weise der Entfaltung einer Theorie der Autorität und der Macht hinderlich? Warum konnte eine Theorie der Autorität – der Autorität, die Gegenstand der bekannten heftigen

Auseinandersetzungen zwischen dem Anarchisten Bakunin und dem «wissenschaftlichen Sozialisten» Marx auf der I. Internationale war – überhaupt erst nach den entscheidenden Beiträgen Freuds und Reichs zu diesem Problem konzipiert werden? Wie wird die Jugend als Ganzes zu einer ideologischen Klasse, und warum liegt es objektiv in ihrem eigenen Interesse, sich dem Sozialismus anzuschließen, warum muß sie aber auch den Kampf auf ihre eigene spezifische Weise führen, wenn sie in den Sozialismus die Elemente einbringen will, die sie selbst braucht? Und endlich: Wie kann dem Problem der institutionalisierten Macht klinisch begegnet und wie kann es vom Phänomen Autorität abgespalten werden?

Wir sind in der vorliegenden Einleitung auf diese Punkte etwas näher eingegangen; denn die beiden Schriften – «Plädoyer für die Entkolonisierung des Kindes» und «Manifeste Educatif» – bilden, wie uns scheint, gewissermaßen ein Diptychon, bei dem jeder Teil zwar ein in sich geschlossenes Ganzes ist, zugleich aber die Fragen beantwortet, die im anderen in der Schwebe blieben.

Im Mai 1973

Gérard Mendel

Einleitung

Die Atombombe hat das Leben auf dem Planeten nicht (noch nicht?) vernichtet. Die als technologische Revolution bekannte tiefgreifende Veränderung der Produktionsmittel, zu deren Erzeugnissen u. a. die Bombe gehört, hat jedoch weithin zur Auflösung der traditionellen sozialen und kulturellen Strukturen geführt. Wir sind uns noch längst nicht aller sich hieraus ergebenden Konsequenzen bewußt.

Eine der Thesen der vorliegenden Abhandlung besagt, daß jede Gesellschaft seit den Anfängen der Menschheit auf dem Phänomen Autorität basierte. Insbesondere haben alle Formen der Ausbeutung des Menschen durch den Menschen auf religiösem wie auf ökonomischem Gebiet – Ausbeutung der Kolonialvölker, Ausbeutung der Frau, des Kindes – sich das Phänomen Autorität, das seinen Ursprung in der biologischen und psychisch-affektiven Abhängigkeit des Kleinkindes vom Erwachsenen hat, zunutze gemacht.

Daher geht die Zerstörung unserer Gesellschaft, die uns Tag für Tag in einer Kette von kulturellen Hiroshimas vor Augen geführt wird, sehr viel tiefer, als es den Anschein hat, und greift unter verschiedenen Aspekten auf alle Gesellschaften der Erde über, die mit der technologischen Revolution in Berührung kommen[1]. Die Zerstörung reicht bis an die Wurzeln der Beziehungen des Individuums zu sich selbst und zur Gesellschaft, so daß man sich fragen muß, ob das Individuum – der Begriff des Individuums, individuelles Denken – die gegenwärtige Krise überhaupt überstehen wird.

Der auffälligste Aspekt dieser Krise ist der zunehmende Schwund jeden sozialen Konsenses, d. h. jener unausgesprochenen Anerkennung bestimmter gemeinsamer Werte und Überzeugungen, die das soziale Gefüge erst zu einem lebendigen Ganzen machen und die Beziehungen zwischen Individuum und Gesellschaft regeln. Unter Gesellschaft wird hier verstanden, was sie seit eh und je war: die Herrschaft einer Minderheit von Großen über die Mehrheit der Kleinen. Im Grunde sind wir Opfer der Gewohnheit, der Selbsttäuschung und mangelnder Einsicht in die Gesamtzusammenhänge; denn in Wirklichkeit führen die sozio-kulturellen Institutionen heute nur noch ein Scheindasein. Der Rest von Leben, der ihnen noch innewohnt, wird von Tag zu Tag weniger. Sobald sich ein Sturm erhebt, werden sie wie Kartenhäuser zusammenfallen.

Es sei vorerst nur darauf hingewiesen, daß vor unser aller Augen ein neuer Konsens den früheren, auf Autorität basierenden, abzulösen beginnt. Die innergesellschaftlichen Beziehungen haben den Charakter purer Gewalt angenommen. Pressure groups oder Gewerkschaften bieten dem Staat Trotz, der seinerseits in dem Maß, wie er an Autorität verliert, die Polizei verstärkt.

Unter solchen von Gewalt bestimmten Verhältnissen, wo Rechte und Werte wenig gelten, ist das Individuum dem Staat gegenüber ein Nichts. Ein Nichts. Wenn dann eines Tages der Information der Mund gestopft wird, wenn die Emotionen aufgepeitscht und manipuliert werden, ist der Sturm, der dann losbricht, ganz sicher nicht der Sturm der Freiheit!

Wir kennen sie schon, die auf pure Gewalt gegründete Gesellschaft, zumindest kennen wir ihre Vor-Formen – Faschismus und Stalinismus. Eine neue Gesellschaft dieser Art wäre weit besser fürs Überleben ausgerüstet: eine hochtechnisierte Polizei, psychologische Konditionierung, Psychopharmakologie, Psychotherapie im Dienste der «Umerziehung» und «Resozialisierung» . . .

Es gibt wohl keine dringendere Frage als die, welcher Art nach dem unvermeidlichen Untergang der Autorität ein nicht von nackter Gewalt bestimmter Konsens sein kann.

Bei dem Versuch, Ansätze zur Beantwortung dieser Frage aufzuzeigen, gehe ich von dem Standpunkt aus, daß der natürliche Zustand des Menschen der Konflikt ist.

Konflikte gibt es zum einen im Innern jeden Individuums, und die Psychoanalyse hat uns ausgiebig damit bekannt gemacht: Konflikt zwischen den unbewußten Trieben und dem Ich wie auch zwischen dem Ich und der äußeren Wirklichkeit. Darüber gibt u. a. die lang-

dauernde Periode der Kindheit Aufschluß, die relativ verzögerte psycho-motorische Entwicklung gegenüber der relativ beschleunigten sensorischen (sensorisch-motorische Diskrepanz), die Struktur des Unbewußten, das Vorherrschen erworbener Verhaltensweisen gegenüber angeborenen Automatismen.
Konflikte bestehen ferner zwischen der äußeren Wirklichkeit und dem Ich, jenem zwischen innen und außen vermittelnden Ich, das sich zum Sprachrohr der äußeren Wirklichkeit in der Innenwelt macht und zugleich die Interessen, Wünsche und Illusionen der Innenwelt gegen den brutalen Druck der äußeren Realität verteidigt.
Es ist also nicht verwunderlich, wenn das Ich in seiner Lage zwischen Hammer und Amboß dazu neigt, sich in Illusionen zu flüchten. Allerdings hat die Gesellschaft ihm dabei kräftig auf den Weg geholfen.
Es ist der Weg der Konfliktverschleierung, und bei der zwischen individuellem Ich und Gesellschaft bestehenden Komplizenschaft ist oft sehr schwer zu durchschauen, wieviel dabei auf das Schuldkonto der einen oder der anderen Seite geht. Das Individuum verdrängt, idealisiert, projiziert unbewußt («nicht ich bin's, sondern der andere»), und die Gesellschaft treibt es zum Verdrängen und Unterdrücken, zeigt an, auf wen projiziert werden soll – auf den Feind – und wer idealisiert werden soll – die Vatergestalt, der große Mann, der Führer, wobei sie diese Prozesse verstärkt, perpetuiert und für sich ausbeutet. Bisher ist es der Gesellschaft gelungen, recht und schlecht – denkt man an Krieg, Verfolgung, Ausbeutung aller Art, mehr schlecht als recht – eine gewisse Ordnung aufrechtzuerhalten, indem sie Projektion und Idealisation als «soziale Prothesen» institutionalisierte. Es herrschte Ordnung, d. h. jedem – *je nach Größe* – sein Platz, sein Rang, seine Privilegien, seine Macht. Das Gerüst, die Mittelachse aller dieser Prothesen, war das Phänomen Autorität.
Seien wir uns klar darüber, daß ein Ende des Kampfes innerhalb der beiden Konflikttypen, dem innerpsychischen und dem außerpsychischen (Individuum und Gesellschaft) nicht denkbar ist. Das Unbewußte ist Bestandteil der menschlichen Natur, und das Individuum wird erst innerhalb der Gesellschaft zum lebensfähigen Wesen (das Umgekehrte ist nicht richtig; und es könnte dem Staat in Zukunft vielleicht gelingen, die Individualität zu paralysieren). – Der Kon-

flikt ist also der natürliche Zustand des Menschen, ein Konflikt, dessen beide Pole zwar veränderlich, entwicklungsfähig sind, doch nicht zum Verschwinden gebracht werden können, ein Konflikt, der kein Kampf auf Leben und Tod, sondern ein unendliches Spiel gegensätzlicher Kräfte ist.

Das Phänomen Autorität hat sich im Lauf der Menschheitsgeschichte im Widerstreit antagonistischer Kräfte stark verändert. Die ehemals willkürlich und uneingeschränkt herrschende innere und äußere Autorität (die Kräfte des Unbewußten einerseits, die gesellschaftlichen Zwänge andererseits) wurden relativiert. Was so der Autorität nach und nach abgerungen wurde, nennen wir Werte: so wurden der Willkür der Gewalt das Recht, dem «Belieben» der Großen das Gesezt abgerungen, der Offenbarung die wissenschaftliche Wahrheit[2], der Allmacht der Gesellschaft die Macht des Individuums, der bedingungslosen Identifikation mit der eigenen Kultur das Bewußtsein von der Zufälligkeit der Kulturen; der Abhängigkeit wurde die (relative) Freiheit, der totalen Ungleichheit die (relative) Gleichheit, der Intoleranz die Toleranz abgerungen.

Das Entstehen dieser Werte läßt sich als eine völlig ungeplante Entkonditionierung des Autoritätsreflexes charakterisieren; sie bewirkte, daß die Mythen, die Götter, die Führer, die Großen dem Individuum immer weniger als die Verkörperung jener magischen Allmacht erschienen, die das Kleinkind unweigerlich seinen Eltern und den Erwachsenen allgemein beilegt. Das Individuum wurde im Lauf der Zeit erwachsen.

Der Ursprung dieser Entkonditionierung ist, nach meiner Überzeugung, von einem bestimmten Entwicklungsstadium an[3], *in einer jeweiligen Veränderung auf der Ebene der Produktivkräfte zu sehen.*

Heute jedoch ist als Folge der Revolution im Bereich der Produktivkräfte das Phänomen Autorität, das, wenn auch relativiert, die Gesellschaft immerhin noch zusammengehalten und den Konsens zwischen ihr und dem Individuum begründet hatte, in Zerfall begriffen.

Es ist leicht einzusehen, daß in dem Augenblick, wo die Entkonditionierung des Autoritätsreflexes ihren Höhepunkt erreicht, die Konfliktnatur des Menschen und seiner Beziehungen zur Gesellschaft am deutlichsten in Erscheinung treten muß.

Da aber das Individuum unglücklicherweise nicht gelernt hat, mit seinen Konflikten umzugehen, weicht es ihnen verzweifelt aus, sucht nach neuen Wegen, sie ins Dunkel abzuschieben, während es sich gleichzeitig – was jedoch mit dieser Konfliktverschleierung korreliert – angesichts der sich ihm eröffnenden Freiheit schuldig fühlt. Um ein Bild zu gebrauchen: es ist so, als wenn die Menschheit in eine neue geologische Epoche, z. B. eine neue Eiszeit, mit den Bekleidungs- und Lebensgewohnheiten einer Zeit mit tropischem Klima einträte.

Damit besteht die Gefahr, daß die Angst und das Schuldgefühl des Individuums gemeinsam mit der verstärkten Polizeigewalt des Staates einen auf pure Gewalt gegründeten sozialen Konsens herbeiführen. Eine neue Ordnung, die eine technologische Barbarei wäre.

Der andere mögliche – vielleicht mögliche, auf jeden Fall aber, meine ich, wünschenswerte – Konsens würde, wie der Leser bereits begriffen hat, auf dem nicht mehr verschleierten, sondern durchschauten, akzeptieren, institutionalisierten und zum *Wert* erhobenen Konflikt beruhen.

Eine derartige Entwicklung, die einen entscheidenden Schritt nach vorn bedeuten würde, kann sich, wie ich glaube, nicht vollziehen, ohne daß einerseits die bestehenden Werte als gültig anerkannt und bewahrt werden und andererseits das Phänomen Konflikt als neuer kollektiv akzeptierter Wert hinzutritt.

Da Konflikte nur ertragen werden können, wenn gelernt wird, sie offenzulegen und mit ihnen umzugehen, und da dies nur unter Mitwirkung der Gesellschaft geschehen kann, ist eine solche Entwicklung ohne eine pädagogische Revolution nicht vorstellbar.

Eine pädagogische Revolution vor allem deshalb, weil ein möglichst früh einsetzender Einübungsprozeß nötig ist, damit der Mensch lernt, offenen Auges mit seinen Konflikten zu leben. Und nichts ist dieser Reifung so hinderlich wie der Schatten, den die Gesellschaft auf die Kindheit wirft. Seit eh und je sind, von einer Generation zur anderen, auf das Schuldgefühl, das sich unvermeidlich beim Kind entwickelt, noch zusätzlich soziale Schuldgefühle gehäuft worden: «Das ist nichts für dich, das geht dich nichts an. Das geht nur die Großen etwas an. Und wenn du nicht gehorchst, haben wir dich nicht mehr lieb!»

Eine pädagogische Revolution auch deshalb, weil in der allgemeinen Auflösung der Gesellschaft das Kind und der Jugendliche in vorderster Linie, auf Vorposten stehen und den Folgen der radikalen Veränderungen der Produktivkräfte unmittelbar ausgesetzt sind. Darum muß für sie vor allem ein neuer *modus vivendi* gefunden werden.

Bisher wurde das Kind traditionsgemäß nach dem Modell der Gesellschaft, in der es aufwuchs, geprägt. Diese Tatsache macht verständlich, warum es nicht der Protagonist eines möglichen gesellschaftlichen Fortschritts sein, sondern ihn nur widerspiegeln, später als Erwachsener weitertradieren, günstigenfalls ausbauen konnte.

Heute ist dieses Modell zerbrochen, und meine Analyse scheint zu zeigen, daß es offenbar nicht wiederherstellbar ist.

Das Kind und der Jugendliche können sich also nicht mehr mit der sie umgebenden Kultur identifizieren, sie lehnen sie ab und werden sie immer energischer ablehnen; sie sind von der Gesellschaft, in der sie leben, abgeschnitten und werden sich immer mehr von ihr isolieren.

Die hier formulierten Vorschläge – Stimmrecht ab 12. Lebensjahr, konfliktbestimmte Koedukation der Altersstufen, Entfaltung der Kindheit als eines Zustandes sui generis und seine Erhaltung das ganze Leben hindurch parallel zum Erwachsensein – sowie das angeführte Beispiel: die Videoskopie als neues Instrument einer neuen Kultur – das alles sind nur Versuche, aufgrund der Analyse der heute aktuellen Widersprüche neue Funktionsgesetze aufzuzeigen, eine neue Form der Begegnung und der, nunmehr wechselseitigen, Beeinflussung von Kindheit und Jugend einerseits und Erwachsenen andererseits. Die Kindheit ist ebensowenig ein Zustand «an sich» wie das Erwachsensein; beide haben ihre jeweils spezifischen psychischen und neuro-biologischen Charakteristika, ihre eigene, sozusagen niemals abgeschlossene Entwicklung, und beide lassen sich nur in bezug aufeinander definieren.

Es war soeben von «aktuellen Widersprüchen» die Rede. Dazu gehört z. B., daß von der Erwachsenen-Gesellschaft verlangt werden muß, die ihr antagonistische Klasse selbst mit heranbilden zu helfen. Dazu gehört auch, daß von einer Jugend, die bisher von jeder Verantwortung ausgeschlossen war, verlangt werden muß, ihren Kampf mit taktischer Klugheit zu führen und sich langfristige Ziele zu setzen. Die Widersprüche würden aber verschleiert, wollten die Erwachsenen die Jugend für alle Übel des Jahrhunderts verantwortlich machen und meinten auf der anderen Seite die Jugendlichen, die Gesellschaft müsse samt ihren Werten radikal zerstört werden. Das würde zu einem neuen kalten Krieg führen, bei dem die Existenz eines Kollektivfeindes es jeder Gruppe, wie bei allen bisherigen Kriegen, erlauben würde, ihrer Aggressivität guten Gewissens freien Lauf zu lassen.

Eine andere regressive Lösung bestünde darin, daß die Erwachsenen die Leidenschaftlichkeit der Jugend benutzten, um die jungen Menschen zu fanatisieren und als eine neue «Hitlerjugend» auf einen beliebigen Sündenbock loszulassen.

Diese zweite negative Lösung könnte übrigens auf die erste folgen, wenn diese ihre Wirkung getan hat.

Die «Alternative» oder eine der «Alternativen» zu einer konfliktbestimmten Soziokultur ergäbe sich also unter Umständen aus dem Zusammenwirken des technologischen Polizeistaates, der Fanatisierung der Jugend und der seinen Schuldgefühlen entspringenden Weigerung des Individuums, «erwachsen zu werden».

In der vorliegenden Studie werden, wie auch in allen meinen früheren Schriften, die Beziehungen zwischen individuellem und gesellschaftlichem Bereich diskutiert; doch wird hier die Frage noch schärfer formuliert, unter welchen Bedingungen der Kampf im Innern des Individuums (die Verarbeitung des Schuldgefühls) und die gesellschaftlichen Kämpfe (gegen die verschiedenen Formen der Ausbeutung) sinnvoll zusammenwirken können.

Freud, Pawlow, Marx, Proudhon. Freud: das Unbewußte; Pawlow: die bedingten Reflexe und das zentrale Nervensystem; Marx: der Klassenkampf; Proudhon: der ewige Konflikt der Antagonismen. – Für Freud ist das Gesellschaftliche im wesentlichen die Widerspiegelung dessen, was von Geburt an im Individuum angelegt ist, für

Marx dagegen ist das Individuum ein soziales Wesen und tendiert bei ihm eher dazu, nichts als das zu sein.
Die Schwierigkeit besteht darin, dem Individuellen und dem Gesellschaftlichen gleichermaßen gerecht zu werden. In meiner Studie über die Generationenkrise habe ich einen für die Gattung Mensch spezifischen Teilaspekt des Individuellen herausgestellt – ich nannte ihn den «spezifischen anthropogenetischen Kern» –, der mit den neurobiologischen Eigentümlichkeiten der Gattung in Zusammenhang steht, bei Tieren nicht existiert, durch die Soziokulturen nicht determiniert ist, in ihnen aber seinen Ausdruck findet.
Ich bekenne mich nicht vorbehaltlos zur Theorie des Klassenkampfes; meine Vorbehalte lassen sich jedoch schon bei Marx selbst finden: der entscheidende Einfluß des technologischen Faktors auf die Klassenkämpfe[4], die unauflösliche Problematik der sich gegenseitig beeinflussenden Prozesse, der Wert dieser Problematik an sich und schließlich noch der Gedanke, daß Fortschritt sich nur auf der Basis der in der Vergangenheit gemachten Errungenschaften vollzieht; er fügt ihnen etwas Neues hinzu.
«Ohne Gegensatz kein Fortschritt; das ist das Gesetz, dem die Zivilisation bis heute gefolgt ist.»[5] Die verschiedenen sozialistischen Regime, die inzwischen entstanden sind, haben aber trotz dieser wissenschaftlichen Erkenntnis den Kampf der Gegensätze sorgfältig unterdrückt, indem sie ihre tatsächlichen und möglichen Gegner mundtot machten, etwa wie ein Psychoanalytiker, der seine Kenntnis des Unbewußten dazu benutzt, den Patienten, der sich ihm anvertraut, zu unterjochen. Das Fehlen jeglicher Gegenkräfte (die ja schon im Keim erstickt werden) gegen die Staatsmacht, d. h. die Macht der Besitzenden, ist ohne Zweifel der Grund für das ökonomische und politische Scheitern der bestehenden sozialistischen Regime, die damit «das absurde Problem, die Geschichte auszustreichen»[6], erfolgreich gelöst hätten. Auf innenpolitischer Ebene ist die Geschichte in der Sowjetunion zwar «ausgestrichen», auf internationaler Ebene kehrt sie jedoch zurück.
Was, außer der verstärkten Macht des Individuums, könnte ein Gegengewicht gegen die Allmacht des Staates bilden?
In seiner Beschreibung der revolutionären Rolle der Bourgeoisie (im

Manifest der Kommunistischen Partei) spricht Marx von den Masken, Schleiern und Illusionen, die sie zerrissen habe. «Sie hat, mit einem Wort, an die Stelle der mit religiösen und politischen Illusionen verhüllten Ausbeutung die offene, unverschämte, direkte, dürre Ausbeutung gesetzt.» (*Manifest*, p. 26) Marx konnte allerdings zu seiner Zeit die soziale und psychisch-affektive Bedeutung des Phänomens Autorität als eines Hauptfaktors bei der Konsolidierung jeder Form von Ausbeutung noch nicht sehen. Erst die Einbeziehung unbewußter Faktoren läßt erkennen, in welchem Ausmaß das Versagen der sozialistischen Regime auf die Konditionierung des Autoritätreflexes beim Kind zurückzuführen ist, eines Reflexes, der in diesen Systemen einfach deshalb vorhanden ist, weil er schon im voraufgehenden Gesellschaftssystem da war und weder aufgedeckt noch durch einen anderen ersetzt wurde[7]. Es läßt sich sogar behaupten – ich verweise auf die Arbeiten von Bronfenbrenner –, daß diese Konditionierung mittels Manipulation der frühkindlichen Angst vor Liebesentzug und Verlassenheit, d. h. also mittels Verstärkung und Perpetuierung seines archaischen Schuldgefühls, heute in der Sowjetunion ausgeprägter ist als im Westen oder in den USA.

Damit diese letzte Maske (aber gibt es nicht noch andere? ...) fiel und so vielleicht der Weg zu einem illusionslosen Sozialismus frei wurde, in dem das antagonistische Wechselspiel zwischen Individuum und Gesellschaft wirklich den sozialen Konsens bestimmt, war es sicher notwendig, daß die Umwälzungen im Bereich der Produktionsmittel sich zum *kapitalistischen System* auswuchsen. Nachdem die Maske gefallen ist, muß aber noch eine pädagogische Revolution dafür sorgen, daß das Kind so früh wie möglich, und zwar noch im kapitalistischen System, eine ständig und unvermeidlich *von Schuldgefühlen begleitete* Freiheit erlernen kann[8]. Hat nicht schon Marx behauptet, daß alle einer bestimmten Form von Produktionsverhältnissen inhärenten Widersprüche sich noch *vor* dem Übergang zur nächsten Phase enthüllt haben müßten[9]?

Unter diesem Gesichtspunkt entspricht der Begriff des Klassenkampfes, wie ich meine, so genau der faktischen Wirklichkeit, daß man ihn täglich in den Kämpfen neuer, im Gefolge der technologischen Revolution auftauchender Kräfte bestätigt finden kann.

So führte die radikale Veränderung der Produktivkräfte, die den Konflikt auf neue soziale Schichten ausweitete, in diesen zur Entwicklung neuer Formen von Klassenbewußtsein: Bewußtsein der Altersklasse, der sexuellen, der nationalen Klasse (Entwicklungsländer der Dritten Welt).

In den sozialistischen Ländern hat die Blockierung der Antagonismen, *bevor* das Phänomen Autorität demaskiert, *bevor* der Autoritätsreflex in Familie und Gesellschaft entkonditioniert wurde, im ganzen gesehen die innere, nationale Geschichte «ausgestrichen».

In den kapitalistischen Ländern bewirkte der Antagonismus von Bürgertum und Arbeiterklasse eine allgemeine Hebung des Lebensstandards, freilich ohne, zumindest bis jetzt, einen Fortschritt auf politischer und menschlicher Ebene herbeigeführt und ohne an die Privilegien der herrschenden Klasse und des Kapitals gerührt zu haben.

In den kapitalistischen Ländern *könnte* sich, dank der nachlassenden autoritären Konditionierung des Kindes[10] eine gesellschaftlich-politische Klasse der Kinder und Jugendlichen herausbilden, die für einen nicht nur ökonomischen Fortschritt kämpfte. Doch ich glaube weder an die messianische Sendung einer Klasse, noch an eine geschichtliche Notwendigkeit. Jede Klasse hat ihre besondere Rolle: Die bürgerliche und die Arbeiterklasse haben im Westen ihre antagonistische Rolle gespielt; die Arbeiterklasse hat 1930–33 in Deutschland ihre antagonistische Rolle nicht gespielt.

Der wunde Punkt bei diesem neuen von den Kindern und Jugendlichen zu führenden Klassenkampf liegt darin, daß dieser Kampf ohne Mitwirkung der Erwachsenen nicht in Gang kommen kann.

Die politische Analyse dieser Perspektiven wird durch die Tatsache erschwert, daß dieser Klassenkonflikt (d. h. Alters- und im weiteren gesellschaftlich-politischer Konflikt) sich *innerhalb* der bürgerlichen Klasse und *innerhalb* der Arbeiterklasse abspielt (es sind ja jeweils deren eigene Kinder); die Solidarität der Erwachsenen untereinander kann u. U. stärker sein als die Bindung an die eigene Klasse.

Der Klasse der Kinder und Jugendlichen steht noch die Aufgabe bevor, ein Klassenbewußtsein, langfristige Ziele und eine, je nach dem bestehenden Kräfteverhältnis, zwischen Klugheit und Kühnheit wechselnde Taktik zu entwickeln.

Es wäre ohne Frage wichtig, daß die traditionellen linken Kräfte die Altersklasse der Kinder und Jugendlichen bei der politischen Analyse wie auch in ihrem Kampf unterstützten. Es hat jedoch nicht den Anschein, als seien diese Kräfte, die mit im übrigen durchaus verständlichen ökonomischen Forderungen vollauf beschäftigt sind, sich des Einsatzes voll bewußt, um den es bei den gegenwärtigen Auseinandersetzungen innerhalb der Schule geht.

Die Grundvoraussetzung für einen «Sozialismus mit menschlichem Gesicht» ist ohne Frage eine irreversible pädagogische Revolution, die schon im kapitalistischen System beginnt und sich soweit durchsetzt, daß von Anfang an eine Gegenkraft gegen die in den ersten Zeiten des Sozialismus unvermeidliche Verfestigung der Staatsgewalt vorhanden ist. Der auf dem Phänomen Konflikt gründende Konsens muß dann im Grunde schon den auf Autorität basierenden abgelöst haben und wenigstens z. T. als kollektiver Wert akzeptiert worden sein. Die Blockierung der Gegensätze in den derzeitigen sozialistischen Ländern (in denen der überkommene Konsens auf der noch intakten Autorität beruht) verhindert eine solche Revolution.

Natürlich kann die autoritäre Verfestigung der sozialistischen Systeme auch in anderen als psychisch-affektiven Problemen ihren Ursprung haben. Aber selbst wirtschaftliche Schwierigkeiten stehen in hohem Maß mit «Gefühlen» d. h. mit psychisch-affektiven Faktoren, in Zusammenhang: z. B. mit der Teilnahmslosigkeit und mangelnden Verantwortungsfreude, die sich einstellen, sobald das rein persönliche Interesse nicht im Spiel ist. Wenn diese Motivation auch nach einer pädagogischen Revolution, die den Abbau der Projektionen und Idealisationen möglich macht, noch weiter besteht, so wird sie doch nicht mehr die einzige sein.

Im «kommunistischen Polizeistaat» ist also die Geschichte fürs erste «ausgestrichen». Geschichte kann sich heute, unter bestimmten Bedingungen, nur im kapitalistischen System entfalten[11].

Unter der trügerisch glatten Oberfläche der gegenwärtigen politischen Situation ist, wie mir scheint, schon ein Wettlauf im Gang zwischen den in dieser Studie formulierten neuen Tendenzen[12] und der wieder zur Macht strebenden Diktatur, d. h. dem Faschismus.

Nachdem ich schon mehr als ein Jahr an einer kritischen Abhandlung zur Anthropologie gearbeitet habe, wurde mir von der UNESCO eine Studie über die Autorität in Auftrag gegeben. Sie bildet den ersten und zweiten Teil der vorliegenden Schrift, während der dritte aus einigen Grundgedanken der in Vorbereitung befindlichen Abhandlung hervorgegangen ist.

Ich möchte bei dieser Gelegenheit allen denen danken, die mir seit 1968 mit Ermutigung und Kritik zur Seite gestanden haben. Besonderen Dank schulde ich Herrn Professor Naraghi, dem Leiter der Jugendabteilung bei der UNESCO, der mich mit der vorliegenden Studie über die Autorität beauftragte und dessen Hinweis und Ratschläge mir bei ihrer Abfassung eine große Hilfe waren. Ganz besonders danke ich auch Gerald Belkin, der mir Einblick in die praktische Anwendung der Videoskopie verschaffte.

Ein Wort noch zur äußeren Form der Studie. Die detaillierte Inhaltsangabe, die bewußt die Beziehungen zwischen dem individuellen und dem gesellschaftlichen Bereich in den Mittelpunkt stellt, bildet eine Art von Kontrapunkt zum eigentlichen Text. Diese zweifache Möglichkeit der Lektüre kann, wie ich hoffe, dem Leser helfen, sich gegen den etwas «terroristischen» Versuch einer Einschüchterung seines kritischen Verstands abzuschirmen, als welcher jede Darstellung dieser Art erscheinen muß, die ihre Hypothesen und Argumente notgedrungen in Form einer allein und allgemein gültigen Theorie vorbringt, während sich der Autor der Grenzen und Schwächen seines Buches sehr wohl bewußt ist.

Die am Schluß der Studie aufgeführte Inhaltsangabe ist als Arbeitsinstrument gedacht, dessen sich der Leser jederzeit bedienen kann, um sich bestimmte innere Beziehungen klarer zu verdeutlichen oder einen größeren Überblick zu gewinnen: sie entspricht damit in etwa den detaillierten maßstabtreuen Karten, die manchen Büchern beigegeben sind und auf denen man feststellen kann, wo und in welcher Umgebung sich die Handlung abspielt.

Juni 1971

Befaßt man sich mit dem Studium der Beziehungen zwischen den Erwachsenen und der Jugend in Gegenwart oder Vergangenheit, stößt man immer wieder mit nachgerade irritierender Regelmäßigkeit auf das Problem der Autorität. Auch die gegenwärtige *Protestbewegung* richtet sich ja offensichtlich vor allem gegen die traditionelle Autorität auf den verschiedensten Gebieten – Politik, Bildungswesen, Moral, Religion – ganz gleich, ob sich die Autorität auf Alter, Erfahrung, Tradition oder Geld, gesellschaftliche Position oder hierarchischen Stellenwert beruft.

Ich sagte, man «stößt» bei seinen Überlegungen auf dieses Problem, ganz so, als könne es unmöglich noch weiter hinterfragt werden. Das Ziel der vorliegenden Arbeit ist nun gerade, einen methodischen Zugang zum Phänomen Autorität aufzuweisen, der es erlaubt, über die klassische Antinomie zwischen zwei Formen der Autorität hinauszukommen, zwischen einer vom Individuum ausstrahlenden und der Gruppe oktroyierten Autorität – der «Führer», der eine «natürliche», charismatische Autorität im Sinne Max Webers besitzt – und einer Autorität, die von der Gruppe auf einen einzelnen delegiert wird, womit sie ihn zum Träger ihrer kollektiven Vorstellungen macht. Meine These mag zwar gewagt erscheinen, ich hoffe jedoch, die Argumente, die ich zu ihrer Begründung beibringen werde, und ihr heuristischer Wert, für den die sich ergebenden Folgerungen und Implikationen sprechen, werden den Leser für sie gewinnen.

Bevor ich aber im zweiten Teil dieser Studie meine These darlege, möchte ich in einem ersten Teil nach einer vorläufigen Begriffserklärung, die den Problemkreis abzugrenzen erlaubt, mich einer kurzen semantischen Analyse des Terminus «Autorität» zuwenden und anschließend einige theoretische Positionen zum Problem der Autorität aufführen.

ERSTER TEIL

DIE DREI CHARAKTERISTIKA DES PHÄNOMENS AUTORITÄT

1. Vorläufige Begriffsbestimmung und semantischer Hinweis

Vorläufige Begriffsbestimmung

Hier die Definition der *Encyclopaedia Universalis*: – «Autorität ist das Vermögen, ohne Rückgriff auf physischen Zwang ein bestimmtes Verhalten auf seiten derer, die ihr unterworfen sind, zu erwirken. Indem die Definition die Anwendung von Gewalt ausschließt, rückt sie das dem Phänomen Autorität inhärente psychische Element in den Vordergrund. Zugleich hebt sie damit die Tatsache hervor, daß das Phänomen notwendig aus dem Verhältnis zwischen dem jeweiligen Träger der Autorität und dem Subjekt, dessen Verhalten er beeinflußt, zu definieren ist. Damit ist gesagt, daß die psychische Komponente der Autorität nicht allein durch eine Analyse der individuellen Psychologien erschlossen werden kann. Sie besteht in einem bestimmten Verhältnis von Befehl und Gehorsam, so daß Autorität als ein soziales Phänomen anzusehen ist.»[13]

Wir werden später sehen, daß ich für mein Teil hinsichtlich des Fehlens von physischem Zwang und Gewalt bei der Ausübung von Autorität einige Bedenken habe.

Nach der «enzyklopädischen» Formulierung möchte ich die Definition anführen, die Schüler des Gymnasiums von Bordeaux-Bastide, Mitglieder des Jugendklubs der UNESCO, als Ergebnis ihrer Diskussionen vorlegten:

«Sie ist der Respekt vor der Gesamtheit der freiwillig akzeptierten, für jede organisierte Gemeinschaft unerläßlichen Regeln. Es wird eine der bleibenden Aufgaben der Erziehung sein, die Entfaltung dieser Autorität zu fördern.»[14]

Der Unterschied zwischen der Unterwerfung unter die Autorität, von der die klassische Definition spricht, und dem «freiwilligen» «Respekt» in der zweiten Formulierung springt sofort ins Auge.

Die breite Fächerung der möglichen Bedeutungen, die der Begriff, wie wir gleich sehen werden, annehmen kann, macht eine der Hauptschwierigkeiten bei der Beurteilung des Phänomens Autorität aus.

Semantischer Hinweis

Das Wörterbuch von Robert (Dictionnaire Robert) führt sechs mögliche Bedeutungen des Begriffs Autorität auf:

1. «Das Recht zu befehlen, die (anerkannte oder nicht anerkannte) Macht, Gehorsam zu erwirken.»
2. «Die Organe der Macht», anders gesagt: «die *Obrigkeit:* die Personen, die eine Amtsgewalt ausüben.»
3. «Allgemeinverbindliche Vollstreckungsgewalt von Akten der öffentlichen Autorität. *Autorität des Gesetzes.*»
4. «Autoritäre oder sehr selbstsichere Haltung.»
5. «Auf Verdienst oder Verführung beruhende Überlegenheit, die ohne Zwang Respekt, Vertrauen bewirkt. Siehe: *Achtung, Ansehen, Einfluß, Gewicht, Glaubwürdigkeit, Herrschaft, Magnetismus, Prestige, Ruf, Verführung.*
6. «Person, die eine Autorität ist. Ein Historiker, ein Werk, ein Gelehrter können eine Autorität sein.»

Vorerst einmal ist zu sagen, daß die Bedeutungen 1 und 2 miteinander verwandt sind (die Obrigkeit übt Autorität nur in ihrer Eigenschaft als Beauftragte aus), ebenso verhält es sich mit den Bedeutungen 4 und 5, die es mit den Begriffen «Einfluß, natürliche Autorität, Charisma» zu tun haben. Bedeutung 3 ist insofern interessant, als sie den Begriff der Ausschaltung oder Einschränkung von Willkür ins Spiel bringt: das Gesetz setzt per Definition, selbst wenn es ungerecht oder drakonisch ist, der totalen Willkür, die mit dem bloßen «Belieben» der Autoritäten gegeben wäre, Grenzen. Bedeutung 6 schließlich nimmt eine fast vollständige Entmythisierung der Autorität vor: der Gelehrte ist, zumindest heutzutage, erst dann eine Autorität, wenn er sich durch seine Arbeiten als solche ausgewiesen hat; die Autorität eines Gelehrten gründet heute nicht mehr auf einem Autoritätsprinzip, demzufolge ein «Aristoteles dixit» als Wahrheitsbeweis genügte: früher war es der Mensch oder der Text, der Autorität beanspruchte, heute ist es der experimentelle Nachweis.

So läßt schon Bedeutung 3 und mehr noch Bedeutung 6 eine semantische Weiterentwicklung der Vorstellung von Autorität, ja selbst des Wortgebrauchs erkennen. Im Fall 6, könnte man sagen, hat der Terminus fast völlig sein ursprüngliches Gewicht verloren und wird wohl in dieser Bedeutung überhaupt verschwinden: man spricht schon jetzt immer mehr von der wissenschaftlichen Glaubwürdigkeit eines Gelehrten, immer weniger von seiner Autorität.

Kommen wir jedoch noch einmal auf Bedeutung 1, die Hauptbedeutung, zurück. Dabei fällt angesichts der im Wörterbuch aufgeführten Beispiele auf, daß der Terminus an sich ganz unbestimmt und verschwommen ist, und erst durch das ihn begleitende Adjektiv, das den Sinn des Begriffs ins radikale Gegenteil verändern kann, seinen Aussagewert erhält: legitime Autorität und illegale Autorität.

Versuchen wir auszumachen, welcher gemeinsame Nenner sich für die verschiedenen Anwendungsmöglichkeiten des Begriffs Autorität in der ersten der sechs Bedeutungskategorien finden ließe.

«*Die höchste Autorität. Die Autorität des Souveräns, des Staatsoberhauptes. Die Autorität des Vorgesetzten gegenüber seinen Untergebenen, des Heerführers gegenüber seinen Soldaten ... Väterliche Autorität, Autorität des Vormunds gegenüber dem Minderjährigen ... Legitime, etablierte Autorität; illegale, usurpierte, angemaßte. Absolute, despotische, diktatorische, uneingeschränkte, unkontrollierte Autorität. Autoritäres Regime.* Siehe: Absolutismus, Autoritarismus, Autokratie, Cäsarismus, Despotie, Diktatur, Herrschaft, Totalitarismus, Tyrannei, Unterdrückung.»

Das mindeste, was sich hierzu sagen läßt, ist, daß der Begriff vor einem recht bedrohlichen Horizont erscheint. Da die Bedeutungen 4 und 5 keinerlei Abgrenzung gegen die Willkür enthalten (Ein Souverän kann durchaus natürliche Autorität besitzen und zugleich ein Autokrat sein und, wenn er durch Erbfolge auf den Thron gelangt ist, die rechtmäßige Autorität verkörpern), wird die der Autorität sozusagen wesensmäßig inhärente Willkür allein durch den Begriff des Gesetzes oder besser noch dessen, was man, wie in der Definition des UNESCO-Jugendclubs, das Recht nennen könnte, eingeschränkt.

Kurz der Begriff der Autorität umfaßt von der Willkür bis zum Gesetz, ja bis zum Recht, ein weites Feld, und es wäre zu fragen, ob der so umgrenzte räumliche Bereich sich nicht auch in zeitliche Kategorien übersetzen ließe, wobei die Willkür der älteren, das Gesetz der neueren Zeit entspräche. Jedenfalls kann man sagen, daß sich heutzutage die Autorität immer auf das Gesetz oder auf scheinbare Gesetze stützt und Hemmungen hätte, sich offen zur Willkür zu bekennen oder sich auch nur auf ihre natürlichen Rechte statt auf das Gesetz zu berufen.

Bedeutung 5, die gewissermaßen in Bedeutung 4 schon in nuce enthalten ist, entspricht, wie mir scheint, vollkommen dem Begriff des Charisma, wie ihn Max Weber entwickelt hat. Im Wörterbuch *Die Soziologie*, das zugleich mit den soziologischen Termini Begriffsanalysen und Biographien liefert, heißt es:

«. . . etymologisch bedeutet ‹Charisma› soviel wie göttliche Gnade. Die katholische Theologie bezeichnet damit die besonderen spirituellen Gaben, die der Heilige Geist im Hinblick auf das Wohl der Kirche spendet. So das Charisma der Unfehlbarkeit des Papstes. Der Begriff . . . wurde von Max Weber, der ihn zu einem der Idealtypen politischer Herrschaft macht, übernommen und präzisiert. Weber definiert die Politik als Herrschaft des Menschen über den Menschen. Dieses Verhältnis besteht jedoch nie in reiner Gewalt. Es impliziert eine psychologische Wechselbeziehung (Herrschaft-Unterwerfung) und eine Sprachregelung (die Legitimation) . . . Die charismatische Herrschaft beruht auf dem persönlichen Wert des Herrschenden, der historisch begründeten oder exemplarischen Heiligkeit seiner Person. Ihre Grundlagen sind emotionaler Art. Sie impliziert die Hingabe des Menschen an die Person dessen, der aufgerufen ist, eine ‹Mission› zu erfüllen.»

Nach diesem rein semantischen Hinweis, der geeignet ist, die unterschiedlichen Bedeutungen des Begriffs der Autorität und bestimmte innere Widersprüche sichtbar zu machen, werden wir uns jetzt an einer kurzen Bedeutungs- und Begriffsanalyse der Autorität versuchen.

2. Versuch einer Bedeutungs- und Begriffsanalyse des Phänomens Autorität

Wenn die Schüler des UNESCO-Klubs die klassische Definition des Begriffs Autorität auszuweiten und ihm den von ihnen gewünschten Sinn zu geben suchten, dann deshalb, weil sie angesichts der Frage, die sie sich gestellt hatten[15] und die in der Tat von grundsätzlicher Bedeutung ist, alles, was dem Terminus Autorität noch an Magischem anhaften mag, einbeziehen und es nicht denen, die sich nach autoritärer Führung sehnen, als Monopol überlassen wollten.
Ich werde versuchen, meinerseits einige Ansätze zur Beantwortung dieser Frage aufzuweisen. Im Augenblick jedoch erscheint es mir sinnvoller, mich auf die klassischen Bedeutungen des Begriffs zu beschränken.
Der «enzyklopädischen» Definition und den oben aufgeführten semantischen Hinweisen lassen sich zwei Merkmale entnehmen, denen ich noch ein drittes, wie mir scheint, ebenso auffälliges hinzufügen möchte, nämlich die für die Entfaltung des Phänomens Autorität unerläßliche Atmosphäre des Geheimnisvollen: Autorität braucht wie die Endivie Schatten, um gedeihen zu können.

1. Das Moment der *Ungleichheit* zwischen dem, der eine Autorität ist oder Autorität hat, und dem, auf den sie sich auswirkt. Sowohl in Bedeutung 1 wie auch in 5 ist dies ein entscheidendes Charakteristikum.
In Bedeutung 1 kann diese Ungleichheit wesensmäßiger, faktischer oder rechtlicher Art sein.
Die höchste Autorität ist letzten Endes die Autorität Gottes; ihr gegenüber besteht wesensmäßige Ungleichheit. Die Autorität des Souveräns ist ihrerseits «von Gottes Gnaden»: der Gesalbte des Herrn geht aus der göttlichen Wesenheit hervor. Auch in Bedeutung 5 ist das Charisma eine göttliche Gnade, eine Gabe Gottes, die einen We-

sensunterschied zu anderen Menschen bewirkt. Hinsichtlich der väterlichen Autorität läßt sich sagen, daß auch hier, in geringerem Grad (gleichsam auf der untersten Stufe der Autoritätsleiter), seit je ein Wesensunterschied zwischen Vater und Kind bestand; auf anderer Ebene gab es hier, wie jeder sehen kann, genau die gleichen Sakrilege, Vergehen gegen «Heiliges», die den Gottesmörder (den Juden oder den Hostiendieb), den Königs- oder den Vatermörder gleichermaßen mit der Aura tiefster Verworfenheit umgaben. In allen drei Fällen erzitterten die «Säulen der Gesellschaft» in ihren Grundfesten, und die Prozedur der Urteilsfindung wie der Vollstreckung vollzog sich unter anderen als den üblichen Formen. In den Beispielen, die ich in der Reihenfolge: «Höchste Autorität, Autorität des Souveräns, des Staatsoberhauptes, des Vorgesetzten, des Heerführers, des Vaters, des Vormunds» aufgeführt habe, ist eine stufenweise Abschwächung von Autorität erkennbar, bei der noch anderes als einfach nur quantitative Phänomene im Spiel sind.

Das Phänomen Autorität bedarf offenbar also notwendig der Transzendenz – einer religiösen (die Götter bzw. Gott) oder weltlichen (der vergötzte Staat oder der Sinn der Geschichte) –, aus der sie herabsteigt, um in hierarchischer Stufenfolge ihre Repräsentanten zu belehnen.

Das Phänomen Autorität basiert nicht auf Legalität, sondern auf Legitimität[16]. Es herrscht heute eine Begriffsverwirrung in bezug auf die Wörter Autorität und Macht, ganz so als könne man sich nicht entschließen – und wir werden gleich sehen warum –, alle archaischen Elemente aufzugeben, die der Macht einen sakralen Charakter verleihen.

Wenn von der Autorität der Macht oder der Obrigkeit die Rede ist, dann kommt genau das Element ins Spiel, das wir hier als das Phänomen Autorität untersuchen.

Zusammenfassend ist zu Punkt 1 zu sagen: das Phänomen Autorität ist, meines Erachtens, unlöslich mit dem Glauben an eine – religiöse oder auch weltliche – Transzendenz verknüpft, aus der sich ihre Legitimität ableitet und sich in hierarchischer Ordnung in verschiedenen Personen oder Institutionen inkarniert. Ein weiteres Moment: Autorität wirkt immer von oben nach unten, vom Höhergestellten auf den

Tieferstehenden. So wie der Fluß nicht zu seiner Quelle zurückströmt, fließt auch Autorität nie von unten nach oben. Nicht die Autorität der Bürger als Individuen begründet heutzutage auf dem Weg über Wahlen die Autorität des Staatsoberhauptes: sie fließt ihm aus der Transzendenz – dem Staat, dem Volk, Frankreich – zu. Das geht so weit, daß der Präsident der Republik sich keineswegs als von seinen Wählern Beauftragter fühlt – was er de facto ist; denn er hütet sich ängstlich, es mit ihnen zu verderben und verliert nie die Wahlen aus dem Auge –, sondern er behauptet, unter Mißachtung der Sprache wenn nicht gar des Rechts, von *allen* Franzosen gewählt zu sein und Frankreich als Ganzes wenn nicht zu verkörpern, so doch zu «repräsentieren». Hier zeigen sich die letzten Reste des sakralen Charakters, der früher dem «König von Gottes Gnaden» zugeschrieben wurde. Die feierliche Amtseinsetzung mit ihrem Zeremoniell und die Verleihung des Großcordons der Ehrenlegion treten an die Stelle der Salbung des Königs.

Transzendenz. Legitimität. Hierarchie. Nichtumkehrbarkeit.

Hier noch ein Beispiel für die Tendenz zur Nichtumkehrbarkeit in unserer Gesellschaft, die immer noch starr an der Autorität festhält und nicht imstande ist, sich von ihr freizumachen. Der Präsident einer Vereinigung wird häufig nach Ablauf seines Mandats zum «Ehrenvorsitzenden» ernannt, womit das Minimalsakrileg vermieden wird, das darin bestünde, ihn, in dem sich bislang die Autorität verkörperte, wie einen entthronten König der Autorität seines ehemaligen Untergebenen zu unterstellen. Je mehr eine Vereinigung vom traditionellen Typ ist, desto häufiger wird die Ernennung zu Ehrenmitgliedern vorgenommen. Jeder Notar, der sich vom Berufsleben zurückzieht, wird Ehrenmitglied. Ein General, der seinen Abschied nimmt, verliert seinen Titel nicht, sondern wird zum «General der Reserve» ernannt.

Schließlich sei noch festgestellt, daß unter der letzten Sprosse der hierarchischen Stufenleiter, die von irgendeiner Transzendenz bis zur väterlichen – heute elterlichen – Autorität oder der Vormundschaft des Volljährigen über den Minderjährigen reicht, nur noch das Kind steht, über das alle anderen autoritär verfügen – Gott, der Staat, die Eltern, die Lehrpersonen, ja jeder Passant, der sich das Recht anmaßt, ihm als «Autorität» Vorhaltungen zu machen, seinerseits aber keinerlei Verfügungsgewalt hat, nicht einmal über sich selbst.

Autorität bedeutet demnach eine auf der hierarchischen Stufenleiter von oben nach unten zunehmende *Enteignung*, und man könnte sagen, die Leiter, auf der sämtliche Inhaber von Autorität stehen, ruhe auf den Schultern des Kindes, des total Enteigneten. Wir werden Gelegenheit haben zu sehen, daß es sich hier um mehr als nur ein Bild handelt.

2. Wir kommen nun zum wesentlichen Element der in der *Encyclopaedia* entwickelten Definition:

«Autorität ist das Vermögen, ohne Rückgriff auf physischen Zwang ein bestimmtes Verhalten auf seiten derer, die ihr unterworfen sind, zu erwirken.»

Unterwerfung unter Autorität und Obrigkeit also, ohne daß diese Gewalt anwenden müßten.

Diese Definition ist insoweit brauchbar, als «Autorität» nicht schlicht und einfach mit «Gewalt» identisch ist; doch scheint sie mir insofern unvollständig, als die Autorität ja doch zu ihrer Durchsetzung als erstes und als letztes Mittel Gewalt gebraucht.

Als erstes Mittel: davon wird die Rede sein, wenn ich meine These über die Erscheinungsformen des Phänomens Autorität darlege.

Als letztes Mittel: es gibt keine Autorität ohne ein Strafsystem für Übertretungsfälle.

Das Phänomen Autorität scheint mit im Bereich zwischen diesen beiden Manifestationen von Gewalt angesiedelt zu sein. Aber auch in diesem Bereich selbst versäumt die Obrigkeit nicht, mit dem Hinweis auf mögliche Gewaltanwendung (wie der bekanntlich sehr autoritäre Lyautey sagt: «um sich ihrer nicht bedienen zu müssen») ihre Autorität zu bekräftigen.

Wir werden noch sehen, daß der große Vorteil der Autorität für die, die sie besitzen, darin besteht, daß sie mit ihr das gleiche Resultat, ja sogar ein weitaus günstigeres erzielen, als es mit nackter Gewalt möglich gewesen wäre, *und sich dabei noch jede Gewaltanwendung sparen können.*

Hinsichtlich des Problems der Gewalt und der Vergewaltigung –

Gewaltanwendung bedeutet immer eine Vergewaltigung dessen, der ihr Objekt ist – glaube ich, daß die Absicht, die Obrigkeit oder die Polizei zu provozieren und ihnen Trotz zu bieten, wie sie offensichtlich bei vielen Protestlern vorhanden ist, dem mehr oder weniger bewußten Wunsch entspringt zu beweisen, daß Autorität letztlich nichts als Gewalt, brutale, repressive Gewalt ist. Die so von den ihr Ausgelieferten bloßgestellte Autorität enthüllt sich damit als die täuschende Maske der Gewalt. Und hält nicht auch wirklich – ich wiederhole – jede Autorität für den Übertretungsfall Sanktionen bereit?

Autorität ist, so scheint mir, nie etwas anderes als die täuschende Maske der Gewalt. Es ist jedoch nicht die Absicht der vorliegenden Untersuchung, der Autorität einfach nur die Maske vom Gesicht zu reißen, sie zu zwingen, sich offen zu zeigen; sie will versuchen, verständlich zu machen, wie und warum die Maske geschaffen und benutzt wird, wie und warum die «unten» und die «oben» getäuscht werden. Denn wenn es etwas gibt, was sich durch alle Formen gesellschaftlicher Veränderungen hindurch ständig gleichbleibt, so ist es die Tatsache, daß immer einige Menschen von ihresgleichen auf ein Piedestal gestellt werden. Das Problem der Autorität erschöpft sich keineswegs im Problem der Gewaltanwendung, und die Entfremdung, die sie bewirkt, ist sehr viel tiefer und verborgener, als daß sie aus einem einfachen Kräfteverhältnis erklärt werden könnte.

Die Autorität, die täuschende Maske der Gewalt, erhält ihre Illusionen erzeugende, sich ständig erneuernde Macht nur zwischen zwei Manifestationen von Gewalt aufrecht. Ihre repressive Gewalt, die alle gegen die Autorität gerichteten Übergriffe bestraft, kennt jeder. Die Gewalt aber, die die Etablierung von Autorität erst ermöglicht, liegt nicht so offen zutage: sie zu untersuchen ist eine der Absichten der vorliegenden Arbeit. Die Maske wird weiterhin von Gesicht zu Gesicht überwechseln, solange die einzelnen Menschen immer wieder «bereit» sind, sie anzulegen oder ihr Respekt zu zollen.

Die Autorität kann es sich nicht leisten, «das Gesicht zu verlieren». Der politischen Macht aber geht es nur darum, die Kräfteverhältnisse zu harmonisieren. Hierin liegt der Unterschied, der beide eigentlich trennen sollte. Als General de Gaulle erklärte, Macht weiche keinen

Schritt zurück, setzte er unausgesprochen «Macht» und «Autorität» in eins und deutete damit an, daß die Autorität alles zu verlieren hat, wenn sie entmystifiziert wird. Sie gäbe sich damit quasi «dem Gespött der Leute preis», ein Ausdruck, der ihren emotionalen Ursprung und Charakter sehr gut bezeichnet. Die Autorität verliert das Gesicht, wenn sie gezwungen wird, sich als das, was sie ist, zu erkennen zu geben; denn ihr Gesicht ist nichts als eine Maske.

Fassen wir den zweiten Punkt zusammen: Autorität als psychologisches Phänomen manifestiert sich zwischen einem ersten und einem letzten Rückgriff auf Gewalt. Autorität ist das Mittel, mit geringstem Aufwand Unterwerfung zu erwirken. Die oben herrschen, die unten unterwerfen sich.

3. Zur Illustration des dritten Punktes benutze ich den Text eines in den vorangehenden Abschnitten schon einmal zitierten Autors, der sich selbst als Autorität, als die Verkörperung von Autorität verstand. Eine Autorität, die in unserer Zeit noch einmal im Stil eines Königs von Gottes Gnaden auftritt, ein solcher Schwanengesang der Autorität, ist ein ebenso erstaunlicher Anachronismus, wie wenn Ludwig XIV. auf dem Fernsehschirm die Mondlandung verfolgte. Hier bietet sich aber eine wohl einmalige Gelegenheit – meines Erachtens kann heute oder in Zukunft Autorität nur noch in korrumpierter Form als Polizeidiktatur in Erscheinung treten –, die charakteristischen Merkmale der Autorität zu analysieren, wie de Gaulle sie 1932 in *Le Fil de l'Épée* beschrieben hat.

«Im Angesicht der Ereignisse verläßt sich der Mann von Charakter ganz auf sich selbst ... Mehr noch, er reißt die Initiative mit herrscherlichem Stolz an sich; er handelt, sein ist die Tat ... Seine Untergebenen spüren das, und manchmal stöhnen sie darüber. Im übrigen ist ihnen eine solche Führerpersönlichkeit weit entrückt; denn Autorität geht immer mit Prestige zusammen und Prestige immer mit Distanz. Die Menschen unter ihm sprechen flüsternd von seiner Größe und seinen Forderungen ... Umgekehrt aber feuert das Vertrauen der kleinen Leute den Mann von Charakter an ...; denn er ist der geborene Beschützer. ... Was er an Sicherheit bietet, wird ihm in Gestalt von Respekt zurückgegeben.

Vor allem aber kann es ohne Geheimnis kein Prestige geben; denn vor dem, was man zu genau kennt, hat man keinen großen Respekt. Jeder Kult hat seinen Tabernakel, und vor seinem Diener ist keiner ein großer Mann. Darum muß in seinen Plänen, seinem Gebaren, seinen Gedanken immer etwas sein, was die anderen nicht begreifen, was ihre Neugierde reizt, ihr Gemüt erregt, sie in Atem hält...

Die Erhöhung eines Menschen über andere ist nur gerechtfertigt, wenn er für die gemeinsame Sache die Stoßkraft und Verläßlichkeit eines starken Charakters mitbringt. Denn wie sollten das Privileg der Herrschaft, die Befehlsgewalt, der Stolz, Gehorsam zu erwirken, die tausend Rücksichten, Ehrungen und Vergünstigungen, die mit der Macht verbunden sind, umsonst sein?!

Die Menschen, deren Ehrgeiz von höchstem Rang ist, für die der Sinn des Lebens einzig darin besteht, den Ereignissen ihren Stempel aufzudrücken ...»[17]

Wir finden hier alle oben beschriebenen Merkmale der Autorität wieder, wobei besonderer Nachdruck auf die Hierarchie, auf Niveau- und Größenunterschiede gelegt wird (die «*unter* ihm sprechen flüsternd von seiner *Größe*», «das Vertrauen der *kleinen* Leute», die «*Erhöhung* eines Menschen *über* die anderen», «das Privileg der *Herrschaft*»).

Die Autorität verdankt ihre Legitimität nur sich selbst («Im Angesicht der Ereignisse verläßt sich der Mann von Charakter ganz auf sich selbst») und darüber hinaus einer Art von ursprünglicher Begabung: «Er ist der geborene Beschützer.»

Höchst interessant ist die Bemerkung über das, was die «kleinen Leute» durch ihre Unterordnung gewinnen: Schutz und «die Sicherheit, die er ihnen bietet».

Ich möchte jedoch besonders ein Element hervorheben; denn es bildet, meiner Meinung nach, das dritte wesentliche Kennzeichen der Autorität: es ist das unerläßliche Element von Geheimnis, Dunkel, Abstand und Ferne – alles Dinge, durch die die Proportionen und die objektive Realität verwischt werden und die es dem Führer leicht machen, seine Person überlebensgroß erscheinen zu lassen und die «kleinen Leuten» beinahe hypnotisch unter seine Autorität zu zwingen. Nachts, wenn die Phantasie freien Lauf hat, haben die Kinder

Angst vorm Wolf und vor Hexen, und da die kritische Vernunft ausgeschaltet ist, drängen sie sich an den Erwachsenen, der ihnen Schutz und Sicherheit bietet. Aber im vollen Tageslicht der geschichtlichen Realität gibt es weder Große noch Kleine, sondern nur Menschen mit verschiedenen Kompetenzen, die ihnen durchaus nicht die Berechtigung geben, sich mit Geheimnistuerei ein moralisches Übergewicht zu verschaffen.

Das Phänomen Autorität kann ohne ein Minimum von Geheimnis und Ferne, das die Projektion idealisierender Wünsche auf den Führer begünstigt, nicht Gestalt annehmen. Wie schon das Bibelwort treffend sagt: «Kein Prophet gilt etwas in seinem Vaterland.» Wenn ein Patient von vornherein alles über seinen Analytiker weiß, ist eine psychoanalytische Behandlung kaum möglich; und doch ist es eine der Aufgaben der Analyse und nicht ihre geringste, dem Patienten seine Idealisationen bewußt zu machen und ihm ihre Elemente selbst auffinden zu lassen.

In ihren archaischen oder korrumpierten Formen sinkt das Phänomen Autorität zum magischen Zeremoniell herab. Wir werden später sehen, wie und warum es in der entwickelteren Bedeutung, in der es uns in den Zitaten aus *Le Fil de l'Épée* vorliegt, auf das Vaterbild ausgerichtet ist, während es sich in seiner rein magischen Bedeutung auf ein sehr archaisches Mutterbild bezieht. Auch dieser weiterentwickelten Bedeutung liegt aber das magische Material zugrunde.

Magische Tricks und Zauberkunststücke setzen voraus, daß die kritische Vernunft des Zuschauers bis zu einem gewissen Grad ausgeschaltet oder eingeschüchtert ist. Die Allgegenwart des Großen Mannes (in Porträts, Plakaten, Fotos, Fernsehauftritten) verleiht ihm eine gleichsam hypnotische Macht.

«Gestern hörte man ununterbrochen in der ganzen Stadt die Trommeln der SS, zwei langsame Schläge, drei schnelle. Es ist drei Uhr morgens: Trommelwirbel in der Nähe haben mich aufgeweckt, und jetzt höre ich sie immer noch in der Ferne. Jetzt geht es los, das große Tamtam der entfesselten Horde.

... Von der Schwelle des Cafés aus kann man den ganzen Platz vor der Oper überblicken. Tausende von SA- und SS-Leuten stehen unbeweglich in Reih und Glied. Um 11 wird der Führer auf dem Balkon erscheinen. Bis dahin (6 Stunden lang) dürfen sie sich nicht rühren. Ungeheurer Trommelwirbel, der nur ab und zu von Fanfarenstößen unterbrochen wird . . . eine Million Zuschauer werden anwesend sein.

. . . Manchmal dringt durch die geöffneten Fenster ein Brausen wie von hochgehenden Wogen, hunderttausend Menschen branden gegen die Wände des Saales . . .

Jetzt aber ein Getöse, als bräche eine Flutwelle herein, draußen schmettern Trompeten, die Lampen im Saal erlöschen, während unter der Wölbung Lichtpfeile zucken und sich auf eine Tür in Höhe des ersten Rangs richten. Ein Scheinwerfer läßt ein ekstatisch lächelndes kleines Männchen in brauner Uniform ohne Kopfbedeckung erkennen. Vierzigtausend Menschen, vierzigtausend Arme fahren mit einem Schlag in die Höhe. Der Mann tritt sehr langsam nach vorn, hebt langsam, mit bischöflicher Segensgeste, den Arm zum Gruß unter dem ohrenbetäubenden Donner von skandierten «Heil»-Rufen (bald höre ich nur noch die rauhen Schreie meiner nächsten Nachbarn vor dem Hintergrund eines Gewitters dumpfer Trommelwirbel.) Schritt für Schritt bewegt er sich auf dem Laufsteg, der zur Tribüne führt, nach vorn und nimmt die Ovationen entgegen, sechs Minuten lang, und das ist sehr lang . . . sie stehen stramm, unbeweglich und brüllen im Takt, die Augen auf diesen beleuchteten Punkt, dieses Gesicht mit dem ekstatischen Lächeln geheftet, und über die Gesichter im Dunkeln rollen Tränen (. . .)

Ich habe begriffen.

Das wird einem nur unter Herzklopfen mit einem Schauder eigener Art begreiflich . . . Was ich jetzt empfinde, kann man nur als *heiligen Schrecken* bezeichnen.

Ich glaubte, an einer Massenversammlung, an einer politischen Kundgebung teilzunehmen. *Sie aber feiern ihren Kult.* Es ist eine Liturgie, die da zelebriert wird, die große heilige Feier einer Religion, der ich nicht angehöre und die mich zermalmt . . .

Ich bin allein, sie aber sind eine Gemeinschaft.»[18]

Hier seien noch einmal die drei Punkte aufgeführt, die bisher herausgearbeitet worden sind und deren Untersuchung der erste Teil dieser Studie gewidmet ist.

1. Transzendenz, Legitimität, Hierarchie, Nichtumkehrbarkeit.
2. Herrschaft, die zwischen zwei Gewaltanwendungen ausgeübt wird und Unterwerfung mit anderen Mitteln als mit nackter Gewalt erreicht.
3. Notwendigkeit eines Minimums an Geheimnis, Dunkel, Abstand, Ferne; letzte Spur einer magischen Welt, in der das Phänomen Autorität wurzelt.

Fehlt einer der drei Punkte, kann von Autorität in unserm Sinn nicht gesprochen werden. Dann wäre entweder von nackter Gewalt, von Vergewaltigung oder von Machtausübung zu sprechen. Es ist also unsinnig, von demokratischer Autorität zu sprechen oder, beispielsweise, von der Übertragung von Autorität auf andere oder von funktionaler Autorität.

Das Phänomen Autorität steht mit psychologischen, soziologischen und politischen Charakteristika in Zusammenhang, die der Vergangenheit angehören. Das Weiterbestehen – wir werden gleich sehen warum – bestimmter psychologischer Charakteristika bewirkt das Übergreifen des Begriffs der Autorität auf Gebiete, wo er nichts zu suchen hat. Man sollte nicht von der Autorität eines Gelehrten sprechen, sondern von seiner Kompetenz und wissenschaftlichen Glaubwürdigkeit. Man sollte nicht von der Autorität des Gesetzes sprechen, sondern von seinem Nutzen, seinem Zweck. Man sollte nicht von der Autorität des Staates sprechen, wenn es sich nur noch um Staatsgewalt handelt; die Verstärkung der Polizei und der Repressionen zeigt deutlich, daß die Eskalation auf die ultima ratio der Gewalt hin ihren Anfang genommen hat.

Mit anderen Worten, das Phänomen Autorität ist, in unserem Sinn, ein archaisches soziopsychologisches Phänomen, das längst überholt sein könnte und sollte. Und in vielen Fällen auch schon überholt ist. Es ist ein Akt öffentlicher Hygiene, meine ich, wenn die Bereiche der Autorität, der Gewalt (und ihrer Anwendung) und der Macht (und ihrer Mechanismen) immer säuberlich gegeneinander abgegrenzt werden.

Denn die Gefahr besteht gerade darin, daß die über Gewalt oder Macht Verfügenden immer und überall danach streben, sich die Maske der Autorität anzulegen, um, wie es heißt, «ihr Ansehen zu festigen».

Ihre Herrschaft wirkt sich dann um so brutaler und verhängnisvoller aus, als sie sich rationaler Kritik zum großen Teil entzieht. Aus dem politischen Bereich gleitet man in den psychologischen hinüber, mit allen damit verbundenen Risiken.

3. Die westlichen Gesellschaften der Gegenwart: Autorität und Legitimität oder ein neues, nicht hierarchisches Kräfteverhältnis?

Es wäre zu fragen, ob die Begriffe Autorität und Legitimität in ihrer traditionellen Bedeutung auf die Gesellschaften des Westens, insbesondere auf die Vereinigten Staaten, heute noch anwendbar sind. Diese Frage soll anhand des ausgezeichneten «Entwurfs einer Theorie der Autorität»[19] von François Bourricaud erläutert werden. Das Werk, das sich mit der Entwicklung der Autorität befaßt, gibt, wie mir scheint, unausgesprochen zu verstehen, daß in den Gesellschaften des Westens kaum noch von legitimer Autorität die Rede sein kann, sondern nur noch von Kräfteverhältnissen, die bestimmten Spielregeln gehorchen. Dennoch wollte der Autor offenbar nicht auf die Verwendung des Terminus «Autorität» verzichten, nicht einmal im Buchtitel. Ein Titel wie «*Die soziale Maschinerie*, ihr Funktionieren in den demokratischen Ländern von heute» schiene mir dem Inhalt des Buches angemessener.

Ich werde in aller Kürze einige Definitionen aus Bourricauds Werk zitieren und dann zur Beschreibung dessen übergehen, was der Autor in Anlehnung an einen Ausdruck von R. Dahl Polyarchien nennt, in denen «Macht, die der Macht Grenzen setzt» an die Stelle von Autorität oder Legitimität getreten ist.

Bourricauds Definition der Autorität ist, alles in allem, die klassische:

«. . . Autorität läßt sich von Zwang insofern unterscheiden, als Anweisungen, die sich auf sie berufen, ohne physische Gewaltanwendung befolgt werden können. Autorität ist demnach das ergänzende Element, das, mit dem Hinweis auf mögliche Gewaltanwendung verbunden, genügt, bestimmte Direktiven an sich schon wirksam werden zu lassen.»[20]

Man beachte die bezeichnende Bedeutungsverschiebung in Richtung dessen, was man den Pol «Gewaltanwendung» nennen könnte. In der «Enzyklopädie» war Autorität durch das Fehlen von Gewaltanwendung definiert, Bourricaud, der mit der heutigen Wirklichkeit vertrauter ist, scheint dagegen der Meinung zu sein, daß wenn auch nicht physischer Zwang, so doch der Hinweis auf Gewalt nötig ist, damit eine Anweisung respektiert wird.

«Ausgangspunkt», schreibt Bourricaud, «ist die Frage nach der Legitimität der Autorität, d. h. nach den Bedingungen, unter denen der Mensch, dem ein Befehl oder, um bewußt einen neutralen Terminus zu gebrauchen, eine *Instruktion* erteilt wird, mehr geneigt ist, sie zu befolgen, als ihr auszuweichen oder sich ihr zu widersetzen. Diese Definition der Legitimität mag zu eng erscheinen ...»

Ich neige im Gegenteil zu der Ansicht, daß sie zu weit ist und das von der klassischen Definition abgegrenzte Bedeutungsfeld erheblich überschreitet. Wozu aber Begriffe über ihre Grenzen hinaus «forcieren»?

Hier ein Beispiel für den «illegitimen» Gebrauch des Begriffs «legitime Autorität»:

Wenn ein Pilot in der Luft die Landeanweisungen des Kontrollturms befolgt, so nicht, weil dieser die legitime Autorität verkörpert, sondern weil der Pilot technisch diese Anweisungen braucht, um auf die bestmögliche Weise landen zu können, und weil er auf den nach Ansicht des Bodenkontrollpersonals präzisen, auf die momentane Situation bezogenen Plan für dieses technische Manöver vertraut. Diese Glaubwürdigkeit der anonymen Stimme der Technik ist von gleicher Art wie die «Zuverlässigkeit» – wie es heute heißt – des Taxometers oder der Benzinuhr.

Der traditionelle Bedeutungsinhalt des Phänomens Autorität scheint sich also zu verdünnen und einer Spaltung zu unterliegen, wobei ein Teil in den Bereich der schlichten technischen Glaubwürdigkeit, der andere in den Bezirk des Kräfteverhältnisses polyarchischen Typs abwandert.

In den sogenannten primitiven Gesellschaften dagegen gibt es, könnte man sagen, keine Aktivitäten, die sich außerhalb des Phänomens Autorität abspielen. Ein einheitliches mythisches System gibt allen Gesten, Verhaltensweisen, Beziehungen ihren bestimmten Sinn, und ein Durchbrechen der verinnerlichten Regeln, die den Zusammenhalt der Gruppe sichern, ist schlechterdings unvorstellbar. Das moralische Gerüst des einzelnen gründet auf der Autorität des Mythos, der alle Glieder der Gruppe miteinander verbindet. Dem, der aus der Gruppe ausgeschlossen wird, weil er sich gegen die Autorität aufgelehnt hat, bleibt nicht viel anderes übrig, als zu sterben. Die Autorität ist mit Hilfe der Konditionierung so tief in jedes Individuum hineingeprägt, daß der Ausschluß aus ihrem Bereich den Betreffenden erst moralisch und dann physisch tötet. Man erkennt hier, wie sehr Autorität zugleich ein psychisches und soziales Phänomen ist.

Bourricaud untersucht die Bedingungen der Autorität nach drei Richtungen hin: auf dem von Moreno, dem von Bales und den Interaktionisten und dem von Lewin beschrittenen Weg. Ich kann nichts Besseres tun, als den Leser auf seine Beschreibung des Phänomens zu verweisen.

«Polyarchien», sagt Bourricaud, «lassen sich als differenzierte, dezentralisierte Systeme beschreiben, in deren Mittelpunkt[21] eine mit schiedsrichterlichen Funktionen ausgestattete Macht steht und in denen die Methode der Konfliktbegrenzung praktiziert wird.»[22]

Der Autor erläutert den Typus der in einer Polyarchie bestehenden Machtverhältnisse am Beispiel des amerikanischen Unternehmens «General Motors» mit seinen möglichen Konflikten zwischen der Peripherie und dem Zentrum des kommerziell-administrativen Apparats.

Alles, was der Autor über die Polyarchie sagt, scheint mir besonders insofern interessant, als die gleichen Spielregeln, die das Kräfteverhältnis innerhalb der Polyarchie regeln – wobei Gruppen die Macht in Händen halten, die von äußeren Notwendigkeiten oder von Eigeninteressen zur Koexistenz gezwungen werden –, heute immer mehr auch die Beziehungen innerhalb der Gesellschaft (bzw. bestimmter Gesellschaften) und zwischen den Nationen regeln.

Diese Spielregeln sind verhältnismäßig einfach. Konflikte werden als unvermeidlich, ja natürlich angesehen. Sie müssen in Grenzen gehalten werden, und sie müssen auf dem Weg über kollektive Verhandlungen gelöst werden[23].

Polyarchie, das bedeutet «rivalisierende Verbündete», die zum Zusammenleben, zur Koexistenz gezwungen sind.

«Die Elemente des Systems sind nicht mehr Individuen, sondern mehr oder weniger autonome, jedoch voneinander abhängige Gruppen. Ihre Legitimität versteht sich von selbst, vorausgesetzt, daß es sich um gesetzlich erlaubte Unternehmen handelt, sie leitet sich aus ihrer Aktivität, ihrem Erfolg ab.»[24]

Die Verwendung des Wortes «Autorität» zur Definition derartiger ausschließlich von *Macht*verhältnissen beherrschter Systeme (eine Gewerkschaft, die in einer Machtposition ist, fordert Lohnerhöhungen, ein Land in Machtposition verstärkt seinen politischen Druck nach außen usw.) erscheint mir nicht nur unangemessen, sondern stiftet auch Verwirrung auf theoretischer Ebene. Damit soll folgendes gesagt sein: indem Bourricaud Autorität dort sieht, wo sie nicht ist (da es sich um reine Machtverhältnisse handelt), sieht er auch nicht, wo Zwang ins Spiel kommt – d. h. Gewalt als der ultima ratio der Autorität, die sich damit enthüllt und ihre Maske fallen läßt.

Mit anderen Worten, im polyarchischen System gibt es sehr wohl Zwang (nicht aber Autorität): nämlich den Zwang, in dessen Namen unausgesprochen der Konflikt in Grenzen gehalten wird. Wenn der Kampf nicht zum Kampf auf Leben und Tod wird, dann nur weil im Fall der *General Motors* das Geld, im Fall der Beziehungen zwischen den USA und der UdSSR der Wunsch zu überleben, auf die jeweiligen beiden Partner einen Zwang ausübt. Weder die Gewerkschaften noch die Unternehmensleitung wünschen den Bankrott, weder die UdSSR noch die USA wollen einen Atomkrieg.

Der Bereich des Humanen spielt dabei keine Rolle mehr: ein quasibiologischer Zwang (Überleben), bzw. ein ökonomischer (Lebensstandard), das sind die obersten und im höchsten Maß *autoritären* Gesetze, aus denen sich die Spielregeln ableiten.

Aber auch ein System, das den menschlichen Aktivitäten einen Sinn gäbe, würde nicht mehr die ganze Skala des im eigentlichen Sinn Humanen einschließen.

In den «primitiven» Gesellschaften sorgte die Autorität des einheitlichen mythischen Systems nicht nur für den Fortbestand des Lebens oder den ökonomischen Tauschverkehr, sondern gab auch den Gesten, Verhaltensweisen, Beziehungen, kurz, dem Leben jedes einzelnen Gruppenangehörigen seinen Sinn.

Dieser Typ von Autorität liegt heute in den letzten Zügen. Er ist auf biologischer Ebene (Überleben) und auf ökonomischer von bestimmten Spielregeln, die den Zwang institutionalisieren, abgelöst worden. Dabei bleibt jedoch ein ganzer Bereich leer: der Bereich der Sinngebung sowohl des täglichen Lebens des einzelnen als auch des Lebens als solchem. Diesen Sinn zu finden – oder nicht zu finden – bleibt jedem selbst überlassen.

Als alle Autorität sich noch in gerader Linie von Gott oder sonst einer Transzendenz herleitete, kannte jeder einzelne je nach seiner sozialen Stellung, nach Geschlecht und Alter den Platz, den Rang, der ihm zustand, und sein Verhalten war in ein Netzwerk von Bedeutungen eingespannt.

Offensichtlich warten, ja lauern die Menschen heute angesichts des Todes Gottes und der Agonie der von der technologischen Revolution enthaupteten legitimen Autorität auf eine Antwort, die die ungewohnte Leere ausfüllt.

A-human ist die technische Zuverlässigkeit, die die Übermittlung der Anweisungen sichert. A-human ist das Kräftespiel auf einem Schachbrett, das von zwei Zwängen (dem Willen zum Überleben und dem ökonomischen Imperativ) begrenzt wird, von Zwängen, die zugleich die soziale Maschinerie in Gang halten. Die traditionelle Autorität liegt im Sterben. Alles scheint darauf hinzuweisen, daß wir uns in einer echten Kulturkrise befinden.

4. Die psychisch-affektive Komponente der Autorität

Bevor ich meine These darlege, möchte ich kurz auf einige die psychisch-affektive Komponente der Autorität betreffende Punkte hinweisen, wie sie sich im Licht der modernen Psychologie, vor allem der Psychoanalyse darstellen.

Die hier erörterten Fakten werden im Verlauf der folgenden Kapitel wieder aufgegriffen und vervollständigt; ich hielt es jedoch für angezeigt, erst einmal die psychisch-affektive Komponente als Ganzes zu beschreiben.

Definiert man Liebe als Beziehung des Subjekts zur Quelle seiner *Lust*, so ist klar, daß das Kind von den ersten Lebensmonaten an die Person lieben wird, die sich um sein Wohl kümmert, d. h. seine Mutter. Denn sie spendet ihm Nahrung, Wärme, Fürsorge, Liebe – d. h. Lust. Alles was der Säugling und später das Kleinkind an Befriedigung erfährt, schreibt er bzw. es seiner Mutter zu, wodurch sich die psychisch-affektive Bindung an sie weiter verstärkt.

Die Rückseite der Medaille ist jedoch, daß auch jede Frustration, jedes Gefühl der *Unlust* in diesem Alter vom Subjekt als von der für allmächtig gehaltenen Mutter ausgehend und als von ihr gewollt erlebt wird. Die unvermeidbaren Frustrationen und Gefühle der Unlust – die andererseits jedoch, soweit sie sich in bestimmten Grenzen halten, für den Reifungsprozeß notwendig sind – erzeugen eine gegen die Mutter gerichtete reaktive *Aggressivität.*

In der archaischen, magischen Welt des Säuglings oder des Kleinkindes werden Phantasien und Wirklichkeit noch nicht unterschieden. Ein nur imaginierter Angriff auf die Mutter kann ihre Vernichtung bewirken. Wird sie aber vernichtet, so versiegt damit auch die Quelle aller Lust.

Das, was man das menschliche *Schuldgefühl* zu nennen pflegt, ist nichts anderes als die Angst des Subjekts, die Liebe des Objekts – in diesem frühen Stadium: der Mutter – zu verlieren, entweder, weil das Objekt (in der Einbildung oder in Wirklichkeit) vernichtet wurde, oder weil es sich für den Angriff des Subjekts rächt, indem es sich von ihm abwendet und es allein und hilflos sich selbst überläßt. Das menschliche Schuldgefühl erwächst aus der Angst vor Liebesentzug. Frustration des Subjekts – Aggressivität gegen das Objekt – imaginierte Vernichtung des Objekts – Angst vor Liebesentzug – Schuldgefühl: das sind die Glieder der vollständigen Kette; die Anzahl der unbewußt bleibenden Kettenglieder ist dabei variabel.
Aggressivität und Schuldgefühl sind, wie gesagt, bis zu einem gewissen Grad unvermeidbar. Andererseits sind sie, in bestimmten Augenblicken und in bestimmten Grenzen, nützlich: ein beschränktes Maß an Angst zwingt das Subjekt, sich in Bewegung zu setzen, seine archaisch-affektive Stellung dem Objekt gegenüber aufzugeben und sich im Zuge seiner neuro-physiologischen und besonders seiner *motorischen* Entwicklung den für sein Leben unerläßlichen Lustgewinn selber zu verschaffen.

Normalerweise erlauben das wachsende Selbstvertrauen, die Teilhabe am Leben der Gemeinschaft, die zunehmende Kenntnis der zu besiegenden Widerstände, die Entwicklung des Wirklichkeitssinns dem Subjekt, sich nach und nach von seinen Abhängigkeiten vom Objekt zu befreien, von Abhängigkeiten, die ursprünglich mit seiner rein biologischen, materiellen Abhängigkeit und seiner Schuldgefühle erzeugenden Aggressivität in Zusammenhang stehen.
Der Erwachsene kann verschieden auf diesen Durchgang eines von ihm abstammenden anderen Wesens durch die Frühzeit der Kindheit reagieren.
Die Allmacht, die das Kleinkind ihm beilegt, muß seinem Narzißmus schmeicheln; er wird versuchen, sich entsprechend zu verhalten: Mythen, Rituale werden den Glauben des Kindes nähren, daß es ein magisches, geheimnisvolles und nur den Erwachsenen zugängliches Reich gibt. Einweihungszeremonien führen dann den jungen Menschen in diese Welt der Erwachsenen ein.

Der Erwachsene kann auch durch gehäufte Frustrationen die reaktive Aggressivität des Subjekts und damit zugleich dessen Schuldgefühl verstärken. Dieses Phänomen findet sich in verschiedenen Kulturen[25]. Es ist denkbar, daß die frühzeitige Dressur, der das Kind – besonders hinsichtlich des Schließmuskelbereichs – in den Industriegesellschaften unterworfen wird, und seine forcierte Einbeziehung in den schulischen und sozialen Leistungswettbewerb der Ursprung eines an sich vermeidbaren Aggressionsüberschusses sind.

Der Erwachsene kann aber auch – und das ist ein Punkt, auf den ich ganz besonders aufmerksam machen möchte – das Schuldgefühl des Kindes dazu benutzen, das Kind zur Unterwerfung unter die Erwachsenen, unter die Autorität abzurichten. Das Ergebnis einer solchen Konditionierung – denn um Konditionierung im Pawlowschen Sinn des Wortes handelt es sich hierbei – ist eine «Dressur», als deren Folge sich das Subjekt später als Erwachsener allen, die Autorität repräsentieren, unterwirft.

Da die Wurzeln des Schuldgefühls im Unbewußten bleiben – denn sie bilden sich zu früh, um später sprachlich erfaßt werden zu können, und unterliegen zudem der Verdrängung – kann sich das erwachsene Subjekt die Voraussetzungen für diese frühe Konditionierung nicht mehr bewußt machen. Ein so konditioniertes Kind wird zu einem, zumindest teilweise, entfremdeten Erwachsenen.

Das wirksame Agens bei einer solchen Konditionierung ist vor allem die *Drohung mit Liebesentzug*, die schon sehr früh, schon beim Säugling angewandt werden kann.

Unterwirft sich das Subjekt nicht, äußert es einen eigenen Willen, dann gibt der Erwachsene seine Mißbilligung zu erkennen, indem er dem Kind zeigt, daß er es nicht mehr liebhat. Das Kleinkind wird so, noch ehe es sprechen kann, Selbstbehauptung und Liebesverlust zu einer unauflöslichen Assoziationseinheit verbinden. Bedenkt man aber, was der andere Mensch für den Säugling bedeutet – nämlich das Leben schlechthin –, so begreift man die Wirksamkeit eines solchen Vorgehens[26].

Das Subjekt kann sich auf diese Weise nicht natürlich zu einer autonomen Persönlichkeit entfalten. Die Angst, der Liebe der Erwachsenen verlustig zu gehen – eine Angst, die mit einem bestimmten Alter normalerweise von selbst verschwinden sollte, jedoch sorgfältig erhalten und genährt wird –, zeichnet es mit einer unauslöschlichen Prägung (das Wort in dem Sinn verstanden, den Konrad Lorenz ihm gibt).

Eine bestimmte, durch die Angst vor Liebesentzug gekennzeichnete Lebensphase beeinflußt so die ganze künftige Entwicklung des Individuums. Der Erwachsene fühlt sich «verloren» und sucht verzweifelt nach dem Großen Mann, der ihn unter seine Fittiche nimmt. So blieb den Chinesinnen früher, als man ihnen die Füße verstümmelte, indem man sie am Wachsen hinderte, nichts anderes übrig, als beim Mann, ihrem Herrn und Gebieter, eine Stütze zu suchen.

Diese unauslöschliche Prägung, *diese anachronistische Angst, verlassen zu werden* (anachronistisch, da sie nichts mit der realen Gegenwart zu tun hat, sondern nur mit der Vergangenheit in Zusammenhang steht): das ist die psychisch-affektive Grundlage, auf der das Phänomen Autorität beim Erwachsenen beruht.

In Wirklichkeit aber können diese Prägung, dieser konditionierte Unterwerfungsreflex aufgehoben werden – wobei das Alter des Kindes und die jeweilige (Vater- oder Mutter-)Imago zu berücksichtigen sind.

Man kann sagen, daß sich für das Kleinkind Autorität im Mutterbild verkörpert; genau gesagt handelt es sich dabei um ein Mutterbild, wie es vom Subjekt erlebt und verinnerlicht wird, d. h. um ein allmächtiges Wesen, das die Quelle aller Lust, aber auch aller Frustrationen ist und das beides willkürlich, nach Belieben spenden kann. Dieses unbewußte Bild, dessen Doppelantlitz sich in den Mythen widerspiegelt: die Mutter als Bild des Lebens (die große Muttergöttin, die den Vaterreligionen voraufging, die Fruchtbarkeitsgöttinnen Cybele, Demeter, die Jungfrau Maria ...) oder aber die Mutter als Bild des Todes (Kali, die Gorgonen, Hekate, Medea, die Parzen ...) wird allgemein als die archaische Mutter-Imago bezeichnet.

Der Autoritätstyp, der sich in diesem Bild für das Subjekt verkörpert, ist der einer willkürlichen, absoluten Autorität. Die archaische Mutter, wie sie – ich wiederhole – vom Subjekt aufgrund seiner eigenen, der Mutter zugeschriebenen Aggressivität verinnerlicht wird und die folglich mit der objektiven Realität der Mutter wenig zu tun hat, *ist* Autorität schlechthin. In Kulturen und Gesellschaften, in denen der Einfluß der Mutter auf die Kindererziehung anerkanntermaßen oder öfter noch insgeheim vorherrscht[27], ist es diese Art der Prägung, die sich später beim Erwachsenen am nachhaltigsten auswirkt. Mit anderen Worten: die Person, in der sich Autorität verkörpert, wird dann als ein allmächtiges Wesen gefürchtet, und der Unterwerfungsreflex zwingt das Subjekt, ihm bedingungslos zu gehorchen, andernfalls sich als Reaktion Schuldgefühle und Angst vorm Verlassen- und Ausgestoßenwerden einstellen. In dieser Angst kehrt, ohne daß das Subjekt sich dessen im mindesten bewußt ist, die ursprüngliche Angst des Kleinkindes vor Liebesentzug zurück.

Die archaische Mutter *ist Autorität*, der Vater hingegen, so wie das Kind ihn erlebt, wenn die Gesellschaftskultur dem Vater die Chance gibt, sich der Mutter gegenüber zu behaupten, *hat Autorität.* Anders gesagt: In der Entwicklungsphase des Kindes, wo der Vater erst eigentlich für das Kind zu existieren anfängt, wird die Person des Erwachsenen vom Kind nicht so sehr als Inkarnation magischer Allmacht erlebt, sondern mehr als ein über Macht Verfügender.

Entweder behauptet der Vater in der Gesellschaftskultur und in der Familie seine Unabhängigkeit gegenüber der Autorität der Mutter, dann ist sein Wertsystem maßgebend; oder es gelingt ihm nicht, sich dem verinnerlichten Mutterbild gegenüber durchzusetzen, dann ist das archaisch-mütterliche Wertsystem maßgebend. Ich habe in mehreren Schriften[28] zu zeigen versucht, wie die Einweihungsriten die Aufgabe hatten, im Leben des Knaben eine dramatische und irreversible Trennung vom Reich der Mutter und die Integration in die neue Welt des Vaters herbeizuführen. Auf die Prägung durch die Mutter folgte die Prägung durch den Vater, übrigens oft ganz real in Gestalt von Einschnitten ins Fleisch, Tätowierungen, von verschiedenen Arten von harmlosen Verstümmelungen.

Der Vater kann entweder das Gesetz repräsentieren oder da, wo dem Mitmenschen ein höherer Eigenwert zugestanden wird, das Recht. Während das Gesetz dem Individuum der Gesellschaft gegenüber Verpflichtungen auferlegt, verweist ihn das Recht auf seine «berechtigten» Ansprüche gegenüber der Gesellschaft.

Es wäre hier, wenn dazu genügend Raum wäre, auch von dem eigentümlichen Autoritätsverhältnis zu sprechen, das zwischen dem Kind und anderen, älteren Kindern besteht. Es kommt sehr häufig vor, daß der Erwachsene einen Teil seiner Autorität und seiner Macht auf Kinder delegiert mit dem Auftrag, sie über jüngere auszuüben und dem Erwachsenen darüber Rechenschaft abzulegen. Ein solches System gibt es z. B. im polynesischen Kulturbereich[29], im sowjetischen Erziehungssystem oder in englischen Colleges. Das ältere Kind erfüllt dabei oft, *mutatis mutandis*, die Funktion eines Kapos.

Anhand dieser psychologischen Fakten und der Beobachtung der herrschenden politischen Autoritätsform, kann man vorsichtig versuchen, einige Verbindungslinien zu ziehen.

Wenn auch jeder Repräsentant der Autorität mit Salazar sagen könnte: «Sehen Sie, regieren heißt die Leute vor sich selbst schützen», so bestehen doch noch große Unterschiede zwischen den einzelnen autoritären Systemen.

Ich habe oben einen von vielen Augenzeugenberichten über das Auftreten Hitlers zitiert; er läßt besonders deutlich den Aspekt des archaisch Religiösen, des magischen Kults, der auf eine totale Konditionierung des Zuschauers angelegt ist, hervortreten. Ich habe an anderer Stelle gezeigt[30], was für eine wichtige Rolle, seinen schriftlichen Aussagen nach, das archaische Mutterbild für Hitler spielte. Und die von Denis de Rougemont geschilderte Zeremonie ließe sich durchaus mit der Walpurgisnacht vergleichen, wie sie, ausgerechnet von einem Deutschen, von Goethe in *Faust*, beschrieben worden ist.

Die Autorität eines de Gaulle dagegen trägt deutlich Züge des Vaterbildes. Wer sähe nicht, daß die Beziehung, die dieser «geborene Beschützer» und Garant der «Sicherheit», seinen Mitbürgern in Aussicht stellt, eine Erwachsenen-Kindbeziehung ist?

Wir werden später noch sehen, wie die Zeichen, die die Autorität für den Erwachsenen kenntlich zu machen haben, weitgehend auf die Erwachsenen-Kind-Situation zurückverweisen. Autorität wirkt von oben nach unten, und der, auf dem sie lastet, erlebt sie von unten her als oben stehend – analog dem Größenverhältnis von Kind und Erwachsenem. Der Mensch, der Autorität verkörpert, erscheint immer größer, als er wirklich ist: er trägt eine Krone oder einen Doktorhut, er spricht lauter, eindringlicher, mit Autorität, wie es heißt, vom Katheder, vom Papstbalkon, vom Königsthron herab. Bei der Ausübung seiner Autorität stellt er sich nie auf gleiche Ebene mit den anderen. Man blickt zu ihm auf, weil man als Kind früher die Augen heben mußte, um seinen Eltern ins Gesicht sehen zu können. Man denke nur an die orientalische Sitte der Prostration, an den Kniefall, die Verbeugung, das respektvolle Neigen des Kopfes, was alles die Kleinheit der untergeordneten Person gegenüber der Größe dessen, der Autorität hat oder ist, noch unterstreicht.

ZWEITER TEIL

VON DER ABSOLUTEN AUTORITÄT DER FRÜHZEIT BIS ZU IHRER AUFLÖSUNG IN DER GEGENWART

I. Ein Schritt weiter in der Definition der Autorität; neue Aspekte

Zu Beginn meiner Studie hatte ich festgestellt, daß man bei der Betrachtung vieler Probleme, besonders des Verhältnisses zwischen Jugendlichen und Erwachsenen, auf das Phänomen der Autorität stößt, und zwar so, daß es schwierig scheint, darüber hinaus noch weiter vorzudringen.
Ehe ich meine These, will sagen den Versuch einer Vertiefung des Problems – mit allem, was Versuchen dieser Art an nur Hypothetischem und möglicherweise Forciertem anhaftet – im einzelnen darlege, scheint es angezeigt, einige Punkte klarer herauszuarbeiten, die im Umriß schon im ersten Teil sichtbar geworden sind.

1. Die Autorität kann als *der Konsens* angesprochen werden, *der bisher an der Nahtstelle zwischen dem gesellschaftlichen und dem psychischen Bereich alle Individuen einer Gruppe oder Gesellschaft untereinander und mit der Gruppe oder Gesellschaft als ganzer verbunden hat*[31]. Alle Individuen: ein psychisches Moment, für das die Psychologie zuständig ist; Gruppe oder Gesellschaft: ein soziales und damit in den Kompetenzbereich der Soziologie fallendes Moment.
Die sich hiermit eröffnende Perspektive macht sofort zumindest einen Teil der Schwierigkeiten sichtbar, die sich bei dem Versuch einstellen, «Autorität als Phänomen» im ganzen zu begreifen, und sie zeigt, warum es sich, sobald man es zu fassen meinte, immer wieder dem Zugriff entzog, aus den Händen glitt. Der Grund dafür ist, daß man nur von einem *zweifachen Ansatz* her, vom soziologischen und vom psychologischen, Aufschluß über das Phänomen Autorität erhalten kann. Nun sind aber sowohl die Soziologie als auch die Psychologie Disziplinen, die, wie alle Humanwissenschaften, keinen Anspruch auf naturwissenschaftliche Exaktheit erheben können; und wer würde zudem angesichts der zahlreichen Schulen innerhalb der

einen wie der anderen von sich behaupten wollen, daß er in beiden zugleich vollkommen zu Hause ist?

Betrachtet man aber die Autorität nur aus dem Blickwinkel des Soziologen, so entzieht sie sich in Richtung Psychologie; vor dem prüfenden Auge des Psychologen dagegen flieht sie in Richtung Soziologie; in beiden Fällen gibt sie nur leblose Teilaspekte preis. Der Versuch, einfach die Ergebnisse beider Disziplinen zu addieren, führt bestenfalls zu einer Art von anatomischer Beschreibung ohne die mindeste Information über die psychologische Komponente. Das Phänomen Autorität *funktioniert* vor dem Beobachter nur, wenn dieser gleichzeitig die Rolle des Soziologen und die des Psychologen übernimmt. Wir stehen also – und vor allem – vor einem methodischen Problem[32]. Hat man erst einmal den von diesem ersten Punkt aus gewonnenen Aspekt akzeptiert, so erweist sich seine heuristische Fruchtbarkeit an der Vielzahl der sich aus ihm ergebenden Probleme.

Wenn Autorität der Konsens ist, der an der Nahtstelle zwischen gesellschaftlichem und psychischem Bereich die Individuen einer Gesellschaft untereinander und mit dieser verbindet, welches sind dann die Faktoren, die die Anerkennung oder Ablehnung der Autorität bewirken, wie wird Autorität von einer Generation zur anderen tradiert, auf welchen Fundamenten beruht sie, unter welchen Erscheinungsformen tritt sie in den verschiedenen geschichtlichen und kulturellen Situationen auf, und wie wandeln sich diese Formen; oder, um die Frage im Hinblick auf die uns beschäftigenden Beziehungen zwischen Erwachsenen und Jugendlichen zu präzisieren: woher kommt heute die plötzliche *Auflehnung* gegen jede Art von Autorität; denn gegen sie, in allen ihren Formen, richtet sich ja die gegenwärtige Protestbewegung. Eine letzte Frage: Ist das Leben, und das Überleben einer Gruppe oder Gesellschaft ohne schützende Autorität vorstellbar und wenn ja, was würde dann, und unter welcher Gestalt, an die Stelle treten, die bisher die Autorität einnahm?

2. Wir hatten festgestellt, daß die Autorität auf Herausforderungen mit nackter Gewalt reagiert und so ihre ultima ratio zu erkennen gibt. Es war auch schon gesagt worden, daß Autorität ihren Ursprung in einem Akt der Vergewaltigung hat und demnach als die

täuschende Maske der Gewalt angesehen werden kann, die sich zwischen zwei Gewaltakten, einem ersten, konstanten, und einem zweiten, virtuellen, manifestiert.
Was soll der Satz, Autorität habe ihren Ursprung in einem Akt der Vergewaltigung, genau genommen besagen? Ganz einfach das: die reflexhafte Unterwerfung unter Autorität[33] ist das Ergebnis einer Konditionierung, der das Kind von den ersten Lebensmonaten an unterzogen wird. Diese Konditionierung wird ermöglicht – ermöglicht, nicht gerechtfertigt! – durch eine reale biologische Ungleichheit, nämlich das Mißverhältnis zwischen den physischen Kräften des Kindes und denen des Erwachsenen, einem so krassen Mißverhältnis, daß bekanntlich das Kleinkind nicht imstande ist, seine Bedürfnisse selbst zu befriedigen und sich selbst am Leben zu erhalten.
Die Konditionierung wird zwar durch die biologische Ungleichheit *ermöglicht*, benutzt aber deren psychisch-affektive Folgeerscheinungen, d. h. die Angst des Kindes, zur Strafe für seine eigene unvermeidbare Aggressivität vom Erwachsenen im Stich gelassen zu werden (Liebesentzug). Der Erwachsene kann diese Angst vorm Verlassenwerden (oder das Schuldgefühl) so manipulieren oder ausnützen, daß das Kind die Autorität und ihre Verbote als Schutz empfindet; es wird gewissermaßen durch äußere Barrieren daran gehindert, aggressiv zu sein, und solange es diese Barrieren nicht durchbricht – solange es «artig» ist –, kann es sicher sein, nicht im Stich gelassen zu werden. Statt also sein Schuldgefühl zu beschwichtigen, statt dem Kind zu erlauben, seelisch selbständig und frei zu werden, tut die – in erster Linie durch die Eltern repräsentierte – Umwelt alles, um das Schuldgefühl, die Angst vor Liebesentzug zu verstärken; das geht so weit, daß schließlich das Kind aus Angst vor der eigenen Aggressivität, deren Folgen ihm übertrieben dargestellt werden («dann hab' ich dich nicht mehr lieb»), die Autorität selbst herbeiwünscht, die seine als ungeheuer zerstörerisch erlebte Aggressivität in Fesseln schlägt. Und je mehr das Kind die Fesselung spürt, desto größer wird seine Aggressivität.
Diese Beschreibung hört sich an, als sei vom Entstehen einer Diktatur die Rede; denn der werdende wie auch der etablierte Diktator verfährt genau auf die gleiche Weise, die also auf psychisch-affektiver

Ebene nur eine *Wiederholung* darstellt. «Nur ich allein», behauptet er, «kann euch vor dem Chaos, das durch die Aggressivität der anderen, der Feinde, herbeigeführt wird, bewahren.» Wenn aber die Menschen, die bereit sind, sich der Autorität eines Diktators zu unterwerfen, eine derartige Angst vorm Chaos haben, dann deshalb, weil sie selbst innerlich nicht frei sind und daher ihre eigene reaktive Aggressivität auf den als Sündenbock dienenden Gegner projizieren[34]. Einem psychologischen Gesetz zufolge ist der Mensch um so aggressiver, je mehr er – affektiv, sozial, politisch – infantilisiert oder frustriert ist.

Die durch die faktische biologische Ungleichheit zwischen Erwachsenen und Kindern ermöglichte Konditionierung nützt die ständig genährte Angst vorm Verlassenwerden, vorm Liebesentzug aus, die sie noch dadurch verdoppelt, daß sie die affektive Infantilisierung nicht nur perpetuiert, sondern auch noch verstärkt; sie macht sich aber auch noch eine andere Tendenz in der Psyche des Kleinkindes zunutze: die Tendenz, den Erwachsenen zu idealisieren, ihm magische Allmacht zuzuschreiben, insbesondere die Fähigkeit, Gedanken lesen, hellsehen zu können. Der *Big Brother* des Orwellschen Romans *1984* flößt nur deshalb eine so ehrfürchtige Scheu ein, weil er diese Fähigkeiten besitzt.

Auch hier wieder tendieren die Erwachsenen aus verschiedenen Gründen dazu, die übernatürliche Macht, die ihnen die Kinder zutrauen, ganz selbstverständlich für sich in Anspruch zu nehmen, statt einer gesunden Entmythifizierung Raum zu geben. «Mein kleiner Finger hat es mir verraten», ist ihre Antwort, wenn das Kind sich wundert, daß es erwischt worden ist. So entspringt auch der Abscheu der Erwachsenen vor dem kindlichen Lügen – «wenn du die Wahrheit sagts, wirst du nicht bestraft» – höchstwahrscheinlich zum größten Teil verletztem Stolz; wie der «Zauberer» es nicht ertragen kann, wenn man ihm auf die Schliche kommt und seine Tricks durchschaut, so kränkt es die Eltern, wenn sie nicht mehr für übernatürliche, völlig andersartige Wesen gehalten werden: «Über seine Eltern hat man sich kein Urteil zu erlauben ...»

3. Die Konditionierung vollzieht sich auf die klassischste Weise der Welt, und die Menschheit brauchte nicht auf Pawlow zu warten, um zu konditionieren oder zu dressieren, ebensowenig wie Freud nötig war, damit das Unbewußte in Aktion trat. Der jeweilige Beitrag Pawlows und Freuds bestand darin, wissenschaftlich zu erklären, wie konditionierte Reflexe entstehen und wie das Unbewußte funktioniert.

Legt man die klassische Definition des bedingten Reflexes zugrunde[35], nach der der elementare bedingte Reflex durch das zeitliche Zusammenwirken eines äußeren Agens (das für den Organismus unwesentlich sein kann) und eines unbedingten (für den Organismus lebenswichtigen) Reizes zustande kommt, so lassen sich die uns beschäftigenden Vorgänge beim Kind unter zwei Rubriken einordnen.

Unter die erste Rubrik fallen die sich neu bildenden Verbindungen zwischen einem Impuls des Kindes (Sexualität, Neugierde, Reflexion, Kritik, Eigenaktivität) und den schlimmen Folgen, die das Einschreiten der Eltern (Drohungen, Strafen, Schläge) für das Kind zeitigt. Wenn der bedingte Reflex sich konsolidiert hat, ruft auch schon das leiseste Anzeichen eines solchen Impulses Gefühle des Unbehagens hervor und bewirkt seine spontane Unterdrückung.

In die zweite Rubrik fällt die «Ausbildung des bedingten Gehorsamsreflexes gegenüber dem Erwachsenen als dem Repräsentanten der Autorität» oder, besser gesagt, als Verkörperung dessen, was hier Autorität genannt wird.

In diesem Fall entsteht ein Reflex, der das Kind zwingt, auf einen Befehl des Erwachsenen so zu reagieren, als käme er von ihm selbst. Alle Strafen, Drohungen, Züchtigungen wirken nur deshalb, weil sie *Schmerz* verursachen. Der größte Schmerz für das Kind ist aber, bis zu einem bestimmten Alter, der *Verlust der elterlichen Liebe* – mit allem, was ein solcher Liebesverlust impliziert[36]: die Angst, verlassen zu werden und ohne Nahrung und Wärme allein zu bleiben. Es sei noch einmal daran erinnert, welche zusätzliche Bedeutung das Unbewußte diesem Verlust gibt: er wird vom Kind als Strafe für die eigene Aggressivität erlebt, deren Existenz ihm damit bestätigt wird und deren Folgen dadurch dramatisiert und verschlimmert werden.

Anders ausgedrückt: hinsichtlich der Phänomene der zweiten Rubrik ließe sich sagen, daß sich im bedingten Reflex ein auf bestimmte Weise formulierter Befehl mit der *Ausschaltung des kritischen Ich* verbindet. Autorität kann für die ihr Unterworfenen nur in Erscheinung treten, wenn zuvor ihre kritische Vernunft eingeschüchtert worden ist.

Der Befehl wird so ausgeführt, als wäre das Subjekt letztlich nur der Arm, das ausführende Organ des Befehlenden. Damit erklärt sich auch eine scheinbar so paradoxe Erscheinung wie etwa das totale Fehlen von Schuldgefühl bei Eichmann, der von seiner völligen Unschuld zutiefst überzeugt war: kann der Arm etwas anderes tun, als dem Gehirn zu gehorchen, und ist nicht allein das Gehirn verantwortlich?

Ich sagte: ein auf bestimmte Weise formulierter Befehl. Denn es ist in der Tat wesentlich, daß später, für den Erwachsenen, die Repräsentanten der Autorität an bestimmten äußeren Zeichen – Uniform, Auftreten, Tonfall – kenntlich sind. Das auf Autorität dressierte Subjekt reagiert dann automatisch auf einen bestimmten Tonfall.

Der neu gebildete Stromkreis, bei dem das Objekt – der Erwachsene, der das Kind dressiert hat – verinnerlicht wird, ist außerdem jedesmal, wenn er reaktiviert wird, für das Subjekt von einer mehr oder weniger dichten, aber immer präsenten affektiven Atmosphäre abergläubischer, ehrfürchtiger, ihrem Wesen nach magischer Scheu umgeben, einer Atmosphäre, die den archaischen Ursprung des Phänomens in der frühen Kindheit erkennen läßt. Wir hatten oben gesehen, wo diese fast übernatürliche Ehrfurcht vor der Autorität ihren Ursprung hat: in der – vom Erwachsenen ausgebeuteten – Neigung des Kleinkindes, seine Eltern für allmächtig zu halten.

Das Phänomen Autorität ist also, meines Erachtens, nichts anderes als eine geistig-seelische Folgeerscheinung des ungleichen Kräfteverhältnisses zwischen Kind und Erwachsenem, wobei diese Ungleichheit mit Hilfe einer Konditionierung perpetuiert und ausgebeutet wird, die sich vor allem der Drohung mit Liebesentzug bedient.

Es sei noch am Rande vermerkt, daß diese Konditionierung bestimmte Eigentümlichkeiten besitzt, auf die hier nicht näher eingegangen werden kann. Es ist nämlich denkbar, daß durch die Dressur, der die Erwachsenen als Eltern ihre Kinder unterziehen, sich ihr

eigener konditionierter Reflex automatisch immer wieder neu auflädt. Die Unterwerfung der Kinder unter ihre, der Eltern, Autorität reaktiviert deren eigenen Unterwerfungsreflex. Die Konditionierung des Kindes führt in jeder Hinsicht zur Entfremdung des Erwachsenen.
Die Konditionierung des Kindes, als deren Ergebnis ein seinem Bewußtsein unzugänglicher weitverzweigter Stromkreis *als ein Fremdkörper* in ihm installiert wird, der bei bestimmten Anlässen sein kritisches Ich lahmlegt, wird damit zum Modell jeder persönlichkeitsverändernden Entfremdung. Diese Tatsache macht verständlich, wieso ein Mensch gewissermaßen gespalten sein kann: während ein Sektor seiner Persönlichkeit Fakten auf ihren Wirklichkeitsgehalt hin untersucht und einer experimentellen Nachprüfung unterzieht, gehorcht der andere quasi automatisch und völlig kritiklos den Vorschriften weltlicher oder geistlicher Autoritäten.
Übrigens wird Kindern immer angeblich «zu ihrem eigenen Besten» Gewalt angetan.
Es ist interessant festzustellen, daß jedesmal, wenn es darum geht, einer Gruppe von Menschen Gewalt anzutun, sie als Kinder qualifiziert werden. Für die Kolonisatoren waren die Neger oder die Araber «große Kinder»; im vorigen Jahrhundert wurden die Arbeiter als Kinder betrachtet, die zu ihrem eigenen Besten von ihrem Arbeitgeber, ihrem «patron»[37], wie es bezeichnenderweise im Französischen heißt, väterlich geleitet werden mußten. Die katholischen Gläubigen sind die Kinder der «heiligen Mutter Kirche» und des «Heiligen Vaters», der Oberst ist der «Vater des Regiments», der Zar war das «Väterchen des Volkes».

4. Hinter der Vokabel «Autorität» verbirgt sich in erster Linie der Anspruch auf einseitige Machtbefugnisse der Gruppe oder der Gesellschaft gegenüber dem Individuum, ein Anspruch, der sich aus dem Recht des Erwachsenen auf Gewaltanwendung gegenüber dem Kind herleitet.
Nirgends kommt der Zwang der sozio-kulturellen Institutionen so kraß zum Ausdruck wie darin, daß es fast restlos gelungen ist. Gewaltanwendung beim Kind als gerechtfertigt erscheinen zu lassen, *ihr*

den Anschein der Legitimität zu geben. Autorität ist nichts anderes als das zum abstrakten Begriff gewordene Resultat dieses Vorgangs.

Daß sich hinter der Vokabel «Autorität» in erster Linie der Machtanspruch der Gruppe oder der Gesellschaft gegenüber dem *Individuum* verbirgt, wird durch die Tatsache bestätigt, daß ihr Gegenbegriff der Begriff der Freiheit ist. Autorität und Freiheit stehen zueinander in echter dialektischer Beziehung.

Dieser Machtanspruch jedoch, um noch einmal darauf zurückzukommen, äußert sich von seiten der Autorität oder derer, die sie verkörpern und die man Autoritäten nennt, von seiten der Gesellschaft also nicht nur in Form von äußerer Gewaltanwendung, physischem oder verbalem Zwang. Wenn das Kind erst einmal konditioniert ist, unterwirft sich der Erwachsene, zu dem es später wird, der Autorität, ohne daß er dauernd von einem Polizisten wie von einem Schutzengel überwacht zu werden braucht[38]. Allerdings muß die Konditionierung von Zeit zu Zeit durch Manifestationen der Macht – Belohnungen, Beförderungen, Auszeichnungen oder Drohungen und Strafen – reaktiviert werden. Die Notwendigkeit einer solchen Reaktivierung ist, nebenbei bemerkt, eine Bestätigung der Tatsache, daß die Konditionierung des Autoritätsreflexes sich von der des bedingten Reflexes, wie Pawlow sie beschrieben hat, nicht grundsätzlich unterscheidet.

Von hier aus wird deutlich, warum das Phänomen Autorität derart gedeihen konnte und noch immer existiert. Der Grund dafür liegt in einer von der Gesellschaft auf allen Ebenen praktizierten beachtlichen *Ökonomie*.

Im folgenden werden wir noch der letzten Mystifikation, die im Phänomen Autorität am Werk ist, auf die Spur kommen: Sie besteht darin, daß im Zusammenhang mit Autorität von der Gesellschaft oder Gruppe immer als von einem Ganzen die Rede ist, während es sich dabei in Wirklichkeit nur um die Macht einer Minderheit von Besitzenden über die Mehrheit der anderen handelt.

Kommt zur möglichen oder faktischen äußeren Gewaltanwendung ein *von innen* auf das Individuum wirkender psychologischer Druck hinzu, dem es sich, insofern er außerhalb seiner bewußten Wahrnehmung bleibt, nie ganz zu entziehen vermag, dann kann die Macht

ihren jeweiligen Zweck mit erstaunlich sparsamen Mitteln erreichen.
Der psychologische Druck auf das Individuum verschafft dem Inhaber von Autorität eine noch zwingendere Macht als die der nackten Gewalt. Diese Macht läßt sich auch ohne äußere Gewalt ständig ausüben.
So kann offene äußere Gewalt bis zu einem gewissen Grad durch innere Gewalt ersetzt werden, die sich der bewußten Wahrnehmung und der Macht des Individuums entzieht und es zu einem von innen her gesteuerten Wesen, zum Automaten macht, der aufgrund eines Unterwerfungsreflexes auf bestimmte Reize (die Merkmale der Autorität) reagiert.

5. Die letzte Täuschung, zu der das Phänomen Autorität verleitet, besteht in der Meinung, die Autorität verkörpere den Anspruch der Gesellschaft (oder Gruppe) an das Individuum, *während sie in Wahrheit nur Ausdruck der Macht einer Minderheit über die Mehrheit ist.*
Es gibt keine «autoritären Gesellschaften», ohne daß sich eine Minderheit herausgebildet hätte, die faktisch die Macht besitzt und die Mehrheit als «Kinder» ansieht, die, wie Salazar sich ausdrückt, «zu ihrem eigenen Besten beschützt werden» müssen.
Damit soll gewiß nicht behauptet werden, die sozial-ökonomischen Phänomene ließen sich auf eine Perpetuierung der traditionellen Erwachsenen-Kind-Beziehung reduzieren. Es soll damit nur gesagt sein, daß die aus den ökonomischen Produktionsverhältnissen hervorgehenden politischen Kräfte natürlicherweise in die bereits vorhandenen Kanäle der psychologischen Beziehungen fließen. Der gesellschaftlich-politische Überbau steigt nicht wie ein Rauch pfeilgrad empor, sondern macht sich alle verfügbaren und erreichbaren Materialien zunutze, so auch das auf Ungleichheit basierende Erwachsenen-Kind-Verhältnis. Da bisher alle gesellschaftlich-politischen Verhältnisse auf der Aneignung der Macht durch eine Minderheit beruhten, ist es nicht besonders verwunderlich, daß ein im wesentlichen sich immer gleichbleibendes, äußerlich aber, wie man weiß, einmal mehr, einmal weniger als Zwang erscheinendes Herrschaftsverhält-

nis sich der Beziehungen bedient, die sich aus dem Kräfte-Mißverhältnis zwischen Erwachsenem und Kind ergeben.
Das oben Gesagte läßt sich dahingehend zusammenfassen, daß bisher die aus den Produktionsverhältnissen resultierende Ungleichheit der politischen Macht sich ungehindert auswirken kann, da sie nur die Folgen des ungleichen Kräfteverhältnisses zwischen Kind und Erwachsenem auszunutzen, zu verstärken, zu perpetuieren braucht. Zwischen zwei Akten der Vergewaltigung – der Mehrheit durch eine Minderheit und des Kindes durch den Erwachsenen – stellt sich so ein natürlicher Zusammenhang her. Das Problem kompliziert sich, wie leicht einzusehen ist, selbstverständlich noch insofern, als beide Vorgänge nicht nur einfach zusammentreffen, sondern sich komplementär ergänzen, beide Gewaltakte sich gegenseitig in Gang halten. Unter diesem Aspekt wird die wichtige Tatsache begreiflich, daß selbst Erwachsene, die eine erfolgreiche Revolution hinter sich haben, sich von ihrem in der Kindheit konditionierten Autoritätsreflex nicht völlig befreien können[39].

6. Aus dem allen geht klar hervor, daß es nur einen einzigen, stets nach hierarchischem Muster gebauten Typ von Autorität gibt. Sie findet ihre Rechtfertigung stets in einer Transzendenz, die als etwas dem Individuum Überlegenes angesehen wird, sei es eine religiöse (Gott) oder eine weltliche (die Gesellschaft, der zum Götzen erhobene Staat). In Wirklichkeit ist diese angebliche Transzendenz nichts anderes als das Mittel, mit dem eine Minderheit die Legitimität ihrer Macht über die Mehrheit begründet. Und weiter: die Autorität, die täuschende Maske der Gewalt, verwirklicht sich stets auf dem Weg über eine systematische Konditionierung des Kindes, die darauf abzielt, in ihm – und im Erwachsenen, der es später sein wird – Gehorsamsreflexe gegenüber der Autorität zu erzeugen, ein Verfahren, das in seinen methodischen Details und seinem Zweck der Dressur von Tieren verwandt ist.
Unter diesem Aspekt erscheint der Begriff der «demokratischen Autorität» als eklatanter Widerspruch in sich selbst; denn Demokratie bedeutet Überwindung von Autorität.
Denkt man diesen Gedanken zu Ende, so ergibt sich die klare Folge-

rung, daß jede Autorität wesensmäßig, von Natur aus für jeden Menschen, der sich weigert, irgendeiner Art von Transzendenz Kredit einzuräumen, illegitim ist. Wenn auch zwischen Erwachsenem und Kind ein Kräftemißverhältnis besteht, so ist es doch, wie wir gesehen haben, erst die psychisch-affektive Manipulation und Ausbeutung dieser Ungleichheit, die die Unterwerfung unter die Autorität zu einem Dauerzustand macht.

Von der Autorität des Gesetzes zu sprechen ist eine weitere semantische Unangemessenheit: es sollte einzig von einer Anpassung des Gesetzes an die im gegenwärtigen Augenblick möglichen Beziehungen zwischen Individuum und Gesellschaft oder vom humanen und sozialen Nutzen des Gesetzes gesprochen werden.

Damit erhebt sich unausweichlich die Frage nach der Möglichkeit oder Unmöglichkeit einer autoritätslosen Gesellschaft. Einen vorläufig noch provisorischen Ansatz zu ihrer Beantwortung kann schon hier der Hinweis auf die Tatsache liefern, daß eine der Funktionen der Autorität darin besteht, innerhalb der Gesellschaft entstehende Konflikte zu unterdrücken. Oder besser gesagt: die Autorität schaltet einen der beiden Konfliktpole aus, hindert ihn daran, sich auszudehnen, Gestalt anzunehmen, Einfluß zu gewinnen. *Die Autorität paralysiert den Konflikt.* Unter funktionalem Gesichtspunkt stellt die Autorität den Versuch dar, dem Kampf der Gegensätze, dem Wechselspiel der Kräfte mit defensiven Lösungen zu begegnen. Das wird besonders deutlich, wenn man die Umstände – Zuspitzung der Konflikte – ins Auge faßt, welche die als Faschismus bekannte pathologische Verkrampfung der Autorität begünstigen. Nicht, was aus der Autorität wird, scheint mir das eigentliche Problem in der Gegenwart zu sein, sondern was aus dem Kampf der Gegensätze, den man Konflikt nennt, wird.

Alle Überlegungen zum Problem der Autorität und im Anschluß daran zu der Art von sozialem Konsens, der an ihre Stelle treten könnte, müssen also notwendig in eine gedankliche Auseinandersetzung mit dem Phänomen des Konflikts münden, mit seiner eventuellen Funktion und positiven Bedeutung, mit seinem Entstehen, seiner Verarbeitung und seinem unvermeidlichen – notwendigen? – Wiederaufleben in anderer Gestalt – kurz, mit seinem Leben. Das

Bild der in granitener Ewigkeit erstarrten hierarchischen Pyramide oder der Leiter, deren Sprossen immer nach dem gleichen Schema angeordnet sind, würde so vom Bild der dialektischen Spirale abgelöst, die sich immer neu formt, sich gleichzeitig entwickelt und wie das Leben selbst in ständiger Bewegung ist.

II. Von der totalen (biologischen, psychisch-affektiven, gesellschaftlich-politischen) Abhängigkeit zur schrittweisen Befreiung

Die Anfänge der Menschheitsgeschichte stehen im Zeichen der Autorität, sei es der Autorität übernatürlicher Wesenheiten (Götter oder Dämonen), der Autorität der Gruppe oder der eines einzelnen, bzw. einer Minorität. In der Frühzeit der Menschheit tritt Autorität praktisch unter allen drei Gestalten auf. Die Macht der Autorität bedarf keiner Rechtfertigung und ist quasi-absolut.

Anders gesagt: in dieser mythischen Frühzeit – ich werde am Schluß des Kapitels den heuristischen Wert eines solchen Mythos erörtern[40] – ist Auflehnung gegen die Autorität gleichbedeutend mit Tod. Der Tod kann durch einen Gewaltakt der Autorität als deren ultima ratio herbeigeführt werden: das Haupt der Gruppe ordnet die Exekution des Rebellen an; er kann aber auch die unmittelbare Folge der intensiven Konditionierung des Individuums auf Autorität sein: in «primitiven» Gesellschaften führt die Verfluchung, mit der der Schamane den Zorn der Götter auf einen Stammesangehörigen herabruft, oder der Ausschluß aus der Gruppe den Tod des Betreffenden herbei, ein Phänomen, das von zahlreichen Ethnologen beschrieben worden ist[41].

Am Anfang also steht die Autorität, und sie wird als absolut, allmächtig erlebt. Die Vorstellung, gegen ein mächtiges Tabu zu verstoßen, die Vorstellung, aus der Gruppe ausgestoßen, verflucht zu werden, erzeugt eine Angst, in der die Angst des Säuglings oder des Kleinkindes, vom Objekt Mutter verlassen zu werden, wiederauflebt. Auf dieser Stufe wird das Individuum gewissermaßen sein Leben lang von Angst verfolgt, von einer Angst, die so stark ist, daß der Ausschluß aus der Gruppe als faktisches Ausgesetztsein erlebt wird und den Tod herbeiführt. So wie das Kleinkind die Macht der Mutter als reine Willkür erlebt (und um so mehr, je frustrierter es ist), so erfährt das erwachsene Individuum die Allmacht der Autorität als Willkür. Mit Gebeten und Opfern hofft die Gruppe zwar, die Götter günstig zu stimmen, doch sind die Gottheiten der Primitiven nicht durch einen «Vertrag» wie etwa das mosaische Gesetz den Menschen gegenüber verpflichtet. Denn auf dieser Stufe entsprechen die übernatürlichen Wesenheiten, im Unbewußten des Menschen, der archaischen Mutter und gehören nicht den erst später auftretenden Vaterreligionen an. Die Götter handeln nach eigenem Belieben: man kann lediglich hoffen, daß sie, wenn man sich ihnen angenehm macht, die Gebete der Menschen erhören werden. – Die Beziehung zwischen Autorität und archaischer Mutter, der Zusammenhang zwischen der Verlassenheitsangst des Erwachsenen und der des Kleinkindes bleiben unbewußt: das Individuum stellt zwischen beiden Phänomenkreisen keine Verbindung her.

Ehe ich diese Gedanken weiter ausführe, möchte ich hier eine Zwischenbemerkung einschalten.

Auf dieser Stufe gibt es noch eine andere Macht, deren Herrschaft ebenso absolut und willkürlich ist, wie die der archaischen Mutter; während aber die archaische Mutter ihre willkürliche Allmacht nur in der *subjektiven* Vorstellungswelt des Kleinkindes besitzt[42], herrscht jene andere Macht autokratisch über die ganze frühe Menschheit. Diese zweite Macht ist die äußere Wirklichkeit, die Natur.

Man kann sich nun die Frage stellen, ob sich die «Primitiven» einer absoluten Autorität unterwerfen, weil sie sich noch nicht vom archaischen Mutterbild gelöst haben oder weil sie ständig mit einer unberechenbaren Natur im Kampf liegen, der gegenüber sie sich weitgehend machtlos fühlen.

Ich neige dazu, das erste anzunehmen. Denn diese frühen Menschen sind immerhin schon Menschen. Gorillas können aus ihren Erfahrungen im Umgang mit der äußeren Wirklichkeit nicht den abstrakten Begriff einer allmächtigen, unberechenbaren Natur, der man sich beugen muß, ableiten. Mit dem Menschen beginnt die Religion. Und wenn jene «ersten» Menschen schon Menschen sind, dann tragen sie auch, wie wir heute, unvermeidlich in den Tiefen des Unbewußten die Erinnerung an jene subjektive Beziehung zum Objekt Mutter.

Die Tatsache, daß diese beiden autokratischen Mächte, die archaische

Mutter und die Natur, auf gleiche Weise erlebt werden, hat jedoch Folgen[43]. Vor allem wird die Natur aufgrund dieses ähnlichen Erlebens zum bevorzugten Objekt für die *Projektionen* des Individuums wie der Gruppe, von Projektionen, die selbstverständlich unbewußt bleiben. Mit anderen Worten, das Individuum und die Gruppe nehmen der äußeren Umwelt, ganz allgemein der Natur gegenüber die gleiche psychisch-affektive Haltung ein wie der Säugling gegenüber dem Objekt Mutter. Man kann hier mit Recht von einer Mutter Natur sprechen. Aber nur der moderne Beobachter kann diesen Terminus verwenden: der Primitive oder die Gruppe wissen nicht, daß sich in ihrer Haltung der Natur gegenüber ihre frühere Haltung der archaischen Mutter gegenüber wiederholt. Es kann sogar sein, daß sich ihnen die übernatürlichen Mächte, als die sie die Naturkräfte ansehen, in männlicher Gestalt darstellen.

Umgekehrt läßt sich denken, daß eine größere «Milde» oder «Strenge» der Natur, hinsichtlich Klima oder Bodenart z. B., im Lauf der Zeit das unbewußte Bild der archaischen Mutter beeinflußt und ihm je nachdem gütigere oder bösartigere Züge verliehen hat; und in einer Art von Kettenreaktion spiegelten sich diese Züge dann auch im Verhalten der Mutter dem Kind gegenüber wie auch in den das Kind beeinflussenden Stammesbräuchen wider.

Von dieser mythischen Frühzeit der Menschheit kann man sich eine Vorstellung machen, wenn man sich klar macht, daß auf dieser Stufe Autorität in ihren verschiedenen Formen sich auf das Individuum als totaler Zwang auswirkte und Freiheit – Freiheit der Wahl, des Widerspruchs, der Revolte, des kritischen Denkens – dem Individuum total unbekannt war.

Innerlich zitternd vor Angst, es könne den Blitzstrahl der Autorität auf sich herabziehen, wagte sich das Individuum einfach gar nicht an assoziative Gedankengänge, an Vorstellungen heran, die es ins unbekannte Dunkel eines persönlichen Urteils hätten führen können. Was jedoch seiner Befreiung oder einem Abbau des lastenden Autoritätsdrucks vor allem entgegenstand, war die Tatsache, daß das Individuum als solches eigentlich noch gar nicht existierte.

Das einzelne Glied der Gruppe war insofern noch nicht wirklich individualisiert, autonom, als sein psychisches System, sein psychischaffektives Gerüst, zum allergrößten Teil noch nicht verinnerlicht, noch nicht innen, sondern noch fast vollständig außen war. Der einzelne erlebte sich ausschließlich als Teil der Gruppe; daher bedeutete für ihn der Ausschluß aus der Gruppe auch seinen Untergang und Tod. Die Bindungen zwischen den verschiedenen Teilen seines psychischen Systems waren nicht so fest wie die zwischen seinem Ich und der Gruppe. Man kann hier von einem «Gruppen-Ich», nicht aber von einem wirklichen «Ich» sprechen. Wenn sich so etwas wie Denken vollzog, dann nur als kollektives innerhalb der durch Verbote gesetzten Grenzen.

Befreiung, Nachlassen des Autoritätsdrucks konnten folglich nur auf einem unendlich langen Umweg über die Außenwelt erreicht werden. Nur indem er sich vom Druck der übermächtigen Natur zum Teil befreite, konnte der Mensch überhaupt den Begriff der Freiheit konzipieren. Die Einschränkung der absoluten Autorität der im Unbewußten verinnerlichten archaischen Mutter war eine Folge der schrittweisen Befreiung des Menschen vom Zwang der äußeren Wirklichkeit[44]. In dem Maße wie der Mensch allmählich von der Umwelt unabhängiger wurde, begriff er, was Befreiung und Freiheit bedeuten. Der Weg zur Freiheit führt zuerst einmal über die äußere Welt, und die Wissenschaft als spezifisches Instrument der Befreiung hatte ihre ersten Erfolge im Bereich der äußeren Wirklichkeit, lange bevor sie sich mit dem Studium der im eigentlichen Sinn menschlichen Wirklichkeit befaßte.

Es scheint mir notwendig, an dieser Stelle einen kurzen Rückblick auf den gesamten Komplex der bisher beschriebenen Aspekte, soweit sie mit dem Phänomen Autorität in Zusammenhang stehen, vorzunehmen, wobei die im vorangehenden Paragraphen eingeführten Begriffe mit einbezogen werden sollen.

Die faktische biologische Ungleichheit zwischen dem Kleinkind und dem Erwachsenen hat die materielle Abhängigkeit des Kindes vom Erwachsenen zur Folge. Wegen der außerordentlich langsamen motorischen Entwicklung beim Menschen besteht diese Abhängigkeit ungewöhnlich lange.

Aufgrund bestimmter artspezifischer psychisch-affektiver Charakteristika führt diese materielle Abhängigkeit in der frühen Kindheit zu Angst vor Liebesentzug oder, anders ausgedrückt, zu Schuldgefühlen im Zusammenhang mit Aggressivität, die ihrerseits eine Reaktion auf unvermeidbare Frustration ist.

Diese Angst und dieses Schuldgefühl würden normalerweise zum größten Teil von selbst verschwinden, sobald das Kind im Lauf seiner Entwicklung merkt, daß seine Aggressivität nicht so zerstörerisch ist, wie seine Phantasien es ihm glauben machen, und es außerdem nach und nach fähig wird, ohne die Erwachsenen auszukommen, falls es von ihnen im Stich gelassen wird.

Bis in die jüngste Zeit hinein haben jedoch die Erwachsenen aus verschiedenen Gründen – um sich Gehorsam und Dienstleistungen zu sichern, vor allem aber, weil sie selbst in gleicher Weise konditioniert sind – diese psychisch-affektive Abhängigkeit ausgebeutet, verstärkt, perpetuiert. Das bevorzugte Instrument dieser Ausbeutung war und ist die Drohung mit Liebesentzug.

Der Ursprung des Phänomens Autorität, wie es heute in den verschiedenen Gesellschaften begegnet, liegt allein in den auf diese Weise erzeugten starken und anhaltenden Verlassenheitsängsten und Schuldgefühlen. Statt sich psychisch-affektiv natürlich zu entwickeln, gewöhnt sich das Kind daran, sich ständig *unterzuordnen*, um nicht irgendwelchen eingebildeten Gefahren ausgeliefert zu werden. So bildet sich im Lauf der Jahre ein unbewußter Unterwerfungsreflex gegenüber der Autorität – insofern unbewußt, als dem Kind wie dem Erwachsenen diese Unterwerfung völlig natürlich scheint, da beide sie nicht mehr auf ihren weit zurückliegenden Ursprung zurückführen können.

Das so konditionierte Kind wächst zu einem entfremdeten Erwachsenen heran; denn ein Teil seiner selbst, der seinem Bewußtsein und Willen nicht zugänglich ist, zwingt ihn, sich unter bestimmten Umständen fast automatisch unterzuordnen. Es ist leicht einzusehen, daß ein Erwachsener dieser Art dazu neigt, in seinen Beziehungen zum Kind die gleiche Haltung einzunehmen, die früher die Erwachsenen ihm gegenüber einnahmen. Die gehorsame Marionette, die sich in seinem Inneren gebildet hat, produziert neue gehorsame Marionetten.

Warum ist anzunehmen, daß in der mythischen Frühzeit der Menschheit, von der die Rede war, die autoritäre Haltung des Erwachsenen dem Kind gegenüber am stärksten ausgeprägt war? Damit ist keineswegs gemeint, daß die Erwachsenen damals bewußt danach trachteten, die Kinder aufs äußerste auszubeuten und mit Vorbedacht nach dem biologischen Muster der vollkommenen materiellen Abhängigkeit das Modell der psychisch-affektiven Abhängigkeit aufzubauen. Ebensowenig ist damit gemeint, daß der Abstand zwischen beiden Modellen, dem biologischen und dem psychisch-affektiven, allmählich größer geworden wäre, etwa, weil die Erwachsenen im Lauf der Zeit mehr guten Willen entwickelt hätten.

Damit soll vielmehr gesagt sein, daß in «primitiven» Gesellschaften, wie sie uns aus Schilderungen von Ethnologen bekannt sind, die Erwachsenen selbst unter total autoritärer Herrschaft stehen, sei es die Autorität eines Gottes oder der Gruppe – «Gruppen-Ich», Stammesbräuche, Stammestabus – oder einer Minderheit innerhalb der Gruppe – Schamane, Häuptling, Gruppenältester.

Die so zur Unterwerfung unter die Autorität Erzogenen können gar nicht anders, als zwischen sich und ihren Kindern die gleiche Art von Beziehung herzustellen. An Unterwerfung gewöhnt, konditionieren sie ganz selbstverständlich die Kinder auf die gleiche totale Unterwerfung hin.

Vom Kind aus gesehen, sind die Erwachsenen Teil der absoluten Autorität und können so in bestimmten Fällen eine Vermittlerrolle übernehmen, weshalb es doppelt notwendig ist, sich ihnen, um ihr Wohlwollen zu gewinnen, im Tun und Denken unterzuordnen.

Das Interessante daran scheint mir folgendes zu sein: die Tatsache, daß sich der Abstand zwischen der absoluten materiellen Abhängigkeit und der psychisch-affektiven Abhängigkeit des Kindes vom Erwachsenen vergrößert hat, ist nicht etwa auf eine spontane psychologische Umstellung der Eltern zurückzuführen.

Das zeitlich erste Phänomen scheint mir dabei eine durch das Zusammenwirken bestimmter Umstände begünstigte Abschwächung des Unterwerfungsreflexes auf seiten der Erwachsenen zu sein, die sich sekundär auch auf die Erziehung des Kindes auswirkte. Man verlangte von den Kindern nicht mehr, als man von sich selbst verlangte.

Das Verhältnis zur Autorität stellt sich also gewissermaßen auf zwei Ebenen dar, die streng aufeinander bezogen sind. Auf der ersten geht es um das Verhältnis des Kindes zum Erwachsenen, auf der zweiten um das des Erwachsenen zur Autorität und zur Obrigkeit.

Autorität und Obrigkeit	2. Ebene
Erwachsene	1. Ebene
Kinder	

Bis in die jüngste Zeit hinein hat sich auf beiden Ebenen der gleiche Typ von Beziehungen erhalten[45].

Der Gedanke, die Geschichte der Menschheit eher simplifizierend als vereinfachend ausschließlich im Licht der oben entwickelten Gedankengänge sehen zu wollen, liegt mir völlig fern.

Für die Ausbeutung des Menschen durch den Menschen gibt es noch ganz andere Ursachen als nur die psychisch-affektive Abhängigkeit. Eine entscheidende Rolle bei der Entwicklung der Gesellschaften spielen ökonomische Faktoren und technologische Veränderungen; in dieser Hinsicht hält sich meine Methode an den durch die Analysen von Karl Marx vorgezeichneten Weg.

Es ist jedoch leicht einzusehen, daß die Ausbeutung des Menschen durch den Menschen seit eh und je die Tendenz hatte, sich den Unterwerfungsreflex gegenüber der Autorität, dieses großartige Herrschaftsinstrument, zunutze zu machen. Und zwar aus zwei Gründen: einmal, weil diese ideologische Konditionierung auf zwei Ebenen ohnehin schon da war, seit eh und je schon da war, und man sich ihrer nur zu bedienen brauchte[46]; zum anderen, weil sich der dadurch ermöglichte Herrschaftstyp als im höchsten Maß rationell erwies; denn die ausgebeuteten Erwachsenen übernahmen es von sich aus, ihre Kinder so zu konditionieren, daß sie sich ausbeuten ließen, und der Unterwerfungsreflex der Erwachsenen machte so die ständige Anwendung von physischem Zwang unnötig.

Die teilweise Abschwächung des Unterwerfungsreflexes bei den Erwachsenen und die Entfaltung bestimmter Freiheiten, darunter der inneren Unabhängigkeit, vollzog sich, wie oben gesagt, dank des «Zusammenwirkens gewisser Umstände».

Was ist damit gemeint?
Ganz einfach das: die fortschreitende «Befreiung» von einer ursprünglich absoluten, willkürlichen Autorität konnte, zumindest nach der neolithischen Revolution, meines Erachtens nur aufgrund eines Traditionsbruchs oder Traditionswandels stattfinden. Ein solcher Traditionsbruch oder -wandel kann wiederum seinen Ursprung nur in einer Veränderung der Produktionsverhältnisse im Marxschen Sinn des Wortes haben, sei es als Folge von Klassenkämpfen oder technischen Erfindungen oder als Folge eines neuen, durch Kriege oder Forschungsreisen bewirkten Rhythmus' des Warenaustausches – alles Erscheinungen, die Veränderungen im Bereich der Produktivkräfte herbeiführen. Diese sozio-politischen, technischen und ökonomischen Vorgänge waren ihrerseits Anlaß für das Entstehen neuer sozialer Klassen in den einzelnen geschichtlichen Epochen, was wiederum Rückwirkungen auf die aus der Zeit vor dem Klassenkampf stammenden sozialen Bedingungen hatte.
Nach der neolithischen Revolution also Primat des Technologischen und Ökonomischen – Wandlungen im Bereich der «Produktivkräfte» –, als Folge davon Veränderungen auf sozio-politischer Ebene (besonders im Klassenkampf), die ihrerseits eine teilweise Entkonditionierung in bezug auf die traditionelle Ideologie bewirken. Was durchaus nicht bedeutet, daß nicht aufs neue eine Rekonditionierung der Erwachsenen und der Kinder durch die an der Macht befindliche Klasse stattfinden könnte. Doch der Hiatus zwischen Vergangenheit und Gegenwart, die Möglichkeit, daß zwei Ideologien einander gegenübertreten und zum Vergleich herausfordern, das somit mögliche Auseinanderbrechen des bisher herrschenden Einheitssystems fördern auf seiten der Ausgebeuteten die Ausbildung eines bis zu einem gewissen Grad kritischen Bewußtseins – eines *Klassenbewußtseins*, das sich auf den konditionierten Unterwerfungsreflex verändernd auswirkt.
So wird allmählich in einer im ganzen positiven Abfolge von Fortschritten und Rückschritten langsam die im Anfang absolute Unterwerfung unter die Autorität zu einer nur noch relativen.
Jede «Befreiung» löst das Individuum teilweise aus den Bindungen, die sich in seiner Kindheit zwischen ihm und den Erwachsenen ge-

knüpft hatten. Jede «Befreiung» verdankt sich einer teilweisen (psychisch-affektiven, ideologischen) Entkonditionierung. Der Erwachsene ändert sein Verhältnis zur Autorität und ändert damit zugleich die Art der Beziehung, die er zwischen sich und seinen Kindern herstellt. Auf diese Weise wird Emanzipation an die nächste Generation weitergegeben.

Dieser «Fortschritt» ist jedoch nie gesichert. Auf eine teilweise Entkonditionierung kann, ich wiederhole, eine Rekonditionierung auf alte archaische Formen der Autorität folgen. Jeder technologisch-ökonomische und im weiteren sozio-politische Hiatus kann sowohl einen «Fortschritt» als auch einen «Rückschritt» im Gefolge haben. Der Hiatus nach dem ersten Weltkrieg und die darauf folgende ökonomische Krise von 1929 führte in Deutschland zum Nationalsozialismus und so aufs neue zu einer totalen Unterwerfung unter die Autorität.

Wenn der Bruch zwischen Vergangenheit und Gegenwart sehr tief reicht, wie es heute offenbar der Fall ist, scheint der Begriff der Kulturkrise angebracht.

Wir erleben heute eine neue «Befreiung» von Konditionierungen, die sich nicht mehr auf der zweiten, sondern auf der ersten Ebene unseres Schemas abspielt.

Mit anderen Worten, der technisch-ökonomische Faktor (in diesem Fall die technologische Revolution) beeinflußt zwar nach wie vor das Verhältnis der Erwachsenen zur Autorität, aber auch, und das ist neu, das Verhältnis der Kinder zu den Erwachsenen; denn er wirkt jetzt direkt auf die Kinder, nicht mehr nur auf dem Umweg über Familie oder Schule.

Wir werden im weiteren die sich hieraus ergebenden Konsequenzen untersuchen.

Es scheint mir daher vom heuristischen Standpunkt aus sehr nützlich, von der Vorstellung einer mythischen Frühzeit auszugehen, in der die Unterwerfung unter die Autorität vollkommen war. Der Begriff des Mythos ist hier insofern am Platz, als es heute unmöglich ist, über die Anfänge der Menschheit wissenschaftlich gesicherte Kenntnisse zu gewinnen. Die einzigen Hinweise, die wir besitzen, sind die sehr sporadischen Mitteilungen der Geschichtsschreibung im weitesten Sinn und der Ethnologie. Was uns zur Zeit über diese Anfänge bekannt ist, scheint die wissenschaftliche Haltbarkeit meines Schemas eher weitgehend zu bestätigen als in Frage zu stellen. Außerdem lassen sich, wie der Leser feststellen konnte, die Erkenntnisse der modernen Psychologie mühelos in ein derartiges Schema integrieren. Damit ist zwischen Freud und Marx, zwischen Pawlow und den neuesten Erkenntnissen der Geschichtswissenschaft und der Ethnologie eine Brücke geschlagen, ein vielleicht zerbrechlicher Steg, der aber doch Begegnung und Austausch ermöglicht.

Bevor wir die ideologischen Folgen der technologischen Revolution untersuchen, d. h. deren Auswirkungen auf die sozio-kulturellen Institutionen, die vor der Veränderung der Produktions- und Tauschsysteme bestanden – einer Veränderung, der ihrerseits bei einem bestimmten Stand der Klassenbeziehungen eingetretene technisch-ökonomische Neuerungen zugrunde liegen –, soll im folgenden Kapitel kurz gezeigt werden, wie eine der wichtigsten Etappen der «Befreiung» erreicht wurde, die Etappe nämlich, in der im westlichen Europa das Lehnswesen entstand.

Dabei soll den Ähnlichkeiten und Unterschieden zwischen den Bindungen des Lehnswesens und den bis dahin existenten politischen und familiären Bindungen nachgegangen werden.

Wir werden dabei zugleich auf die Autoritätskrise stoßen, die von dieser Teilemanzipation ausgelöst wurde und die der mittelalterlichen Scholastik ein Ende machte. Zwischen dem 10. Jahrhundert Alkuins und dem 12. Jahrhundert Abélards wurde eine neue Welt geboren.

III. Traditionsbruch im zehnten Jahrhundert: Das europäische Lehnswesen

Am Beispiel des Lehnswesens, eines gesellschaftlich-politischen Systems, das unter sehr verschiedenen Formen zwischen dem zehnten und dreizehnten Jahrhundert in Westeuropa bestand[47], lassen sich vom formalen und funktionalen Gesichtspunkt aus bestimmte Wechselbeziehungen zwischen Familienmodell und politischem Organisationstyp ablesen.

Es versteht sich, daß dieser kurze Überblick keinen Anspruch auf Vollständigkeit erhebt. Ich habe einzig und allein den Ehrgeiz aufzuzeigen, daß das Familienmodell – im Verlauf seiner Entwicklung – gewissermaßen das menschliche Substrat darstellt, das vom Wandel der Produktionssysteme und den Veränderungen im Bereich der Produktivkräfte unmittelbar betroffen und umgestaltet wird. Die Produktionssysteme aber verdanken ihre für eine bestimmte Epoche charakteristischen Produktionsverhältnisse, die ihrerseits den Klassenbeziehungen ihre spezifische Färbung geben, zu einem Teil auch der jeweiligen Beschaffenheit dieses Substrats. Auf der anderen Seite wirken die Veränderungen des menschlichen Substrats – des Familienmodells – sich auf die Psyche des Menschen bis in bestimmte Regionen des Unbewußten hinein aus.

Für unsere Zwecke ist es wichtig, dreierlei stets im Auge zu behalten: Das Familienmodell, wie es in den voraufgehenden Kapiteln definiert wurde – ein Modell, das sich von absolutistisch-autoritären Formen bis zu seiner heutigen Gestalt entwickelt hat; die Tatsache, daß das Unbewußte des Menschen nicht etwas vollkommen Unveränderliches ist; und schließlich die Hypothese, daß zum allergrößten Teil das in einem bestimmten Zeitpunkt bestehende Familienmodell dafür verantwortlich ist, ob der Klassenkampf zu axiologisch gesehen «progressiven» oder «regressiven» Lösungen führt. Wenn Deutschland dem Nazismus anheimfiel, dann nicht nur wegen der damaligen

Situation des Klassenkampfes, sondern auch weil das deutsche Familienmodell in allen Klassen nach einem höchst autoritären Schema funktionierte, und weil es sich dabei allem äußeren Anschein zum Trotz, im Bereich des Unbewußten um einen archaisch-mütterlichen Autoritätstyp handelte[48].

Es sei daran erinnert, daß sich das Lehnswesen auf den Trümmern des Karolingerreichs erhob, einem wie das römische Reich im höchsten Maß hierarchisierten und zentralisierten Herrschaftssystem.

In dem Leerraum, der entstand, als sich die Bindung an die zentrale Macht mehr oder weniger vollständig löste und Produktion und Warenaustausch zurückgingen, konnte sich ein neues, durch die «persönliche Beziehung von Mensch zu Mensch», d. h. des Vasallen zu seinem Lehnsherrn charakterisiertes hierarchisches System entwickeln. Ein, wie wir noch sehen werden, hinsichtlich der oben erwähnten allmählichen Verwirklichung von politischer Freiheit äußerst «positives» Modell.

Es ist nicht ganz leicht einzusehen, inwiefern die Privatisierung, die das Lehnswesen in gewissem Sinn als Gegenströmung zu einer auf die Ausbildung immer größerer Einheiten gerichteten Tendenz bedeutete, eine positive Rolle spielen konnte. Für «progressistische» Ohren hat das Wort Lehnswesen immer einen pejorativen Beigeschmack. Denn «Fortschritt» soll sich immer in der gleichen Richtung bewegen. Man denke an die zentralistischen Bestrebungen der Jakobiner in der Französischen Revolution, die Frankreich in Departements zerschnitten, um alles auszulöschen, was sich im Begriff der Provinz, wie sie im Ancien Regime bestanden hatte, noch an zentrifugalen Tendenzen erhalten haben mochte.

Wenn hier nun das Feudalwesen vom evolutiven Standpunkt aus als äußerst «progressistisch» beurteilt wird, dann deshalb, weil es dazu beitrug, das Gewebe der innergesellschaftlichen Bindungen zu stärken. Als es dann der Monarchie unter Beistand des Bürgertums gelang, eine starke zentrale Autorität aufzurichten, konnte dieses soziale Gewebe die Rolle des «Gegensatzes», des Antagonisten übernehmen, die eine, wie ich meine, notwendige Funktion hat. Nur der Kampf der Gegensätze kann eine absolutistische autoritäre Herrschaft verhindern. Rußland, wohin das Feudalsystem nie vorgedrungen ist, hat sich bis heute nicht von seiner Autokratie befreien können.

Rufen wir uns noch einmal kurz die Faktoren ins Gedächtnis zurück, die die Entstehung des Lehnswesens ermöglichten[49].

Neben der größeren Unabhängigkeit von der Zentralgewalt spielen folgende Momente eine Rolle: das bestehende Eltern-Kind-Modell – auf die Notwendigkeit, diesen Parameter in die Betrachtung einzubeziehen, möchte ich ganz besonders hinweisen –, das schon vorhandene quasi-familiale Modell der Zünfte[50], die Notwendigkeit, sich gegen Gewalttätigkeit und Übergriffe aller Art, wie das Fehlen einer starken Zentralgewalt sie begünstigte, zur Wehr setzen zu müssen, und der nur unzulängliche Halt, den die Familie und das Verwandtschaftssystem bot.

Die erste Kollektivreaktion auf den Zerfall der Zentralgewalt und die damit verbundenen Gefahren bestand in dem Versuch, sich auf die Bande des Bluts zu verlassen:

«Die geschichtliche Epoche, in der sich das für den als Lehnswesen bekannten gesellschaftlichen Zustand charakteristische Verhältnis zwischen persönlichem Schutz und persönlicher Unterordnung entwickelte, ist zugleich durch eine starke Festigung der Blutsbande gekennzeichnet...»[51]

«Für das in einer Atmosphäre von Gewalt lebende, ständig von Gefahren bedrohte Individuum gewährte jedoch das Verwandtschaftssystem, selbst in den Anfängen des Feudalzeitalters, keinen hinreichenden Schutz mehr. Dazu war es wohl in seiner damaligen Gestalt zu unbestimmt konturiert, zu veränderlich, zu tief schon unterhöhlt durch die Dualität von männlicher und weiblicher Erbfolge. Deshalb mußten die Menschen andere Bindungen suchen oder eingehen. Hierfür gibt es zuverlässige Belege: die einzigen Gebiete, wo es immer noch mächtige agnatische Gruppen gab – die deutschen Küstenregionen der Nordsee, die keltischen Siedlungsgebiete – kannten weder Vasallentum noch Lehen und Landadel. Die *Stärke* der Blutsbande bildete eines der wesentlichen Elemente der Feudalgesellschaft; aus der relativen *Schwäche* der Blutsbande erklärt sich, daß es das Lehnswesen überhaupt gab.»[52]

Mit andern Worten, als erstes ist der Versuch zu erkennen, sich auf die ursprünglichste Form hierarchischer Autorität, die Familie, das Erb- und Verwandtschaftssystem zu stützen. Angesichts der Unzulänglichkeit dieser Stütze entwickelt sich ein neuartiger Typus hierarchischer Autorität, der sich – was Marc Bloch vielleicht nicht deutlich genug hervorhebt, obwohl alle im folgenden hier aufgeführten Elemente in seinem Werk da sind[53] – von der Familie herleitet, ihr gegenüber aber wegen des Abbaus hierarchisch-autoritärer Macht einen deutlichen «Fortschritt» bringt. Das Lehnsverhältnis leitet sich unmittelbar aus dem zu diesem bestimmten Zeitpunkt bestehenden Erwachsenen-Kind-Verhältnis her, bietet aber dem Tieferstehenden mehr Autonomie, größere Freiheit als dem Kind in der Familie. Der Vasall ist von seinem Lehnsherrn weniger abhängig als das Kind von seinen Eltern. Und letztlich wirkt sich dieser Gewinn an Freiheit auch auf den Bereich des Kindes aus, das nun etwas weniger als zuvor auf Unterwerfung hin konditioniert wird.

Warum unter den oben genannten Bedingungen die defensive Entwicklung eine «liberale» Richtung einschlug – denn das Feudalwesen kommt, wie wir noch sehen werden, einer «Liberalisierung» gleich – und nicht eine autokratische – was das Auftreten von tyrannischen Alleinherrschern bedeutet hätte –, diese Frage könnte nur beantwortet werden, wenn man sowohl die damals wirksamen gesellschaftlichen Kräfte als auch die Tradition und ihren Einfluß sehr genau untersuchte. Die «Liberalisierung» hat ihre Ursache ganz gewiß nicht in einem humaneren Klima, das wie ein warmer Sommerwind über ganz Westeuropa hingegangen wäre; sie ist vielmehr das Ergebnis eines Kompromisses zwischen Autorität und Freiheit, der von vorwiegend ökonomischen Notwendigkeiten diktiert wurde.

«Einen Beschützer suchen – gern den Beschützer spielen: diese Wechselbeziehung hat es zu allen Zeiten gegeben und wird es immer geben»[54]; warum das so ist, habe ich mehrfach dargelegt: In ihr wiederholt sich die Kind-Erwachsenen-Beziehung. Im Hinblick auf diese Tatsache soll nun im einzelnen gezeigt werden, inwieweit das Lehnsverhältnis, also der feudale Autoritätstyp, der Familienbindung ähnelt und sich zugleich von ihr unterscheidet. (Nur am Rande sei vermerkt, daß die Ähnlichkeit, wie mir scheint, sozusagen mehr äußerlicher, die Unterschiede mehr innerer Art sind.)

Das Lehnsverhältnis wird besiegelt durch den *Huldigungseid*:
«Zwei Männer stehen sich gegenüber: einer, der dienen will, und ein anderer, der der Herr sein möchte oder sich dazu bereitfindet. Der eine legt seine beiden aneinandergefügten Hände in die des anderen als unmißverständliches Symbol der Unterwerfung, dessen Sinn manchmal noch durch Niederknien betont wurde[55]. Derjenige, der seine Hände darbietet, spricht gleichzeitig ein paar kurze Worte, mit denen er sich als ‹Manne› seines Gegenübers bekennt. Dann küssen sich Lehnsherr und Lehnsmann auf den Mund: Symbol der Freundschaft und des gegenseitigen Einverständnisses.»[56]
Das Lehnsverhältnis bestand im Prinzip das ganze Leben hindurch, es war nicht erblich, zumindest nicht am Anfang. Die Tatsache, daß der Sohn des Vasallen sehr oft im Haus des Lehnsherrn aufgezogen wurde, läßt die Ähnlichkeit mit den Familienbindungen noch deutlicher hervortreten.
Es sei noch angemerkt, daß auch die semantische Analyse auf die Entsprechung von Lehns- und Familienbanden hinweist:
«Zu dem Zeitpunkt, wo das Wort ‹Vasall› ins Vulgärlatein eingeht, hat es die Bedeutung ‹Knabe›, ‹Junge› . . . Nennt nicht auch der Meister seine Leute, die er ständig um sich hat, ganz spontan seine ‹Jungs›?»[57]
«Das frühe Lehnswesen mit seinem Lehnsherrn, um den sich sein bewaffnetes Gefolge scharte, hatte, bis in sein Vokabular hinein, etwas vom Geruch hausbackenen Brotes an sich. Der Lehnsherr war der ‹Alte› oder der Brotgeber, die Mannen seine Gefährten, seine Jungen, die Brotempfänger. Mit einem Wort, Treue gründete sich zu dieser Zeit auf das persönliche Verhältnis zueinander, die Unterwerfung enthielt eine Nuance von Kameraderie.»[58]
Zuneigung, Treue, Gehorsam – äußerlich ist das nichts anderes, als was der Sohn dem Vater schuldet. Andererseits aber fehlt dabei völlig das der Familienbindung anhaftende Element einer geheimnisvollen, zwingenden, einschüchternden, fast magischen Autorität, die sich dank ihres Ursprungs in einem konditionierten Reflex der Kontrolle des Bewußtseins entzieht. Denn – das muß ausdrücklich betont werden – das Lehnsverhältnis ist ein *bilateraler Vertrag*. «Soviel Treu und Glauben der Lehnsmann seinem Lehnsherrn aufgrund des Hul-

digungseides schuldet, soviel schuldet dieser ihm», schreibt Beaumanoir[59]. Der Gehorsam des Vasallen steht in direktem Verhältnis zur Gewissenhaftigkeit, mit der der Lehnsherr seinen Verpflichtungen nachkommt.

Die Lehnsbindung zerreißt, wenn der Lehnsherr selbst den Feudalgrundsätzen nicht mehr treu ist, und der Vasall wird wieder frei. Auch wenn der Lehnsherr den Vasallen mit Stockschlägen traktiert, erhält dieser seine Freiheit zurück.

Hier besteht ein Maß von *Freiheit* innerhalb der Unterordnung, wie es selten oder – das mögen die Historiker entscheiden – vielleicht nie zuvor erreicht wurde. Kein absoluter, bedingungsloser Gehorsam – sondern ein Vertrag zwischen zwei Partnern.

Unter dem Einfluß dieser neuen Art der Beziehung verlieren im weiteren dann auch die Familien- und Liebesbande, ja sogar die Unterordnung unter den König und Gott etwas von ihrer absoluten Macht.

Die Familie: «Das Lehnswesen beeinflußte so auch die Familie... ‹In Prozessen, die Eltern gegen ihre Söhne oder Söhne gegen ihre Eltern führen›, entschied das gräfliche Gericht in Barcelona, ‹müssen bei der Urteilsfindung die Eltern behandelt werden, als seien sie die Lehnsherren und die Söhne die ihnen anvertrauten Vasallen›.»[60]

Die Liebe: «Als die provenzalische Dichtung die höfische Liebe erfand, konzipierte sie die Treue des vollkommenen Liebenden nach dem Muster der Vasallentreue ... Die Angleichung ging so weit, daß der Name oder Beiname der Geliebten in einer merkwürdigen sprachlichen Volte häufig männliches Geschlecht erhielt, wie es dem Namen eines Lehnsherrn zukommt ...»[61]

Die Religion: «Anstelle der antiken Gebetshaltung – mit erhobenen Händen – wurde überall in der katholischen Welt das dem Lehnseid nachgebildete Aneinanderlegen der Hände zur Gebetshaltung schlechthin. Der fromme Christ empfand sich im Tiefsten seiner Seele als Vasall Gottes, der vor seinem Lehnsherrn das Knie beugt.»[62]

Das Königstum: «Der Huldigungseid des Vasallen war ein echter bilateraler Vertrag ... Auf den politischen Bereich übertragen – was nicht ausbleiben konnte – ... mußte diese Idee einen tiefen Einfluß ausüben, das um so mehr als diese frühen Tendenzen sich hier mit einem anderen, einem dem kirchlichen Bereich entstammenden Gedanken verbanden, nämlich mit dem gregorianischen Protest gegen den Mythos von der übernatürlichen, heiligen Natur des Königtums ... ‹Der Lehnsmann kann sich seinem König und Richter widersetzen, wenn dieser wider das Recht handelt, und er kann sogar gegen ihn zu Felde ziehn ... Damit verletzt er nicht seine Treuepflicht›, heißt es im *Sachsenspiegel.* Schon in den Straßburger Eiden von 843 und in dem 856 zwischen Karl dem Kahlen und seinen Großen geschlossenen Pakt ist das berühmte «Widerstandsrecht» im Keim angelegt, und im dreizehnten und vierzehnten Jahrhundert klingt es in der ganzen westlichen Welt in zahllosen Texten immer wieder auf, in Texten, die zwar teils von der reaktionären Gesinnung des Adels, teils vom Egoismus des Bürgertums diktiert, dennoch aber zukunftsträchtig waren: in der englischen Magna Charta von 1215, der ungarische «Goldene Bulle» von 1222, den Satzungen des Königreichs von Jerusalem; in den Privilegien des Brandenburgischen Adels, der Akte der aragonesischen Union von 1287, der brabantischen Charta von Gortenberg; im Statut der Dauphiné von 1341, der Deklaration der Kommunen des Languedoc von 1356. Es war sicher kein Zufall, wenn das, noch sehr aristokratische, Repräsentantensystem des englischen Parlaments, der französischen «Etats», der deutschen Reichsstände und der spanischen Cortes in Staaten entstand, die gerade erst das Lehnswesen hinter sich gelassen hatten und noch seine Spuren trugen ...»[63]

Aber schon im elften Jahrhundert tritt im Gefolge der ökonomischen Revolution des zweiten Feudalzeitalters eine neue Klasse als geschlossenes Ganzes in Erscheinung: das Bürgertum, das in Städten wohnt, sich aus Kaufleuten und Handwerkern zusammensetzt und im wesentlichen vom Warenaustausch lebt. Mit ihm als Klasse tritt ein entscheidender Veränderungsfaktor auf den Plan; denn Warenaustausch und Profit vereinbaren sich nicht mit den Grundsätzen des Feudalismus und werden durch alle die Handicaps behindert, die mit der Unsicherheit der Straßen, der Vielzahl der Mächtigen, dem Gewohnheitsrecht gegeben sind. Zumindest bis zum Ende des achtzehnten Jahrhunderts strebt das Bürgertum daher im Grunde die Wiederherstellung einer starken Zentralgewalt, einer monarchischen

Autorität an, die geeignet gewesen wäre, die für seine Entwicklung günstigen Bedingungen zu sichern.

Nach Erbfolge- (oder Verwandtschafts-)System, Zünften, Lehnswesen ist mit dem Auftreten der bürgerlichen Klasse eine neue Stufe erreicht. In den von den Bürgern beherrschten neuen städtischen Gemeinwesen, in diesen differenzierten, sich weitverzweigenden Nervenzentren des territorialen Organismus, der im Begriff ist, zur territorialen Einheit – zur Nation – zu werden, tritt ein neuartiger Typ von Bindung auf: die *Verpflichtung auf Gegenseitigkeit.* «Damit war ein Kollektivwesen entstanden. Die so geschaffene verschworene Gemeinschaft war es eigentlich, die in Frankreich den Namen ‹Kommune› trug. Kein Wort hat jemals soviel Leidenschaft provoziert ... es weckte in den vormals allein herrschenden Klassen unauslöschlichen Haß.»[64]

Warum dieser Haß?

Im wesentlichen deshalb, weil bis dahin der Zusammenhalt zwischen den Individuen von Beziehungen hergestellt wurde, die auf Ungleichheit basierten und hierarchische Verhältnisse erzeugten; sie gehörten einem hierarchischen Autoritätstyp an, während das, was das Bürgertum zusammenhielt – die wechselseitige kommunale Verpflichtung – *Gleiche mit Gleichen* verband. «Das war das eigentliche revolutionäre, einer hierarchischen Welt zutiefst feindliche Ferment, das die Kommune enthielt.»[65]

Zum Schluß sei noch mit wenig Worten angedeutet, wie sich vom siebenten bis zum zwölften Jahrhundert das Phänomen Kultur, insbesondere das Schulwesen entwickelte.

Im siebenten und achten Jahrhundert herrschte nach dem Zerfall des Römischen Reichs eine der finstersten, heillosesten Epochen des Obskurantismus, die Europa je erlebt hat:

«Die Konfiskation des Kirchenbesitzes durch Karl Martell, die gewaltsame Einsetzung von habgierigen, brutalen und unwissenden Kriegsleuten in Bischofs- und Klosterämter brachten das letzte schwache Leuchten der antiken Kultur zum Erlöschen. Im achten Jahrhundert brach Nacht über Gallien herein.»[66]

Am Ende des achten Jahrhunderts und zu Beginn des neunten setzte sich die zentralisierte hierarchische Macht Karl des Großen durch, der die Errichtung von Schulen anordnete. Die Schüler sind eifrig mit dem Kommentieren der heiligen Texte beschäftigt. «Studieren bedeutet lesen und erklären ... Der Fortschritt der Wissenschaft ist der Kommentar oder der Kommentar des Kommentars.»[67] Die Autoren (*auctores*) haben «ihren bestimmten Wert», «der sich einer Art juristischer Anerkennung erfreut. Ihre Autorität (*auctoritas*) ist die Erhabenheit, die die großen Schriftsteller haben und die sie ihren Texten mitteilen ...». Aus ihr scheint «eine heilige Bedeutung des Buches zu entspringen». «Die Verehrung für den Text setzte den Text an die Stelle des Gegenstandes. Man las nicht das ‹Buch der Natur›, sondern das Buch an Stelle der Natur, man studierte nicht den menschlichen Körper, sondern den Kanon des Avicenna, nicht die Sprache der Menschen, sondern den Priscian, nicht die Welt, sondern Aristoteles, nicht den Himmel, sondern Ptolemäus.»

Worte sind an die Stelle der Dinge getreten, oder, wie Dante sagt, die Worte stimmen mit den Dingen überein. Es genügt, die Worte zu untersuchen, Exegese zu betreiben, um in die Wirklichkeit des Kosmos einzudringen.

«Wie man nicht über das diskutiert, was man von der Sonne sieht, sondern über das, was Ptolemäus von der Sonne geschrieben hat, und Ptolemäus den Vorrang hat vor der eigenen Erfahrung, so hat ein gültiger Kommentator des Ptolemäus den Vorrang vor Ptolemäus und vor dem Kommentator der Kommentator des Kommentators ... Wenn man an die Stelle der realen Welt und des Lebens einen Komplex von Zeichen setzt, wird die Beziehung zur Welt bedeutungslos ... Man löste die Schwierigkeiten nicht mehr für die kurze Spanne der Erfahrung und des Lebens, sondern für die Unendlichkeit der *Quaestiones*, der Unterscheidungen, der immer abwegigeren Bedeutungen, die man in den Worten fand. Bestimmte Zeilen, bestimmte Termini des Aristoteles wurden auf ganzen Seiten, in Büchern, in Bibliotheken zerpflückt ... Die Autoren, nicht die Natur oder die Beobachtung oder die Vernunft sind die Quelle der Autorität und der Gültigkeit.»[68]

Die Analogie zwischen der absoluten politischen Autorität des Reichs und der absoluten Autorität der anerkannten Autoren ist frappant. Hier wie dort die gleiche Unterwerfungshaltung gegenüber der

Autorität, die gleiche Einschüchterung des Geistes der Kritik, die gleichen Hemmnisse, die sich der Betätigung des kritischen Bewußtseins entgegenstellen. Was der Kaiser sagt, was die Bücher sagen, das ist Evangelium[69].

Auf gleicher Linie liegt, daß die Kinder mit einer Härte, die man eher Grausamkeit nennen muß, behandelt werden.

«Wenn du nicht ordentlich schreibst, werde ich so lange mit der Rute auf deinem Rücken schreiben, ... bis die nackte Haut auf deinem Rückgrat von Hieben zerfetzt ist.»

Doch im Zug der Liberalisierung durch das Feudalsystem und die Entstehung einer kohärenten Gesellschaftsstruktur nimmt das kritische Denken einen Aufschwung, von dem im zwölften Jahrhundert Werke wie das von Johann von Salisbury oder von Abélard zeugen.

Johann von Salisbury schreibt im Hinblick auf die *Cornificiani* oder Räsonierer, Logiker, Dialektiker, Formalisten:

«So werden sie Greise unter den Spielen der Knaben, diskutieren jede Silbe, jeden Buchstaben von dem, was sie lesen oder hören, ziehen alles in Zweifel, immer auf der Suche und nie die Wissenschaft erreichend. Und schließlich enden sie in Faseleien, ohne noch zu wissen, worüber sie eigentlich reden ...[70]

Und er legt Bernard de Chartres die später – im neunzehnten Jahrhundert etwa von Claude Bernard – oft gebrauchte Metapher in den Mund: die Alten seien Riesen, die Menschen der Gegenwart Zwerge; doch auf den Schultern der Riesen stehend, könnten die Zwerge weiter sehen als jene.

Abélard geht noch einen Schritt weiter auf dem Weg der Emanzipation und macht den alten Theologen Anselme de Laon, der als eine Autorität galt, vor seinen Schülern lächerlich.

«... diese Zeitspanne von wenigen Jahren (im 12. Jhd.) trennt in Wirklichkeit zwei Welten voneinander: auf der einen Seite die Klosterschulen der berühmten Abteien in letztem Glanz, auf der anderen Seite das stürmische Vorspiel zur Pariser Universität, die Schule Abélards in Sainte-Geneviève.»

Im Zuge dieser Strömung macht sich allmählich eine größere Ehrfurcht vor dem Leben und der Persönlichkeit des Kindes bemerkbar, von dem jetzt nicht mehr blinder Gehorsam verlangt wird[71]. Es ist bekannt, wie ernst die Renaissance das Kind nahm: diese selbst im Werden begriffene Welt setzt ihre Hoffnung vor allem auf die Erziehung und Unterweisung der jungen Generation.

Je unabhängiger der Mensch geworden ist, desto eher läßt er zu, daß seine Kinder von ihm unabhängig werden.

IV. Die Gegenwart
Weniger ausgeprägte Konditionierung des Kindes auf Autorität

Bis in die Gegenwart hinein ist, wie ich betont habe, eine gemäßigtere Konditionierung des Kindes auf Autorität nur als sekundäres, reaktives Phänomen aufgetreten. Das primäre, zeitlich erste Phänomen bestand in einer gewissen Emanzipation des Erwachsenen gegenüber der Autorität, die damit zunehmend ihren Absolutheitscharakter verlor. Diese Emanzipation hatte ihren Ursprung vor allem in der Wandlung der Produktionsverhältnisse, die ihrerseits mit technisch-ökonomischen Veränderungen in Zusammenhang standen; wobei zu beachten ist – und das scheint mir der springende Punkt zu sein –, daß dieser Wandel und diese Veränderungen eine gewisse Diskontinuität innerhalb der sozio-kulturellen Institutionen mit sich brachten, die jedoch nur dann zu einer Emanzipation führten, *wenn und falls das Verhältnis der Klassen zueinander und die kulturellen und psychologischen Voraussetzungen es zuließen*[72]. Ein Hiatus, ein Traditionsbruch, eine Krise können ebensowohl in rückschrittliche Lösungen münden, d. h. Lösungen, bei denen eine noch vollständigere Unterwerfung unter die Autorität stattfindet als zuvor. Das bekannteste Beispiel für einen derartigen Rückfall ist der Nazismus. Doch in allen diesen Fällen von entweder Emanzipation oder neuer Unterwerfung, gelangten in die Welt des Kindes quasi nur die «Nebenprodukte» der jeweiligen Entwicklung. Die Veränderungen der technisch-ökonomischen und im weiteren der sozio-politischen Umwelt erreichten sie nur auf dem Umweg über die Erwachsenen: *ihre Folgen wurden durch die Erwachsenen vermittelt, wirkten sich nicht unmittelbar auf das Kind aus.* Eines der wichtigsten neuen Phänomene unserer Zeit ist die Tatsache, daß die Folgen der technologischen Revolution, soweit es sich dabei um das Nachlassen des konditionierten Autoritätsreflexes handelt, sich sowohl auf die Erwachsenen in ihrem Verhältnis zum Kind auswirken als *auch direkt auf das Kind.*

Bevor ich näher auf diese zweifache Auswirkung der technologischen Revolution – einerseits auf das Verhältnis der Erwachsenen zu den Kindern, andererseits auf die Kinder selbst – eingehe, sei kurz angedeutet, was sich, zumindest unter dem hier interessierenden Aspekt, als bedeutsamste Folge aus dieser Revolution im gesellschaftlichen Bereich zu ergeben scheint. *Es ist die Trennung des Tätigkeitsbereichs der Erwachsenen von dem der Kinder und Jugendlichen und deren enger Zusammenschluß, als Folge ihrer langen Ausbildungszeit, zu einer Altersklasse, die zu einer eigenen sozialen Klasse geworden ist und aller Wahrscheinlichkeit nach zunehmend zu einer politischen Klasse werden wird.* Außerdem läßt sich beobachten, daß die affektiven Spannungen innerhalb der Familie paradoxerweise, wie es scheinen könnte, zunehmen; die zur Kleinfamilie zusammenschrumpfende Familie ist gleichfalls ein neues gesellschaftliches Phänomen. Während die wirtschaftliche Abhängigkeit der Kinder von ihren Eltern immer länger dauert, sind diese offenbar in immer höherem Maß affektiv auf ihre Kinder angewiesen, auf die sie in ihren narzißtischen Ängsten und Frustrationen alle ihre Hoffnung setzen. Die Kinder und Jugendlichen essen das Brot ihrer Eltern, die Eltern klammern sich dafür affektiv an ihre Kinder, von denen sie sich die Sinngebung ihres Lebens erwarten. Um die Neuartigkeit solcher Phänomene zu verdeutlichen – es versteht sich, daß die technologische Revolution nur die Folgen der voraufgehenden industriellen Revolution bis in ihre letzten Konsequenzen weitergeführt hat und weiterführt – seien zur Charakterisierung der Situation in der vorindustriellen Gesellschaft einige Zeilen aus einer Schrift von Philippe Ariès[73] zitiert, die sich mit diesen Fragen beschäftigen.

«In der Gesellschaft des Ancien Régime ... gelangte das Kind vom Rockzipfel der Frauen unmittelbar in die Welt der Erwachsenen ... Es übersprang die Etappen der Kindheit und Adoleszenz. Aus dem Kleinkind wurde unvermittelt ein kleiner Erwachsener; gekleidet wie ein Erwachsener, nur der Größe nach von ihm verschieden, lebte es unter Erwachsenen. Es gab buchstäblich keine Kinder im Sinn von noch nicht erwachsenen, noch nicht reifen Menschen ... In der Erziehung hatte die Schule nicht den Vorrang vor der Familie. Die Vorbereitung auf das Erwachsensein vollzog sich in der *Lehrzeit* ... Es ist verständlich, daß unter diesen Umständen sich innerhalb der Familie, aus der die Kinder schon mit etwa 7 Jahren entlassen wurden, keine starken affektiven Bindungen entwickeln konnten.»[74]

1. *Das Kind ist heute nicht mehr vom 7. Lebensjahr an in den Tätigkeitsbereich, in das Berufsleben der Erwachsenen einbezogen.* Die aus der technologischen Revolution resultierende Spezialisierung der Arbeit macht die Ausbildung qualifizierter, hochspezialisierter Techniker oder Facharbeiter nötig. Diese Ausbildung kann nicht mehr von jedem beliebigen Erwachsenen geleistet werden, sondern nur noch von solchen, die für diese Ausbildung eigens spezialisiert sind, von Lehrern also, und zwar in besonders dafür vorgesehenen Institutionen: in der Schule und später auf der Hochschule. Ist nun das, was allgemein als Demokratisierung des Unterrichtswesens bezeichnet wird, auf die Entwicklung der politischen Demokratie zurückzuführen oder auf die Anforderungen der technologischen Revolution? Sicher weit mehr auf diese. Wenn auch heute in Frankreich der Schulbesuch bis zum 16. Jahr obligatorisch ist, geht doch nur eine begrenzte Zahl von Jugendlichen aus Arbeiterkreisen auf die Fachhochschule oder Universität. Es sollte also klarer unterschieden werden zwischen den spezifischen Folgen der technologischen Revolution (Bedarf an immer besser qualifizierten und immer mehr spezialisierten Arbeitskräften[75] und den Folgen, die sich aus der Hebung des Lebensstandards oder der politischen Demokratisierung[76] ergeben und die möglicherweise nur «Nebenprodukte» der technologischen Revolution sind, Nebenprodukte, die übrigens nur da anfallen, wo der Kampf der Machtgruppen nicht schon im Keim erstickt wird).

2. *Wie man sieht, bin ich geneigt, in der technologischen Entwicklung eine eigenständige determinierende Kraft zu sehen*, die, wenn ihr keine Hindernisse entgegenstehen (etwa eine starre Bürokratie) oder wenn das gesellschaftliche Kräfteverhältnis ihre Bändigung zugunsten humaner Zwecke nicht zuläßt, ihren eigenen Lauf nimmt und wie ein Schneeball wächst, der kraft seiner Eigenmasse einen Abhang hinunterrollt. Die Eigengesetzlichkeit der technologischen Entwicklung läßt sich, von einer bestimmten Stufe an, nur noch mit

der Eigengesetzlichkeit der biologischen Evolution vergleichen, wobei das Moment des Wettbewerbs dem der natürlichen Auslese entspricht.
Diese spezifische, determinierende Kraft der technologischen Entwicklung zwingt beide, Gesellschaft und Individuum, unter ihr Gesetz.
Im folgenden Abschnitt soll nur auf einige ihrer Wirkungsweisen hingewiesen werden[77].

Ein von der UNO vor zwei Jahren veröffentlichter Bericht befaßt sich mit den Studentenunruhen von 1968 in 50 Ländern.
Auf den ersten Blick schon läßt sich feststellen, daß jede dieser Protestbewegungen in anderen ökonomischen und sozio-politischen Zusammenhängen steht.
In jedem dieser 50 Länder aber hatten die Anforderungen der industriellen und technologischen Revolution die Auflösung, Schwächung oder Pervertierung der auf einer hierarchisch strukturierten Autorität basierenden sozio-kulturellen Institutionen bewirkt, in deren Rahmen die jeweilige Gesellschaft – wie in einem regelrechten Stützkorsett – lebte.
Um zu verstehen, wie es zu diesem Verfall der die Gesellschaft und die Menschen in ihr schlecht und recht, oft mehr schlecht als recht schützenden Institutionen kommt, muß man sich immer wieder die Tatsache bewußt machen, daß die Welt heute eine Einheit bildet – nicht nur dank der schnelleren Verbreitung von Informationen und Kulturprodukten durch die *Massenmedien* (besonders das Fernsehen), sondern vor allem, weil der Warenaustausch sich heute über den ganzen Planeten erstreckt[78]. Infolge des weltumspannenden Waren- und Informationsaustausches tritt das genannte Phänomen in allen Ländern auf.
In den Entwicklungsländern haben die handwerklichen Kleinindustrien und der von der Familie oder dem Stamm betriebene Anbau von Polykulturen zugunsten der Intensivierung des Exports einer forcierten Ausbeutung der Rohstofflager oder weiträumigen Monokulturen Platz gemacht.
In den hochentwickelten Industriestaaten treibt der erbitterte Kon-

kurrenzkampf, der Zwang zu maximaler Rentabilität, die allein neue Investitionen und damit Konkurrenzfähigkeit garantiert, die technologische Entwicklung zu immer schnelleren Sprüngen nach vorn.
In allen Fällen ist das Ergebnis das gleiche: die natürliche Umwelt und die Lebensbedingungen des Menschen verändern sich grundlegend infolge der Anforderungen, die die Arbeitsmittel und das Produktionsmilieu stellen und die allem ihre Gesetze aufzwingen.
Überall tritt eine neue, unbekannte Welt in Erscheinung.
Zusammenfassend läßt sich sagen, daß der wirtschaftliche Austausch dem ganzen oder doch fast dem ganzen Planeten die ehernen Gesetze des Industriezeitalters aufgezwungen hat: Gewinnstreben, technische Leistungsfähigkeit, Konzentration der Arbeitskräfte, Umschichtung und Mobilität der Bevölkerung, tiefgreifende Veränderung der Umwelt und der Lebensgewohnheiten, Schwächung der traditionellen Autorität aufgrund des Primats der von traditionellen Vorbildern unabhängigen technischen Kompetenz vor der Lebenserfahrung oder dem Alter.
Es ist denkbar, daß das gesamte auf dem Autoritätsprinzip basierende alte Wertsystem, das mehr oder weniger uneingeschränkt, mehr oder weniger zwingend in allen uns bekannten Kulturen gültig war, im Begriff ist, den auf dem Leistungsprinzip beruhenden Gesetzen der industriellen Ära zu weichen.
Der Unterschied zwischen beiden – darauf sei hier bereits aufmerksam gemacht – besteht darin, daß das Autoritätsprinzip auf der Konditionierung eines Unterwerfungsreflexes beim Kind beruht, das Leistungsprinzip aber größtmögliche geistige und psychisch-affektive Beweglichkeit vom Kind «fordert». Das Leistungsprinzip ist an der Fähigkeit des Kindes «interessiert», sich der Entwicklung der angewandten Wissenschaften entsprechend immer wieder neue technische Kenntnisse anzueignen, kurz, an der Fähigkeit, sich «umzuprogrammieren». Die Fähigkeit, sich gemäß sehr verschiedenartigen aufeinanderfolgenden Informationen immer wieder technisch umzustellen, und die dafür nötige geistige Wendigkeit ist aber offensichtlich unvereinbar mit der traditionsgemäß konditionierten totalen Unterwerfung unter die Autorität. *Wer gelernt hat zu denken, wer dazu erzogen worden ist, Tatsachen zu beobachten, statt auswendig ge-*

lernte magische Formeln oder Slogans herzubeten, wer imstande ist, die Grenzen unseres Wissens zu erkennen, und wer nicht in dogmatischen Klischees denkt, der eignet sich wenig zum gehorsamen Sklaven. Jede Art von ideologischem Terror führt zu einer partiellen Lähmung des Intellekts, während das Leistungsprinzip, außer geistiger Unverkrampftheit, eine gewisse Kreativität, zumindest auf technischem Gebiet, «braucht».

Früher war die Gesellschaft nach dem Autoritätsprinzip organisiert, das die verschiedenen Institutionen miteinander verknüpfte: die übernatürliche Autorität Gottes oder der Götter, die Autorität des Königs von Gottes Gnaden, die Autorität des Vaters, der Eltern, der Erwachsenen überhaupt, die Autorität der auf der Stufenleiter der Hierarchie Höhergestellten oder die der älteren Kinder oder Jugendlichen usw.

Insofern es das biologische und im weiteren psychisch-affektive Abhängigkeitsverhältnis des Kindes von der Familie, dem Vater oder sonstigen Erwachsenen auf alle gesellschaftlichen Bereiche übertrug, griff das Autoritätsprinzip auf eine spezifisch menschliche Grundstruktur zurück. *Es institutionalisierte einen lebenslänglichen psychisch-affektiven Infantilismus*, der nichts mit Kindlichkeit zu tun hat, sondern Ausbeutung und Dressur durch die Erwachsenen bedeutet. Autorität war gleichbedeutend mit Verstärkung und Ausbeutung des menschlichen Schuldgefühls. Dieses Autoritätsprinzip, das in einer Art von Kettenreaktion – von der «Legitimität des Königs von Gottes Gnaden» an abwärts – den gesellschaftlichen Organismus «zusammenhielt», wurde vom Leistungsprinzip abgelöst, das auf individueller oder gesellschaftlicher Ebene keinerlei Befehlsgewalt hat.

Das Leistungsprinzip regelt innerhalb des Produktionsbereichs die funktionalen und wettbewerblichen Beziehungen der zu Produktionsorganen reduzierten Produktionskräfte, der verschiedenen Produktionsmittel untereinander: Mensch und Gesellschaft haben sich dem anzupassen. Das Leistungsprinzip manipuliert nicht den psychisch-affektiven Bereich, das Schuldgefühl des Individuums, es zwingt dem Menschen neue Werte auf.

Da es die spezifisch humanen Faktoren unberücksichtigt läßt, führt es in letzter Konsequenz zur Ausbildung einer rein funktionalen Gesellschaft, zu einem Termitenstaat oder einer großen Maschinerie. Einer neuen polizeilichen KZ-Maschinerie fiele dabei die Aufgabe zu, den Anspruch des spezifisch Humanen schon im Keim zu ersticken. Ich wiederhole: das Leistungsprinzip herrscht in der Welt der Maschine und wendet die für Maschinen gültigen Gesetze auf die gesamte Wirklichkeit an. Sein Ideal vom Menschen ist der zum Produktionsorgan reduzierte Mensch: der Roboter oder, auf differenziertem geistigen Niveau, der Technokrat. *Hier wird bereits einer seiner inneren Widersprüche sichtbar: die Notwendigkeit wissenschaftlichen Denkens und einer freien, technisch-kreativen Geistigkeit einerseits – Gesellschaftsmaschinerie andererseits; der Mensch als Rädchen in dieser Maschine einerseits – andererseits der Mensch, der fähig ist, sich im Zug der technologischen Flucht nach vorn, wie sie der Konkurrenzkampf erzwingt, anzupassen, umzustellen, umzuprogrammieren.* So untersteht zum erstenmal in der Geschichte der Menschheit die Zukunft der Gesellschaft einem zutiefst a-humanen Prinzip.

Im Entwicklungsschema der Autorität von der absoluten Autokratie bis zum Vertrag zwischen Gleichberechtigten (d. h. bis zur politischen, nicht aber ökonomischen Demokratie der bürgerlich-liberalen Gesellschaft; daher die repressive Funktion des Kapitals, des Geldes) – in diesem Schema hatten die Prinzipien, Sitten und Traditionen der Gesellschaft jeweils einen bestimmten Stand erreicht: das Leistungsprinzip, auf dem die Gesetze der industriellen und technologischen Revolution basieren, hat diese Prinzipien und Traditionen überall auf der Welt ins Wanken gebracht.

Alle primitiven Kulturen gingen zugrunde, sobald der weiße Mann auf den Plan trat; denn er verfügte über eine Macht, der nichts widerstehen konnte. Die Ethnologen nennen das *Akkulturation.*

Es ist denkbar, daß wir gegenwärtig einem ähnlichen, nur viel umfassenderen, nicht mehr auf diese oder jene Kultur beschränkten Prozeß beiwohnen, der den Westen, den Osten und Amerika gleichermaßen erfaßt hat. Diesmal verkörpert sich die Macht, die Gewalt nicht mehr im weißen Mann und seinen Göttern, sondern in der Technik. Das technologische Ideal des Leistungsprinzips, die Gesetze des Industriezeitalters sind dabei, sich den Menschen zu unterwerfen

und so alle bisherigen kulturellen Errungenschaften in einer regelrechten technischen Akkulturation zu zerstören.
Inmitten dieses Verfalls werden jedoch Kräfte frei, die sich die vorhandenen Errungenschaften der Kultur und den relativen Reichtum, den die technologische Revolution zur Verfügung stellt, gleichermaßen zunutze machen und von denen zu hoffen ist, daß mit ihrer Hilfe das Dilemma zwischen Autoritätsprinzip und Leistungsprinzip überwunden werden kann, womit eine nichtautoritäre Gesellschaft möglich würde. Dieses Dilemma aber kann, meines Erachtens, nur überwunden werden, wenn der ökonomischen Revolution, die dem Autoritätsprinzip ein Ende macht (und eine nunmehr politische *und* ökonomische Demokratie herbeiführt) eine zumindest teilweise pädagogische Revolution voraufgeht oder parallel zu ihr läuft.

3. Ich möchte zeigen, wie das Leistungsprinzip den Zerfall der bisherigen auf dem Autoritätsprinzip beruhenden gesellschaftlichen Institutionen bewirkt. Von diesem Zerfall ist nicht nur das sozio-kulturelle *Erbe* und die *Form, in der es tradiert wird* (Einweihungsriten usw.) betroffen; auch das Verhältnis zwischen *dem, der das Erbe vermittelt, dem Erwachsenen*, und *dem, der es empfängt*, dem Kind oder Jugendlichen, verändert sich. Im weiteren werde ich bestimmte neu in Erscheinung tretende Kräfte aufzeigen, die im Begriff sind, eine echte *soziale Klasse* innerhalb der Gesellschaft zu bilden (heute die Jugendlichen, morgen die Kinder).

Das Erbe

Gleich zu Beginn sei festgestellt – denn dieses Moment ist wesentlich – daß die Traditionen, das sozio-kulturelle Erbe, den Charakter des *Geheiligten*, Geheimnisvollen, Übernatürlichen verloren haben und nach ihrem unmittelbaren Nutzeffekt beurteilt werden. Heute will jeder, wie der Jünger Thomas, erst selbst sehen, ehe er glaubt. Nun kann aber – ich habe diesen Punkt eingehend behandelt – das Phänomen Autorität nicht ohne ein Minimum an Geheimnis bestehen, nicht ohne Einschüchterung des kritischen Verstands, etwa mit Sätzen wie dem bekannten «das ist nichts für Kinder, das ist nur für Erwachsene». *Autorität ist dort, wo dieser Satz auf sozialer Ebene so*

vollständig institutionalisiert und auf individueller Ebene so vollständig durch Konditionierung verinnerlicht wurde, daß das Subjekt kein Bewußtsein mehr von ihm hat.
Es fragt sich nun, ob für die Entmythifizierung der Autorität das Leistungsprinzip verantwortlich ist oder aber die zunehmende Anwendung wissenschaftlicher Methoden, die mit Belegen und Beweisen arbeiten[79]. Wahrscheinlich beides ...
Wie dem auch sei, Tatsache ist, daß heute die meisten der aus der Vergangenheit überkommenen Prinzipien infolge ihrer Wirkungslosigkeit zum Untergang bestimmt sind.
Es ist beispielsweise in einer Welt, wo das Geld infolge schleichender Inflation kontinuierlich an Wert verliert, sinnvoller, Schulden zu machen als zu sparen, während für ältere Generationen noch Sparsamkeit und der «Sparstrumpf» der finanziellen Weisheit letzter Schluß waren.
In einer marktwirtschaftlich orientierten Welt stellt die Mobilität der Arbeitsplätze, die Fähigkeit, sich auf eine neue Arbeit, einen neuen Arbeitgeber, wenn nicht überhaupt auf einen neuen Beruf umstellen zu können, einen Sicherheitsfaktor dar; denn sie erlaubt dem einzelnen, sich der veränderten Marktsituation anzupassen, ganz abgesehen davon, daß sich dabei in manchen Fällen sein Erfahrungsbereich und sein Wissen erweitern. «Wer rastet, der rostet», heißt es bekanntlich im Sprichwort.
In manchen Berufen, wo Wissenschaft und Technik besonders rasche Fortschritte machen, kennen sich die jungen Leute oft sehr viel besser aus als die älteren, manchmal sogar besser als ihre wissenschaftlichen Lehrer oder ihre Vorgesetzten. Das Leistungsprinzip gibt hier der Kompetenz vor der Autorität des Alters den Vorrang. Heute weiß der Sohn oft mehr als der Vater: der Jungbauer, der eine landwirtschaftliche Schule durchlaufen hat, kann mehr aus dem väterlichen Besitz herausholen als der Vater, obwohl dieser über die ganze Erfahrung und Weisheit seiner Vorfahren verfügt. Das Ungleichheits-Verhältnis kommt ins Wanken, schlägt in sein Gegenteil um: der Sohn belehrt den Vater.
Nicht einmal im Bereich der reinen Lebenserfahrung stimmt es noch, daß ein Fünfzigjähriger einem Zwanzigjährigen auf allen Gebieten

nützliche Ratschläge erteilen kann. Sehr viel öfter ist es so, daß der Ältere einfach «verkalkt», auf das, was ihn selbst geformt hat, starr fixiert ist, als daß er wirkliche Lebensweisheit erworben hätte. Auf jeden Fall haben sich die Anschauungen geändert, weniger vielleicht, als gewöhnlich behauptet wird, aber doch so weit, daß ein einsichtiger Mensch von sechzig Jahren sich nicht mehr ganz kompetent fühlt, wenn es darum geht, in bestimmten Fällen Ratschläge zu erteilen.
Auf die Frage nach dem Erbe kann man guten Gewissens antworten: die industrielle und technologische Revolution haben ihm zum großen Teil den Todesstoß versetzt.
Wie steht es nun um den, der es bisher vermittelt hat, von dem man es empfing, um den Erwachsenen?
Man kann, ohne Widerspruch befürchten zu müssen, behaupten, daß auch er von dem Sturm, der die verschiedenen sozio-kulturellen Institutionen wie Kartenhäuser ins Wanken gebracht hat, erfaßt worden ist.
Sowohl der unmittelbare materielle Lebensraum des Menschen – seine natürliche und urbane Umwelt, seine Wohn- und Arbeitsverhältnisse – haben tiefgreifende Veränderungen erfahren als auch der kulturelle Lebensraum (Verbreitung der *Massenmedien*, besonders des Fernsehens, die den geistigen Horizont des einzelnen über die nationalen Grenzen hinaus erweitern[80]) und der moralische: Bankrott der Ideologien und Laienreligionen, Zerrüttung der religiösen Institution (Beweis: das II. Vatikanum).
Neben seinem Entfremdungs-Effekt hat die Konditionierung des Kindes durch den Erwachsenen noch einen anderen Aspekt: im Fall einer Entkonditionierung ist das Subjekt, das nun auf seine eigenen Kräfte oder vielmehr auf seine durch die perpetuierte Infantilisierung geschwächten Kräfte angewiesen ist, zur Passivität, zu Angstzuständen und Depressionen verurteilt. Die heute Erwachsenen sind in ihrer Kindheit für ein anderes Bezugssystem konditioniert worden als das jetzige. Ihre Welt bricht heute vor ihren Augen zusammen und mit ihr zerbricht auch die Konditionierung, die ihnen als Gerüst, als Prothese diente. Daher die tiefe Verstörung, die sich in ihrer Passivität gegenüber den großen Ereignissen unseres Jahrhunderts widerspiegelt, ein Gefühl der Ohnmacht, ihre Zuschauer- und Kon-

sumenten-Mentalität. *Der «Aufbruch» der jungen Generation empört sie und rüttelt sie zugleich wach.* Aus dieser Akkulturation der Erwachsenen erklären sich die zahlreichen psychosomatischen Krankheiten, die Depressionen, Neurosen und Psychosen bei Erwachsenen. Fälle von Angst und Schlaflosigkeit gibt es zu tausenden. Der Verbrauch an Sedativen, Schlafmitteln und Psychopharmaka und, auf anderer Ebene, aber aus den gleichen Gründen, an Alkohol nimmt, wie die Statistiken zeigen, rapide zu.

Fassen wir zusammen: inmitten des Zusammenbruchs der Werte und Institutionen fühlen sich die Eltern heute außerstande, mit der neuen Welt, die vor ihren Augen entsteht, fertigzuwerden; sie haben zum großen Teil ihr Selbstvertrauen verloren, daher der häufig zu beobachtende Eindruck, daß sie auf allen Gebieten *abdanken.*

Für das Erwachsenen-Kind-Verhältnis muß dieser Verlust des Selbstvertrauens zur Folge haben, daß die Kinder das Vertrauen zu den Eltern, den Erwachsenen überhaupt, verlieren.

In der Vergangenheit brachte jede Veränderung im Produktionsbereich eine gewisse Orientierungslosigkeit mit sich. Ein Wandel in den herkömmlichen Lebensbedingungen lockerte gleichzeitig die ideologische psychisch-affektive Konditionierung, der die Eltern von Kindesbeinen an unterworfen worden waren. Der Traditionsbruch konnte, je nach dem jeweiligen sozialen Kräfteverhältnis, eine Liberalisierung oder den Ruf nach stärkerer Autorität zur Folge haben. – Niemals zuvor aber hat, wie es scheint, dieses Phänomen ein solches Ausmaß erreicht wie heute; daher sind hier Begriffe wie Akkulturation, Kulturkrise durchaus am Platz.

Wie wird das Erbe nun tradiert?

Die Bedeutung von Einweihungsriten bei allen von den Ethnologen beschriebenen Gesellschaften ist bekannt. Der Einweihungsritus, der zu Beginn der Adoleszenz stattfand, stellte den abschließenden Höhepunkt der Konditionierung des Kindes dar. Damit der Vorgang einen unauslöschlichen Eindruck hinterließ, waren alle charakteristischen Elemente, die geeignet sind, dem Jüngeren die Autorität des Älteren drastisch vor Augen zu führen, sozusagen in Reinkultur darin vereinigt. Der Autoritätsanspruch des Älteren gegenüber dem

Jüngeren fand oft in äußeren Aktionen – harmlosen Verstümmelungen, Opfern – Ausdruck, vor allem aber wurde er innerlich erfahren: der junge Mensch erlebte in einer dramatischen, geheimnisumwitterten, angsterregenden Atmosphäre körperlich und seelisch die Autorität des Erwachsenen, die ihrerseits eine noch höhere, heilige, transzendente Autorität repräsentierte. Diese Konditionierung erstreckte sich oft über Tage oder Wochen, sie wurde jahrelang vorbereitet und erwartet, und nach ihrem Abschluß bejahte der einzelne die ihm autoritär auferlegten Werte der Gesellschaft, der er angehörte, und es blieb ihm keine Wahl, als sich ihnen lebenslang unterzuordnen. Wurde er aus der Gruppe ausgeschlossen, exkommuniziert, des Schutzes und der Führung der Autorität beraubt, die jede seiner Handlungen bestimmte und ihr einen Sinn gab, so blieb ihm nichts anderes übrig, als zu sterben.

In gewisser Hinsicht lassen sich die Abschlußprüfungen der Studenten vor dem letzten Weltkrieg mit Einweihungsriten vergleichen.

Es ist jedoch klar, daß in den letzten Jahren die Examina für den einzelnen Studenten, der in der gestaltlosen anonymen Masse seiner Kommilitonen untergeht, den letzten Rest ihres Einweihungscharakters verloren haben.

Der Erwerb eines Diploms bedeutet nicht mehr die äußere und innere Identifikation mit der älteren Generation – und damit die Unterwerfung unter das Autoritätsprinzip –, sondern ist schlicht das technische Signum für die nunmehrige «Arbeitstauglichkeit».

Das Diplom gilt offensichtlich in vielen Fällen als *soziale Markierung*. Der junge Mensch fühlt sich von der großen Maschinerie, als die sich ihm die Gesellschaft heute zeigt, «abgestempelt» wie ein Stück Vieh, das gebrandmarkt wird, bevor man es in die Herde aufnimmt.

Die Folgen der Zerstörung der auf dem Autoritätsprinzip basierenden sozio-kulturellen Institutionen durch das Leistungsprinzip wirken sich für die junge Generation in doppelter Weise aus, und zwar ist diese Wirkung zum ersten Mal in der Geschichte eine *direkte*, nicht durch die Erwachsenen vermittelt gesteuerte.

Die erste Konsequenz ist psychologischer Art.

Wir haben bisher, zumindest in den Gesellschaften des Westens, in einer Kultur patriarchalischen Typs gelebt: der Mann, die Vatergestalt, verkörperte die Autorität. Das konnte ebensogut der «Vatergott» der monotheistischen Religionen sein wie der Vater als Oberhaupt der Familie. Entsprechend dem Primat des Mannes, dem so die «gute Rolle» übertragen wurde, hatte die Frau die «schlechte Rolle» zu übernehmen, sowohl in der Religion, wo Eva, die erste Frau, in den Apfel biß und damit den Anlaß zur Vertreibung aus dem irdischen Paradies gab, als auch innerhalb der Familie und der Gesellschaft, wo die Frau auf einen subalternen Status gegenüber dem des Mannes verwiesen ist.

Beschäftigt man sich einmal näher mit den Mythen und Legenden und der Geschichte der Religionen, so gewinnt man den Eindruck, daß die Tendenz, die allerelementarsten menschlichen Triebe auf die Frau zu projizieren, schon uralt ist. Die Frau als Mutter und Geliebte erscheint jedem Mann zugleich als Bild des Lebens (die große Muttergottheit, die noch vor den Vaterreligionen verehrt wurde, die Fruchtbarkeitsgöttinnen Cybele, Demeter, die Jungfrau Maria) und als Bild des Todes (Kali, Medusa, Pandora, Hekate, Medea, die Parzen ...). Ein Doppelbild, das die Ambivalenz, die Mischung aus Liebe und Haß widerspiegelt, die jeder kleine Junge für seine Mutter, seine Ernährerin und zugleich die Quelle seiner Frustrationen, empfindet; diese Ambivalenz kommt auch in der Vorstellung von einer zugleich freigiebigen und unerbittlichen Mutter Natur zum Ausdruck.

Der springende Punkt dabei ist, daß diese Projektion – denn es handelt sich hierbei ja nur um die auf die Frau projizierten Gefühle des Säuglings oder des Kleinkindes – von den Kulturen und Gesellschaften immer wieder übernommen und institutionalisiert wurden: die Einweihungsriten sind vor allem dazu bestimmt, den Adoleszenten endgültig aus der Welt der Mutter herauszulösen und ihn in die Welt des Mannes, in die Vaterwelt zu integrieren. Die Frauen dagegen werden so konditioniert, daß sie diese kollektive Projektion akzeptieren: zu subalternen Rollen verurteilt, von den Bildungsmöglichkeiten ferngehalten, überzeugt, daß ihnen etwas fehlt (dieses Etwas kann die Seele sein – Konzil von Nicea – oder der Penis – Freud), glauben sie zuletzt selbst daran, daß sie nichts als das fleischliche Gefäß von Leidenschaften, ein «Sack voll Triebe» sind[81].

Es wäre dagegen Aufgabe der Erziehung, den Kindern diese kollektive Projektion bewußt zu machen, damit sie sich selbst, jeder einzelne unter ihnen, als ein Bild des Lebens und des Todes, der Liebe und des Hasses akzeptieren lernen. Wenn der Mensch gegen die Folgen seiner Aggressivität angehen will, so muß der Kampf auf verschiedenen Ebenen geführt werden: die Ursachen der Aggressivität müssen durch eine entsprechende Früherziehung verringert, die Projektionen der Aggressivität (auf die Frau, die Gesellschaft oder andere Sündenböcke: Farbige, Juden, Revisionisten usw.) bewußt gemacht und die gesellschaftlichen Verhältnisse humaner gestaltet werden. Immer aber wird im Menschen eine bestimmte Menge von Aggressivität zurückbleiben, die nicht abgebaut werden kann; das darf nicht übersehen werden.

In unseren Gesellschaftssystemen ist Autorität immer eng mit dem Vaterbild verknüpft gewesen. Beide, das Vaterbild wie auch das Autoritätsprinzip werden gegenwärtig von den Folgen der technologischen Revolution in Frage gestellt.

In den Industriegesellschaften ist der Mangel an Arbeitskräften zum großen Teil die Ursache dafür, daß die Frauen immer mehr in die Berufe drängen, d. h. also immer mehr Wert auf eine Ausbildung legen, die der Ausbildung der Männer gleichwertig ist. Die Umstände bringen es mit sich, daß der Vater, übermüdet wie er meist ist, sich weniger mit seinen Kindern beschäftigt; das Gesetz hat diesen Tatbestand nur bestätigt, indem es an die Stelle der väterlichen Autorität die der Eltern setzte. – Welches Ausmaß die Entmythifizierung des vor allem auf dem Altersunterschied basierenden Autoritätsprinzips erreicht hat, sahen wir bereits.

Aus all dem folgt: Angesichts der Tatsache, daß die Autorität in ihrer traditionellen Erscheinungsform an Wirkung verliert, daß das Vaterbild, die Inkarnation dieser Autorität, auf allen Gebieten – Familie, Religion, Kultur – verblaßt; angesichts des Leistungsdrucks, dessen a-humanen, abstrakten, technischen Charakter die junge Generation durchschaut, angesichts der technologischen Revolution, die der Hand des Menschen entglitten zu sein scheint und alles wegfegt, was sich ihr in den Weg stellt, und die Menschheit in eine beklemmende unbekannte Zukunft hineinreißt, angesichts auch einer Gesellschaft, die zugleich «Nährmutter» – hoher Lebensstandard, «Konsumgesellschaft» – und repressiv ist, angesichts all dessen erlebt die junge Generation diese Gesellschaft nicht mehr als schützende Vaterwelt, sondern als eine Art von archaischer Mutterwelt und sich selbst quasi als Kleinkind, das der Allmacht dieser Mutter ausgeliefert ist. So wie die Kinder von Kali verschlungen oder von Medea erwürgt werden, so wird «der Konsument konsumiert». Mit einem Wort, die junge Generation glaubt nicht mehr, daß ihr die Erwachsenengesellschaft Schutz und Sicherheit bietet, sie erscheint ihr als etwas Gefährliches.

Die zweite Konsequenz ist soziologischer Art. Nicht nur ist die Integration der jungen Generation in die Gesellschaft schwieriger geworden – wir haben, als von den Veränderungen hinsichtlich des Traditionserbes, der Erben und des Tradierungsprozesses die Rede war, gesehen warum –, die junge Generation kann sich auch nicht mehr nach dem Ödipusmodell mit den Erwachsenen identifizieren, da sie die Gesellschaft für gefährlich und die Erwachsenen, die auf dem Wagen der technologischen Revolution mit gebundenen Händen einer ungewissen Zukunft entgegenrasen, für unfähig hält, ihr eigenes Schicksal zu meistern und ihrem eigenen Leben einen Sinn zu geben. Der Jugendliche ist daher zur Regression gezwungen und projiziert seine Aggressivität auf die Gesellschaft, die ihm zum Bösen schlechthin wird. So kommt eines zum anderen: die Gesellschaft als archaische Mutter, die Unmöglichkeit – wegen des fehlenden Vaterbildes – die Ödipussituation zu verarbeiten, Regression und Projektion und in ihrem Gefolge eine, wie ich es nannte, *kollektive* Verweigerung des Traditionserbes. *Zum ersten Mal in der Geschichte der Menschheit will der Sohn nicht mehr seinem Vater gleichen.*

Gewiß handelt es sich hier vorläufig noch um eine Teilerscheinung. Es ist jedoch denkbar, daß die *Tendenz* zur Verweigerung bereits ein kollektives Phänomen darstellt[82].

Schließlich noch eine Erscheinung, die soziologisch von größter Bedeutung ist: das Schulsystem schafft durch den Zusammenschluß der Kinder und Jugendlichen zu einer kompakten Gruppe eine echte neue Gesellschaftsklasse.

4. Man kann also sagen, daß wir heute auf machtpolitischer Ebene überall in der Welt dem Kampf zweier Prinzipien beiwohnen, dem Kampf des traditionellen Autoritätsprinzips – wir haben seine Herkunft und seine Erscheinungsformen kennengelernt – gegen die Kraft, die auf seine Zerstörung hinarbeitet, nämlich das Leistungsprinzip, in dessen Zeichen die industrielle und technische Revolution stehen.

Als Beispiele wären die UdSSR zu nennen, wo offensichtlich das Autoritätsprinzip z. Z. die Oberhand hat, und die USA, wo das Leistungsprinzip an erster Stelle steht.

In der UdSSR sind die traditionellen Strukturen der Autorität intakt, aber die industrielle Entwicklung stagniert.

In den USA hat die technologische Entwicklung einen erstaunlichen Aufschwung genommen, aber die traditionellen Strukturen der Autorität sind offensichtlich schwer erschüttert.

Es scheint also, *daß das Autoritätsprinzip und das Leistungsprinzip die Tendenz haben* – wir haben im einzelnen gesehen, warum –, *sich gegenseitig zu zerstören, sich gegenseitig auszuschließen.* Autoritäre Strukturen, die auf Altersunterschieden basieren (statt auf technischer Kompetenz), auf Tradition (statt auf täglich neuer Initiative), auf Unterwerfung unter eine wie auch immer geartete Transzendenz (eine übernatürliche – Gott und die Kirche, oder eine weltliche – der Götze Staat mit seiner Bürokratie) statt auf Leistung – alle per Definition starren autoritären Strukturen sind mit industriellem und technologischem Erfolg unvereinbar.

Im ersten Fall erhält das Individuum seine Daseinsberechtigung letztlich nur aus seiner Stellung auf der Leiter der Hierarchie; die Leiter entfernen hieße die Glieder der Gesellschaft ihrer Existenzgrundlage berauben und die Gesellschaft ins Chaos stürzen. Oder, um ein anderes Bild zu gebrauchen: eine streng hierarchisch gegliederte Gesellschaft gleicht einem chemischen Molekül, in dem die Lage jedes von seinen Elektronensatelliten umkreisten Atomkerns in bezug auf die anderen Atome genau festgelegt ist; eine nur auf dem Autoritätsprinzip basierende Gesellschaft zerfällt in dem Augenblick, wo sich die Lage eines ihrer Glieder zu verändern anfängt. Eine ausschließlich auf Autorität gegründete Gesellschaft ohne demokratische Traditionen, ohne evolutive Gewohnheiten, in der alle Institutionen von der Pädagogik bis zu den Formen des Wahlrechts einen starren Block bilden, tendiert dazu, auf Gefahren, die ihren Zusammenhalt bedrohen, mit Flucht nach vorn (also Krieg) zu reagieren oder mit noch größerer Verhärtung (Verstärkung der Polizei und der Repression); eine derartige Gesellschaft gleicht einem chemischen Molekül oder einem Sonnensystem: eine einzige Veränderung innerhalb des Ganzen, in dem alles sich im Gleichgewicht hält, führt in einer wahren Kettenreaktion zur Explosion, ins Chaos.

Im zweiten Fall, in einer am Leistungsprinzip orientierten Gesellschaft, bilden nicht die *konstanten jeweiligen Beziehungen* der Individuen untereinander das Gerüst des Ganzen, sondern *die in einem bestimmten Zeitpunkt gegebenen Rollenfunktionen ihrer Glieder.*

Die autoritäre Gesellschaft ist ein Haus, bei dem die Individuen die Bauelemente sind. Entfernt man eines der Bauelemente, so besteht die Gefahr, daß das Ganze zusammenstürzt. Die Leistungsgesellschaft ist eine automatisierte Maschine, deren mehr oder weniger leicht zu ersetzende Bestandteile die Individuen sind. *Im einen wie im anderen Fall sind die Menschen als solche nicht um ihrer selbst willen da*, sondern nur als Teil eines Ganzen: eines statischen Ganzen im ersten Fall (weshalb der *Position* des Bauelements große Bedeutung zukommt), eines dynamischen und evolutiven Ganzen im zweiten Fall (daher die Bedeutung der *Funktion* jedes Teils im Räderwerk). Das statische Ganze ist um seiner selbst willen da (der Götze Staat), das dynamische Ganze um eines bestimmten Zwecks willen (Krieg oder, umgekehrt, ein gleichsam biologisches Wachstum, wie Galbraith es an Technostrukturen nachgewiesen hat).

Die technologische Revolution würde, nachdem sie die traditionelle Autorität zerstört hätte, eine neue gesellschaftliche Organisationsform entwickeln müssen, die die Ausbeutung der Menschen zu regeln hätte. Diese neue Form, die hier und da schon zu erkennen ist, kann nur eine technokratische Diktatur, eine neue Art von Faschismus sein[83].

Die Konfrontation mit den äußeren technologischen und ökonomischen Errungenschaften würde die traditionellen Strukturen der

Autorität entweder in einen Krieg oder zu einer Verhärtung treiben, die auch wieder eine Art von Faschismus wäre.

In der technokratischen Diktatur herrscht Ungleichheit nicht mehr – oder nicht mehr nur – auf politischem und ökonomischem Gebiet, sondern auf dem Gebiet der Information. In einer Welt, in der allgemein Armut herrschte, hatte nur der Aussicht zu überleben, der die politische Macht besaß, (d. h. die politische Gleichheit mußte erst noch errungen werden: diese Aufgabe übernahm das Bürgertum). Bei sehr ungleicher Verteilung des Reichtums – mit allen sich hieraus ergebenden politischen Implikationen – ist der wirtschaftlich Mächtige im Vorteil (und die wirtschaftliche Gleichheit muß erst hergestellt werden). Hängen Macht und Freiheit vom Umfang der erreichbaren Information ab, dann ist die Möglichkeit des Zugangs zu Informationen das Wichtigste. In manchen Großunternehmen z. B. ist die in Ordnern – einschließlich der Personalakten – gespeicherte Information den Betriebsangehörigen nur nach einer hierarchischen Rangordnung zugänglich. Allein der Betriebsspitze steht das gesamte Informationsmaterial zur Verfügung. Die *Zeichen* der Macht können wechseln: Schwert, Geld, Information.

Der Faschismus ist daran zu erkennen, daß er es nicht darauf anlegt, die Rechte des Bürgers zu *beschneiden*, sondern ihn systematisch *aller Rechte beraubt*[84]: Verstärkung der autoritären Strukturen der Kindererziehung (nach dem «homo technicus» der «puer technicus»), Konditionierung mit Hilfe gezielter Information, verfassungsrechtlich verankerter «Staatsstreich in Permanenz», polizeiliche Repressalien gegenüber Politikern oder Journalisten (die in Skandale verwickelt werden oder denen man mit Skandalen droht), Beschneiden der Rechtsgarantien (verlängerte Untersuchungshaft, Razzien usw.). In Staaten mit demokratischer Tradition bedient sich der technokratische Faschismus eher der kontinuierlichen unauffälligen psychologischen Manipulation als nackter Gewalt, die den betäubten Schläfer vorzeitig wecken könnte.

5. Ich möchte die verschiedenen Elemente, die ich bisher in diesem Kapitel herausgearbeitet habe, noch einmal unter einem *Gesamtaspekt* aufgreifen. Mit anderen Worten: welche Faktoren sind im

Spiel, wenn Kinder heute in geringerem Maß auf Autorität konditioniert werden, wenn also der Unterwerfungsreflex weniger ausgeprägt ist?

Die gleichen Faktoren, die in der Gegenwart zur Schwächung der traditionellen, auf dem Autoritätsprinzip fußenden sozio-kulturellen Institutionen führten, haben direkt oder indirekt auch bewirkt, daß sich der Druck der Erwachsenen auf das Kind verminderte.

Wenn das sozio-kulturelle Erbe nicht mehr den Bedürfnissen der Zeit entspricht, wenn die Erwachsenen zumindest teilweise kein Vertrauen mehr zur Tradition haben, wenn Einweihungsriten höchstens noch als folkloristische Reminiszenzen fortbestehen – dann kann die Konditionierung des Kindes nur noch unvollkommen, fragmentarisch sein.

Da die technologische Revolution vom Fortschritt der angewandten Wissenschaft nicht zu trennen ist, muß die Verbreitung des wissenschaftlichen Denkens, der Methoden der wissenschaftlichen Analyse und Beobachtung notwendig dazu führen, daß auch das Kind weniger leichtgläubig ist als früher.

Man kann nicht gut Menschen zu exakten Technikern ausbilden und zugleich von ihnen verlangen, daß sie wie bisher blind sein sollen für die Tatsache, daß der Kaiser keine Kleider anhat.

Anders gesagt: das Argument der Autorität – «Aristoteles dixit» – verliert mehr und mehr an Überzeugungskraft. Die Menschen werden immer mehr versuchen, erst zu verstehen, ehe sie gehorchen, und wenn sie gehorchen, dann entweder aufgrund eigenen Nachdenkens – und in diesem Fall löst sich die Aura des Geheimnisvollen auf, von der die Autorität umgeben ist und auf der ihre Macht beruht –, oder weil sie sich unverhülltem Zwang beugen müssen. Wir haben gesehen, daß sich das Phänomen Autorität nicht allein mit dem Hinweis auf pure Gewalt erklären läßt, sondern daß eine nachhaltige Einschüchterung des kritischen Bewußtseins, Ergebnis der Konditionierung des Kindes durch den Erwachsenen, als notwendiges Element hinzutritt. Möglicherweise werden nun nackte Gewalt und physischer Zwang die freigewordenen Stelle einnehmen, die früher die Autorität besetzt hielt. Dabei handelt es sich jedoch um ein völlig andersgeartetes Phänomen.

Wie jede Konditionierung setzt die Dressur des Kindes eine Drosselung der Information voraus, damit sich zwischen dem stimulierenden Agens und der reflexhaften Reaktion die gewünschte spezifische Verbindung bilden kann. Arbeitet man beim klassischen Pawlowschen Hunde-Experiment außer mit dem Klang des Glöckchens noch mit mehreren anderen Reizen, kann sich der Reflex der Speichelabsonderung nicht entwickeln.
Nun empfängt aber das Kind in den meisten modernen Gesellschaftssystemen zahlreiche einander widersprechende Informationen, die sein kritisches Bewußtsein wecken und trainieren.

Wir leben heute nicht mehr in einer homogenen Kultur, in der die Einheit von Denken und Empfinden wie der kräftige Daumendruck des Töpfers dem menschlichen Geist unwiderstehlich seine Form aufprägte. Schon 1928 schrieb Margret Mead, daß «die jungen Menschen in einer uneinheitlichen Gesellschaft nicht bedingungslos das Urteil der Eltern akzeptieren; die Gehorsameren unter ihnen fügen sich zwar, aber nur in der Hoffnung auf zukünftige Selbständigkeit ...»[85]
Seitdem ist ein entscheidender neuer Faktor hinzugetreten, der die Informationen, die das Kind aus seiner Umwelt empfängt, mindestens verdoppelt hat. Ich meine das Fernsehen, vor dem jedes Kind im Durchschnitt zwei bis drei Stunden täglich verbringt[86].
Selbst in den Fällen, wo traditionsbewußte Eltern sich bemühen, ihre Kinder «wie früher» zu erziehen, verurteilt der schulische Kontakt mit anders erzogenen Kindern den Versuch einer strengen Konditionierung großenteils zum Scheitern.
Gerade die Notwendigkeit, die Kinder so zu erziehen, daß sie den Anforderungen einer technischen Gesellschaft genügen, hat ja zur allmählichen Entwicklung des heutigen *Schulsystems* geführt[87].
In einer ersten Phase, im neunzehnten Jahrhundert, war die Konditionierung durch Elternhaus und Gesellschaft noch «geschlossen» genug, um die Folgen, die sich aus dem Zusammenschluß der Kinder zu einer kompakten Gruppe ergaben, in Grenzen zu halten. In der Schule – auch noch in den Schulkasernen des letzten Jahrhunderts, wo wie beim Militär der Tagesablauf von Trommelwirbeln skandiert

wurde – waren die Kinder zum ersten Mal nicht mehr wie früher voneinander getrennt und von Erwachsenen umgeben, sondern sie bildeten eine Gruppe, die von den Lehrern eingerahmt wurde, wobei die Erwachsenen in der Minderzahl waren.
Erst das Entstehen einer Massenerziehung, als Folge der heute in manchen Ländern bis zum 16. Lebensjahr dauernden allgemeinen Schulpflicht, und die modernen Erziehungsmethoden, die zur Team-Arbeit anregen, haben dieses Phänomen der Gruppenbildung im vollen Umfang zur Entfaltung gebracht.
So wie die Maschine die Arbeiter zu einer Gruppe zusammenschloß, die ihre Macht, ihre Eigenständigkeit, ihre Interessen und die Gemeinsamkeit ihres Schicksals erkannte und allmählich ein Klassenbewußtsein entwickelte, so schließt das Schulsystem die Jugend zu einer Gruppe zusammen, die der Welt der Erwachsenen und ihrer Ideologie gegenüber ein Altersklassenbewußtsein entwickelt.

V. Welche Perspektiven und welche Fragen ergeben sich aus unserem Ansatz?

Die Perspektiven, die sich aus unseren Untersuchungen ergeben, sind beängstigend. In den westlichen Industriegesellschaften – in den Staaten also, die unserer Beobachtung am leichtesten zugänglich sind – wird das Autoritätsprinzip Schritt für Schritt vom Leistungsprinzip abgelöst. In einer ersten Phase dieser Entwicklung festigt das Leistungsprinizp seine Herrschaft mit Hilfe der demokratischen Freiheiten. So wie das Bürgertum die Monarchie benutzte, um das Lehnswesen zu zerstören, das seiner Entfaltung im Wege stand, so benutzt die Technokratie die Reste der vom Bürgertum und später von der Arbeiterklasse eroberten Freiheiten, um die traditionelle Autorität zu stürzen.

Da aber keine Gegenkraft da ist[88], wird die Technokratie, sobald sie sich durchgesetzt hat, unweigerlich ihr eigenes, nicht mehr auf Autorität, sondern auf purer Gewalt basierendes Herrschaftssystem errichten. Es gibt heute so zahlreiche und wirksame Mittel, Zwang auszuüben, daß ihr das ohne weiteres gelingen wird – sei es mit Polizeiterror, sei es mit psychologischer Manipulation oder, noch subtiler, mit chemischen Drogen. Bisher hat sich der Staat das Monopol auf Alkohol, Tabak und Glücksspiele vorbehalten. Mit fortschreitender Entwicklung der Pharmakologie werden diese Arten der «Ablenkung» bald als überholt erscheinen.

Die Technokratie kann ihre Herrschaft auf verschiedenste Weise sehr leicht sichern: mittels einer Polizei, der alle aktenmäßig festgelegten Informationen über die somit ständig überwachten Bürger zugänglich sind; mittels eines Wirtschaftssystems, das jeden, der den Kampf ums Dasein auf ökonomischer Ebene nicht mitmacht, zum langsamen Tod verurteilt; außerdem kann auch eine regelmäßige leichte Anhebung des Lebensstandards als Peitsche wirken, die den einzelnen vorantreibt; und schließlich können noch «Glückspillen» irgendwelcher Art oder «adaptive» Psychotherapien die letzten Anläufe zu politischem Protest lahmlegen. Nicht mehr die Religion oder der Alkohol sind dann das «Opium des Volkes», sondern die von der psychologischen und psychochemischen Forschung bereitgestellten Mittel.

An die Stelle des Phänomens Autorität träte somit die direkte Manipulation des Erwachsenen. Auf diese Weise könnte der dem Leistungsprinzip inhärente Widerspruch seine Lösung finden, der Widerspruch nämlich zwischen der Notwendigkeit, die Kinder im Sinn des wissenschaftlichen Fortschritts zu erziehen und zugleich ihre und der Erwachsenen Unabhängigkeit zu beschneiden, damit die Gesellschaftsmaschinerie exakt funktioniert.

Bei den heute noch nach dem Autoritätsprinzip funktionierenden Gesellschaftssystemen besteht der innere Widerspruch darin, daß sie, wenn sie wirklich als solche funktionieren, mit der Leistungsgesellschaft nicht konkurrieren können. Die im innerstaatlichen Bereich «ausgestrichene» Geschichte bringt sich auf internationaler Ebene wieder in Erinnerung.

Einerseits muß die Pädagogik dem wissenschaftlichen Denken den ihm gebührenden Platz einräumen, d. h. der Grundsatz, dem zufolge man zu gehorchen hat, ohne zu denken[89], muß aufgegeben werden.

Andererseits stellt die schwerfällige Maschinerie der autoritären Bürokratie mit ihren hohen Kosten und ihrem Widerstand gegen Reformen, die zwangsläufig zu ihrem Untergang als Klasse führen würden, einen echten, für autoritäre Gesellschaftssysteme spezifischen inneren Widerspruch dar. Ein derartiges Regime muß also zwischen Autorität und Leistung lavieren und in immer stärkerem Maß von seiner Polizeigewalt Gebrauch machen.

Es zeigt sich also, daß es unmöglich ist, in dem weltweiten Kampf zwischen dem traditionellen Autoritätsprinzip und dem neuen, mit der technologischen Revolution entstandenen Leistungsprinzip sich für eine der beiden Seiten zu entscheiden; denn der Sieg der einen wie der anderen bedeutet die gleiche Versklavung in mehr oder weniger verhüllter Form. So gesehen erhält eine Untersuchung über das Verhältnis zwischen Jugendlichen und Erwachsenen erst ihre wahre Bedeutung, enthüllt sie ihren eigentlichen Sinn.

Dank der geringeren autoritären Konditionierung der Kinder[90] und dank ihres Zusammenschlusses im Schulsystem ist aus einer Altersklasse eine soziale Klasse geworden, die dadurch charakterisiert ist, daß sie psychisch und kulturell völlig getrennt von der Welt der Erwachsenen existiert.

Diese Altersklasse, die so zu einer sozialen Klasse «am Rande der Gesellschaft» geworden ist, steht im Begriff, zu einer politischen Klasse von Verweigerern zu werden.

Die politische Klasse, für die Verweigerung und Auflehnung charakteristisch sind, kann sich entweder zu neuen Formen der Unterwerfung hinentwickeln oder als Hauptagens bei der Errichtung neuer, nichtautoritärer Gesellschaftsstrukturen mitwirken.

Es hängt z. T. von den Erwachsenen ab, ob sich diese sozio-politische Klasse in die eine oder die andere Richtung bewegen wird. Je nachdem, wieviel Toleranz die Erwachsenen in diesem Konflikt aufbringen, und je nachdem, ob eine pädagogische Revolution stattfindet oder nicht, wird die Jugend einen Einfluß im konstruktiven oder im destruktiven Sinn ausüben.

Unsere Zukunftsaussichten hängen nicht vom Ergebnis des sich jetzt abspielenden Kampfes zwischen Autoritäts- und Leistungsprinzip ab, *sondern von der Art, wie die neuen, durch die technologische Revolution unvermeidlich freigesetzten Kräfte in ihn eingreifen.* Die industrielle Revolution mußte notwendig zur Entstehung der Arbeiterklasse führen. Die technologische Revolution muß notwendig neue Kräfte auf den Plan rufen, deren Existenz uns gerade erst bewußt zu werden beginnt.

Diese neuen Kräfte, zu denen auch die Jugend als soziale Klasse gehört, könnten als dritte Macht in den Kampf zwischen Autoritäts- und Leistungsprinzip eingreifen. Etwas Sinnvolles für den Fortschritt auf humaner und politischer Ebene kann aber nur erreicht werden, wenn es diesen Kräften gelingt, sich zu organisieren und sich klar umrissene Ziele zu setzen.

Aus dem Studium des Phänomens Autorität ergibt sich also die Notwendigkeit, das Phänomen Konflikt als schöpferisches Prinzip ins Auge zu fassen und den Kampf der Gegensätze als einen möglichen neuen sozialen Konsens zu akzeptieren, der den auf dem Autoritätsprinzip basierenden Konsens ablöst. Des weiteren ergibt sich die Notwendigkeit, *so bald wie möglich* theoretische Untersuchungen über die verschiedenen neuen pädagogischen Experimente durchzuführen, die in mehreren Ländern im Gang sind – Untersuchungen, die nicht in erster Linie die Ergebnisse dieser Experimente im engeren schulischen Bereich, also die Aneignung von Kenntnissen, betreffen, sondern (da heute die Schule die Stelle der Familie einnimmt) das *Gesellschaftsbild*, das sich bei den Kindern entwickelt, die Umschichtung ihrer psychischen Kräfte, die andersartigen Konflikte, die zwischen den Kindern auf der einen, Lehrern und Familie auf der anderen Seite auftauchen, Untersuchungen, die auch Antwort geben auf die Frage, welcher Art ein für die Jugend und die Erwachsenen gleichermaßen annehmbarer neuer sozialer Konsens sein könnte, der die einen wie die anderen – und möglichst auch noch die Protestler – innerhalb des Schulsystems und im weiteren in der Gesellschaft als Ganzem zu einer konstruktiven Auseinandersetzung zusammenführt.

Es sind schon viele Ansätze zu einer pädagogischen Revolution vorhanden; jetzt ist es an der Zeit, alle Informationen darüber zu sammeln und aus den Erfolgen und Mißerfolgen die Lehren zu ziehen.

DRITTER TEIL

DIE PÄDAGOGISCHE REVOLUTION

Gleichheitsstatus von Kind und Erwachsenem; Entfaltung des Phänomens Konflikt als neuer, das Phänomen Autorität ablösender sozialer Konsens und als neuer Wert.

I. Zwischenspiel oder Etappe?

Die psychisch-affektive Unterwerfung unter Autorität ist also ein künstlich erzeugtes oder künstlich perpetuiertes Phänomen, ein konditionierter Reflex, der so alt ist wie die Menschheit selbst und dessen Ontogenese ganz im Unbewußten des Individuums vor sich geht.

Die einzelnen Etappen, die den Übergang von einer anfangs quasiabsoluten zu einer relativen Konditionierung bezeichnen, stehen zumindest seit der neolithischen Revolution, mit den (wodurch auch immer verursachten) Veränderungen der Produktionsverhältnisse in direktem Zusammenhang. Jede teilweise Entkonditionierung ermöglicht den Ausgebeuteten, bis zu einem gewissen Grad ein Klassenbewußtsein zu entwickeln[91]. Diese teilweise Entkonditionierung wird – und wurde – von der Gesellschaft der Erwachsenen an die Gesellschaft der Kinder weitergegeben, hallte in ihr nach. Der sozioaffektiv-kulturelle Energiestrom verlief – was die Autorität, also das die Gesamtheit der sozio-kulturellen Institutionen stützende Gerüst betrifft – nur in einer einzigen Richtung: vom Erwachsenen zum Kind.

Ich habe im vorigen Kapitel auf die *direkten*, nicht mehr durch die Erwachsenen-Gesellschaft vermittelten Auswirkungen der technologischen Revolution auf das Kind aufmerksam gemacht.

Auf psychologischer Ebene: die Erwachsenen-Gesellschaft bietet nicht mehr ein Sicherheit und Schutz versprechendes Bild ihrer selbst, sondern ein gefährliches, angsterregendes, nicht mehr ein Vaterbild, sondern ein archaisches Mutterbild. Daher rührt es, daß die Identifikation mit dem Traditionserbe unmöglich und dieses deshalb ausgeschlagen wird.

Auf soziologischer Ebene: die Kommunikation zwischen Erwachsenem und Kind wird wegen der Vielfalt der Informationen, die das Kind heute empfängt, und wegen des Versagens der traditionellen

Kanäle (Familie, Schule, Einweihungsriten) immer schwieriger. Auf der anderen Seite hat die Zusammenfassung der Kinder und Jugendlichen zu einer geschlossenen Gruppe zur Entstehung einer Altersklasse, einer echten sozialen Klasse geführt, bei der sich ein Klassenbewußtsein – ein politisches Phänomen – zu entwickeln beginnt.

Außer dem Bruch zwischen Erwachsenen und Jugendlichen und der nachlassenden Konditionierung auf Autorität (die sich auch auf die Erwachsenen auswirkt) ist eine der wichtigsten sich hieraus ergebenden Folgen die Tatsache, daß Einflüsse jeder Art nicht mehr nur in einer einzigen Richtung, vom Erwachsenen zum Kind, sondern nach beiden Richtungen wirken. Denn das Kind und der Jugendliche spiegeln nicht mehr nur den Widerschein der empfangenen Prägung auf den Erwachsenen zurück, sie üben auch noch eine nicht programmierte, nicht gewollte spezifische Wirkung auf die Erwachsenengesellschaft aus[92]. Es handelt sich hier um ein völlig neues soziologisches Phänomen von außerordentlicher Bedeutung. Zum ersten Mal in der Geschichte üben die Kinder als eigene Gruppe auf die Erwachsenen einen unmittelbaren spezifischen Einfluß aus[93].

(Nur ein Beispiel: Eine der wenigen Erscheinungen von wirklicher politischer Bedeutung im heutigen Frankreich ist der sich innerhalb der Familie abspielende Kampf zwischen den Altersklassen. Welche Eltern hätten nicht, wie es heißt, «Probleme» mit ihren Kindern? Je nach Fall lassen sich alle nur möglichen Beziehungsformen feststellen: die – nur schwer aufrechtzuerhaltende – autokratische Diktatur, die konstitutionelle Monarchie, die parlamentarische Demokratie, der Guerillakrieg, ja sogar eine Art von Selbstverwaltung der Kinder. Wichtig ist dabei, daß die Eltern damit gezwungen sind, immer auf dem Posten zu sein und politisches Verhalten zu erlernen – worauf sie ansonsten gern verzichten würden –, während andererseits die Kinder und Jugendlichen in diesen und durch diese Begegnungen mit den Erwachsenen den ganzen Widerstand zu spüren bekommen, denen Wünsche in der Wirklichkeit begegnen. Außerdem werden dabei Familienprobleme unmittelbar zu gesellschaftlichen Fragen: das Problem, das die Franzosen heute am meisten beschäftigt, ist, wenn man den Meinungsforschern glauben darf, das der sogenannten «Unruhe an den Schulen»[94].)

Letzter Punkt schließlich: der soziale Konsens zwischen Individuum und Gesellschaft beruhte bisher auf dem Phänomen Autorität. Es war im übrigen kaum verwunderlich, daß das Individuum die in der Gesellschaft herrschenden Werte als seine eigenen wiedererkannte, da es in seiner Kindheit genau auf diese Werte hin konditioniert worden war. Man braucht nur Lucien Febvre zu lesen[95], um zu begreifen, wie «natürlich» es einem Menschen des sechzehnten Jahrhunderts erschien, daß sein persönliches Leben von der Geburt bis zum Tod und das der Gesellschaft ihren Rhythmus aus den gleichen religiösen Geboten empfingen. – Es wäre übrigens zu fragen: was, wenn nicht die durch die Anwendung neuer technologischer Erkenntnisse bewirkte Veränderung der Produktionsverhältnisse, hätte die immer tiefer gehenden Risse in derart fest verankerten Gewohnheiten verursachen können?

Meine Diagnose, wie ich sie in den vorigen Kapiteln zu begründen versuchte, lautet, daß das tödlich getroffene Autoritätsprinzip in Auflösung begriffen ist; damit stellt sich die buchstäblich notwendige Frage, *worauf* der sich neu bildende soziale Konsens basieren wird[96].

Wie schon deutlich geworden ist, bin ich geneigt zu antworten, daß der neue Konsens, der bereits vor unseren Augen Gestalt annimmt, sich auf nackte Gewalt stützt. Inmitten der gegenwärtigen Auflösung von Staat und Gesellschaft tritt eine neue Macht auf den Plan, die sich schon vor dem letzten Weltkrieg in den verschiedenen Spielarten des Faschismus ankündigte: die uneingeschränkte Willkürherrschaft des Staates in der Hand einer Minorität, die sich immer weniger vorm Volk für ihre Entschlüsse und Taten zu verantworten braucht.

Auf die Frage: was hindert eigentlich die menschlichen Gesellschaften daran, sich zu großen homogenen, harmonischen Ganzheiten etwa in der Art von Bienenvölkern oder Termitenstaaten zu entwickeln, in denen das Individuum völlig untergeht, hat Freud[97] mit dem Hinweis geantwortet, seiner Meinung nach sei das einzige Hindernis ein innerer Widerstand des Individuums, das sich in einer solchen Gesellschaft nicht glücklich fühlen könne. Ein schwacher, zerbrechlicher Widerstand: was bedeutet der einzelne in einer Zeit der Massenzivilisation, der Massenkultur, der Massenerziehung?

Woraus erklärt sich eigentlich, nach Freud, der dem Menschen innewohnende Freiheitsdrang, aus dem jener eigensinnige Widerstand gegen das Aufgehen in einem Kollektiv entspringt? Aus nichts weiter als einem kleinen Aggressionsüberschuß im Menschen gegenüber anderen Lebewesen.

Welches Paradoxon, daß alle im eigentlichen Sinn menschlichen Werte auf Aggressivität beruhen, auf einer Kraft, die zerteilt, zerstückelt, isoliert und so dem einzelnen ermöglicht, ständig die kleine Insel seines kritischen Bewußtseins gegen die Gesellschaft abzusichern, die wie ein Ozean gegen ihn andringt.

Ich meinerseits sehe die Ursache dieses Aggressionsüberschusses in dem narzißtischen Leiden der menschlichen Kreatur, die während ihrer langdauernden Kindheit einen beträchtlichen Teil ihrer Selbstliebe anderen zuwenden muß. Im Bereich der individuellen Psyche vollzieht sich die Zurücknahme dieser Selbstliebe – wenn überhaupt – dank geglückter Identifikationen. Nach einem gewaltigen Umweg über die Welt der äußeren Objekte, bei dem das Subjekt sich nicht nur mit den Qualitäten anreichern kann, die es den Objekten auf dem Weg über Projektionen beilegt und als dem Objekt zugehörig ansieht, sondern auch mit den wirklichen Qualitäten des Objekts, kehrt die narzißtische Libido zum Subjekt zurück. Besonders Sublimierungen sind nur auf diesem Umweg über die Objektwelt möglich.

Meines Erachtens steht die Hauptursache des «Unbehagens in der Kultur» mit der zunehmenden Frustration des Narzißmus im gesellschaftlich-politischen Bereich in Zusammenhang. Nicht nur, weil die Herrschaft des Staates über das Individuum immer massiver und umfassender wird[98], sondern auch, weil der einzelne in dem Hiatus, der infolge des Autoritätsschwundes entstanden ist, sich mehr und mehr der ganzen Macht bewußt wird, die er bisher auf eine Minorität von «Führern» delegiert hatte und die ihm eigentlich nun zurückgegeben werden sollte. Es wird ihm immer klarer, *worum man ihn gebracht hat.*

Kurz, im gleichen Augenblick, da das Individuum bewußt den Teil seiner Selbstliebe, den es auf die idealisierten Vaterfiguren der Gesellschaft projizierte, zurücknehmen und sozusagen politisch erwachsen werden möchte, im gleichen Augenblick versucht der Staat mit

Gewalt und allen Mitteln der modernen Technik seine uneingeschränkte Macht über das Individuum zu sichern.

Diese beiden Tendenzen stoßen aufeinander: der im Bewußtsein des Individuums auftauchende Wunsch nach politischer Freiheit – wofür Begriffe wie Mitbestimmung, Mitverwaltung, Selbstverwaltung, Dezentralisation zeugen – und das Bestreben des Staates, seine Herrschaft zu festigen.

Aber wenn auch in der Übergangsperiode, in der wir uns befinden, die Kräfte sich noch gegenseitig in Schach halten – die Macht der Gewerkschaften, der politischen Parteien und der öffentlichen Meinung wehrt den polizeilichen Zugriff des Staates noch halbwegs ab –, so gleicht der Widerstand des Individuums gegen den Staat doch immer mehr dem Kampf zwischen einem Zwerg und einem Riesen. Im Zerfall der institutionellen sozio-kulturellen Gruppen fühlt sich das Individuum allein gelassen. Das um so mehr, als in ihm selbst, in jedem einzelnen, aus den schon genannten Gründen eine Stimme laut nach einer starken Führungsmacht ruft.

Das zweite Thema, mit dem sich Freud in *Das Unbehagen in der Kultur* befaßt, ist denn auch das Schuldgefühl. Wir sahen schon in den vorangehenden Kapiteln, daß sich das Schuldgefühl bis zur Unerträglichkeit steigern kann, wenn die Tendenz, sich der Autorität zu entziehen, zunimmt, und daß die Aggressivität gegen die Autorität dann besonders stark ist. In seiner Angst, allein gelassen zu werden, ist das Individuum, dem die Gesellschaft bisher nicht erlaubt hat, die lange und schwierige Lehrzeit der Freiheit zu durchlaufen[99], in Versuchung, eine äußere Autorität zu Hilfe zu rufen, die der wachsenden Gewalt seiner Aggressivität einen unzerstörbaren Damm entgegensetzt; *wachsende* Gewalt deshalb, weil Angst (vor dem Chaos) und Frustration sich gegenseitig steigern – und immer weiter steigern werden. Im Unbewußten weiß das Individuum sehr genau, daß es zum Feind seiner Gesellschaft geworden ist und ihre Zerstörung wünscht: es muß sich also insgeheim schuldig fühlen, Angst haben und sich nach einer «eisernen Diktatur» sehnen.

Anders gesagt: je mehr das Subjekt – besonders in seiner Selbstliebe – von der Gesellschaft frustriert wird, desto mehr haßt es sie, desto feindlicher steht es ihr gegenüber. Und je größer seine Aggressivität

wird, desto größer wird auch seine Angst; denn im Unbewußten durchlebt es noch einmal die Augenblicke seiner frühen Kindheit, da es Frustrationen auf seine eigenen gegen das Objekt Mutter gerichteten Angriffsphantasien zurückführte.
Jede pädagogische Revolution muß mit dieser Tendenz des Revolutionärs zum Scheitern rechnen, die damit gegeben ist, daß der Revolutionär die Aggressivität, die er unbewußt als gegen seine Eltern gerichtet erlebt, gegen sich selbst kehrt (selbstzerstörerisches Handeln) oder daß er die Folgen seiner Handlung «wiedergutmacht», indem er die traditionelle Autorität wieder inthronisiert (Napoleon, Stalin usw.). Ich werde noch im Zusammenhang mit den «selbstmörderischen Tendenzen der französischen Linken» auf diesen Punkt zurückkommen[100].

Ich scheue mich nicht, teils aus didaktischen Gründen, teils, um Mißverständnissen vorzubeugen und die verschiedenen Implikationen meiner Thesen klar herauszuarbeiten, mich in verschiedener Form öfters zu wiederholen; die Frage, die im dritten Teil der vorliegenden Studie immer wieder auftauchen wird, heißt also: Wie kann sich unter den heute gegebenen politischen, soziologischen und psychologischen Voraussetzungen ein sozialer Konsens zwischen Individuum und Gesellschaft entwickeln, der nicht einfach durch staatliche Gewalt herbeigeführt wird? Denn ein neuer Konsens wird auf alle Fälle den früheren, seit den Anfängen der Menschheit auf Autorität basierenden ablösen. Und es bestehen immerhin noch einige Chancen, einer Gewaltherrschaft zu entgehen.
Die Frage ist, wie ein Rückfall in den Zustand der Versklavung vermieden und der gegenwärtige ideologische Hiatus – allgemeiner Autoritätsschwund, Auflösung der Gesellschaft – für die Verwirklichung von mehr Humanität genützt werden kann.
Diese Frage und dieser Gedanke implizieren jedoch eine bestimmte anthropologische Konzeption: Für mich stellt der Zustand des Säuglings das Modell – mehr noch: die ursprünglichste Form der Versklavung dar. Versklavung nicht nur, weil der Säugling in bezug auf die Erhaltung seines Lebens völlig von anderen Menschen abhängt, *sondern auch und vor allem, weil er in seinen Phantasien völlig sich*

selbst entfremdet ist und ausschließlich in einer Welt der reinen Subjektivität und des Irrationalen lebt. Er kann sich von dem, was er empfindet oder «vorstellt», in keiner Weise distanzieren. Er ist der Sklave psychisch-affektiver Prozesse: der Sklave von Phantasien, Projektionen, Introjektionen. Ist er satt, versinkt er in eine Art von seligem Nicht-Sein. Ist er frustriert und aggressiv, hat er sofort das Gefühl, das Beschützer-Objekt verletzt, vernichtet zu haben. Gute und böse archaische Bilder – die Imago eines verinnerlichten Objekts, ein erster Rückfluß jenes Teils der Selbstliebe, der gezwungen worden war, sich nach außen zu wenden – ergreifen abwechselnd und jeweils vollständig von seinem Ich (oder vielmehr Vor-Ich) Besitz – und dies inmitten einer magischen, irrationalen, von Phantasien beherrschten Welt.

Später entwickelt sich, besonders dank der fortschreitenden Entwicklung der Psycho-Motorik, mühsam sein Ich, wobei das Kind erfährt, daß es nicht vollkommen ohnmächtig und abhängig ist, sondern wenigstens teilweise seine Wünsche und Bedürfnisse selbst befriedigen kann. Parallel zur Psycho-Motorik entwickelt sich die Sprache. Am Anfang steht, für Freud wie für Goethe, die Tat[101]. Dann erst kommt das Wort. Aber noch vor der Tat, müssen wir ergänzen, waren die Phantasien.

Diesen Wachstumsvorgang, in dessen Verlauf die Macht des Menschen – im motorischen, psychischen, affektiven, intellektuellen und politischen Bereich – zunimmt und seine Abhängigkeit sich – in jeder Hinsicht – verringert, nennen wir Fortschritt, Befreiung, Humanisation. Es gehört zu den allgemein zu beobachtenden Tatsachen, daß mit zunehmender Macht – über sich selbst und über die Außenwelt – die Aggressivität nachläßt und damit auch der Drang, diese Macht zu mißbrauchen und auf andere Zwang auszuüben, was offensichtlich immer da der Fall ist, wo Angst und Schuldgefühl das Subjekt auf regressive oder pathologische Haltungen fixieren[102].

Es ist natürlich klar, daß auch der Primitive in seinen Phantasien und durch sie entfremdet ist, insofern er weder seinen Projektionen kritisch gegenüberstehen noch an der Wohlbegründetheit seiner vollkommen homogenen Kultur zweifeln kann. Die Frage, ob sein Vorstellungssystem auch anders sein könnte, existiert für ihn nicht: sich die Überlegenheit einer anderen Kultur eingestehen müssen, würde für ihn fast den physischen Tod bedeuten.

Im Unterschied zu denen des Säuglings korrespondieren seine Phantasien jedoch mit anderen, sehr viel späteren Reifungsphasen und werden «exteriorisiert», in Handlungen umgesetzt. Der Primitive kann mit denjenigen seiner Phantasien, die er unbewußt auf die Außenwelt projiziert, mit guten und bösen «Geistern» z. B., «spielen» – im Sinn von Spielraum, Distanz schaffen, in Bewegung setzen –, und er kann sich seine Schuldgefühle bewußt machen (Opfer-, Reinigungs-, Sühnehandlungen), wenn auch die Objekte, denen gegenüber er sich schuldig fühlt, nicht die wirklichen, eigentlichen sind. So erreicht er einen gewissen Grad von «Befreiung»; denn Befreiung besteht meiner Definition nach nicht nur in der Ausbildung von kritischem Bewußtsein, sondern auch darin, daß man seine unbewußten Phantasien, sein Schuldgefühl, seine Aggressivität – so weit wie möglich – *akzeptiert.*

Mit Franco Fornari bin ich der Meinung, daß der Primitive, der seine (mit der unvermeidbaren Aggressivität seiner frühen Kindheit verknüpften) Schuldgefühle akzeptiert, humaner ist als der Mensch der Gegenwart, der sich ihrer entledigt, indem er sie verdrängt. Der Primitive, der einen Feind tötet, muß diese Handlung in das Ganze seiner psychischen Welt einordnen, während in unserer Kultur der Soldat, der einen Menschen umbringt, jede persönliche Verantwortung leugnet und die unvermeidlichen psychisch-affektiven Auswirkungen seiner Tat verdrängt.

Der natürliche Zustand des Menschen ist der Konflikt, der Konflikt zwischen dem Ich und den Gegebenheiten der äußeren Wirklichkeit, zwischen dem Ich und der inneren Wirklichkeit.

Je mehr ein Mensch sich seiner verschiedenen Konflikte und ihres Ursprungs kritisch bewußt ist, je mehr er bereit ist, sie zu akzeptieren[103], je bewußter er den Konflikt und die mit ihm verbundene innere Spannung *als Zustand* akzeptiert, je besser er seine frühen und gegenwärtigen inneren und äußeren Konflikte verarbeitet[104], um zu anders gearteten Konflikten fortzuschreiten, durch die sich seine Abhängigkeit verringert, desto mehr kann man von Weiterentwicklung, Fortschritt, Befreiung sprechen.

Wenn aber auch das Modell der Versklavung – der seinen Phantasien völlig ausgelieferte Säugling[105] – und der schrittweisen Befreiung individueller[106] Art ist, so bestehen doch zahlreiche Verbindungen zwischen dem Individuellen und dem Sozialen. Nämlich:

Schon seit den Anfängen der Menschheit hat sich jede Macht, die es auf ökonomisch-politische Versklavung anlegte, der Konditionierung auf Autorität bedient.

Offenbar ist immer – zumindest seit der neolithischen Revolution – eine Veränderung der Produktionsverhältnisse nötig, damit in dem so bewirkten ideologischen Hiatus eine gewisse Entkonditionierung des Autoritätsreflexes stattfinden kann.

Der Fortschritt zu größerer psychisch-affektiver und individueller Freiheit ist untrennbar mit dem Fortschritt zu größerer ökonomischer und politischer Freiheit verbunden.

Jede Zeit setzt, aufgrund ihrer eigenen Begrenztheiten, diesem «Weg des Fortschritts» bestimmte Grenzen.

Wenn ich von einem «Weg des Fortschritts» der Menschheit spreche[107], versteht sich von selbst, daß es sich dabei keinesfalls um eine «naturgegebene» Evolution oder um eine historische Notwendigkeit handelt. Eine Veränderung der Produktionsverhältnisse, die einen ideologischen Hiatus und eine teilweise Entkonditionierung mit sich bringt, kann sowohl einen Fortschritt als auch einen Rückschritt zu noch autoritäreren Zwängen (wie beispielsweise zum Nazismus) einleiten.

Bei der Entscheidung für die fortschrittliche oder rückschrittliche Lösung wirken sehr viele Faktoren zusammen. Wesentliche Elemente sind dabei die Erziehung innerhalb der verschiedenen sozialen Schichten, der Entwicklungsstand ihres Klassenbewußtseins, ihre politische Reife. Eine genaue Analyse der Situation und der beteiligten Machtfaktoren ist nicht minder wichtig. Ich gebrauche allerdings den Terminus «politisch» in einem umfassenderen Sinn, als das im allgemeinen geschieht: eine politische Analyse, die nicht auch die Erziehung und psychisch-affektive Faktoren einbezieht, halte ich für sehr unzulänglich.

Schließlich noch zu einer letzten Verbindung zwischen dem Individuellen und dem Sozialen: es kann, wie ich glaube, für das Individuum keine – innerhalb der Möglichkeiten seiner Epoche – vollständige psychisch-affektive Befreiung geben ohne seine Teilnahme an den politischen Auseinandersetzungen.

Nachdem die Begriffe «Fortschritt» und «Befreiung» wenigstens teilweise definiert sind, wäre die Frage zu beantworten, inwiefern das Offenlegen von Konflikten und der Verlust von Illusionen als Fortschritte anzusehen sind.

Als erstes wäre zu sagen, daß an dem Unbehagen oder dem Unglück des modernen Menschen nicht das systematische Offenlegen von Konflikten schuld ist, sondern der Gebrauch, den eine Minderheit von Besitzenden von den Errungenschaften der Naturwissenschaft gemacht hat und macht. Damit ist einer agraren und handwerklichen Kultur ein Ende bereitet und eine industrielle und technologische Revolution in Gang gesetzt worden, die das komplizierte System von Institutionen, Verschleierungen und sozialen Prothesen zerstört hat oder noch zerstört, mit deren Hilfe es dem Menschen bisher gelungen war, seine Konflikte zu ignorieren und schlecht und recht in seiner jeweiligen Gesellschaft zu leben[108].

Heute steht der Mensch dem Staat und sich selbst allein, wehrlos, schuldbeladen und unglücklich gegenüber ohne die Möglichkeit, die Widersprüche seiner Zeit zu begreifen, weil ihn die Erziehung, die er empfing, nicht dafür ausgerüstet hat. Er leidet zwar unter seinem unglücklichen Zustand, kann aber die Gründe dafür nicht beim Namen nennen.

Mit anderen Worten: hier liegt eine pathologische Situation vor, die leicht zu einer pathologischen Lösung – zum Faschismus – führen könnte[109].

Es gibt also keine dringendere Aufgabe als zu versuchen, die Konflikte offenzulegen und mögliche Lösungen, aber auch die dabei auftauchenden Gefahren aufzuweisen.

Entweder «profitiert» das Individuum von der gegenwärtigen Situation, der Kulturkrise, und nimmt wenigstens teilweise die verlorene Selbstliebe und die auf die sozialen Vaterfiguren delegierte politische Macht zurück und zugleich auch die – dann sicher weniger starke – Aggressivität, die es bislang auf andere nach außen projizierte (Xenophobie, Rassismus usw.), oder es wird von einem neuen Faschismus ausgelöscht werden.

Es ist übrigens nicht gesagt, daß unter einem faschistischen Regime der einzelne, der sich die Pharmakologie, Gruppen- und Resozialisierungstherapie zunutze macht, nicht glücklich sein könnte[110].

Auf alle Fälle sind die traditionellen Lösungen der individuellen und gesellschaftlichen Konfliktverschleierung – wie etwa der Krieg – heute unmöglich geworden, ein Punkt, auf den Franco Fornari nachdrücklich hinweist.

Es ist dagegen denkbar, daß die Errungenschaften der Wissenschaft, die *im Bereich der äußeren Wirklichkeit* den Menschen von einigen Seuchen und Krankheiten und in Teilen der Erde von Hungersnöten befreit und seine Lebenserwartung erhöht haben, ihm auch helfen können, sich (mit Hilfe der Psychoanalyse) von seiner unglücklichen Situation im inneren wie im politischen Bereich zu befreien.

Die Konflikte haben sich gegenwärtig aufs äußerste zugespitzt, werden aber nicht wirklich bewußt und schon gar nicht gemeistert. Es geht nun nicht darum, Konflikte aus Lust am Skandal und am Provozieren oder aus intellektuellem Sadismus aufzudecken, sondern weil sie nur so, meine ich, zu meistern und unter Kontrolle zu halten sind.

Es versteht sich von selbst, daß ich mich, wenn ich Ethnologe wäre, nicht daranmachen würde, glücklichen «Wilden» ihre Projektionen zu erklären. Beim modernen westlichen Menschen jedoch, dem, wie es scheint, nur noch die Wahl bleibt zwischen der bedingungslosen Unterwerfung unter einen Diktator und dem «Fortschritt» zu seiner eigenen Befreiung, liegt der Fall ganz anders. Ich wiederhole aber: der Mensch ist auf seine Autonomie und für den Gebrauch seines kritischen Bewußtseins in keiner Weise vorbereitet worden, ganz im Gegenteil. Das Sinnvollste, was er für sich selbst tun könnte, wäre vielleicht, den Kindern und Jugendlichen dazu zu verhelfen, es im Erlernen der schuldhaften Freiheit weiterzubringen, als es ihm selbst bisher erlaubt war.

Das ist eine erste – unsystematische und augenblicksbezogene – Antwort auf die Frage, warum Entkonditionierung des Autoritätsreflexes, Demaskierung der Illusionen und kritisches Bewußtmachen individueller Konflikte hier mit Fortschritt gleichgesetzt werden.

Was die gegenwärtige Situation so gefährlich macht, ist (neben der Tatsache, daß die traditionellen Methoden der Konfliktabwehr nicht mehr existieren[III]) ein Mangel an kollektiver Reife, die den Menschen instand setzen würde, seine Schuldgefühle, seine Konflikte, seine Freiheit auf sich zu nehmen. Ohne im mindesten darauf vorbereitet zu sein, stehen Jugendliche und Erwachsene *gemeinsam* einer Kulturkrise bisher noch nie gekannten Ausmaßes gegenüber. Daher ist für beide die Versuchung, die Ursache ihrer Nöte im jeweils anderen zu suchen, fast unwiderstehlich.

Wenn ich die Situation der totalen biologischen und psychisch-affektiven Entfremdung des Säuglings Versklavung nenne, so ist Fortschritt für mich gleichbedeutend mit den späteren, insbesondere neuro-physiologischen und motorischen Reifungsphasen.

In diesem Sinn hat sich der gesamte psychisch-affektive und politische Befreiungsprozeß nur auf der Basis der psycho-motorischen Entwicklung entfalten können. Unlustgefühle sind leichter zu überwinden, wenn man sich das, was man braucht oder wünscht, handelnd selbst verschafft, als wenn man sich Tagträumen überläßt. Wenn das Wort «wer schläft, der ißt» auch stimmen mag, so kommt doch einmal der Augenblick des Erwachens, in dem der Hunger sich stärker als zuvor bemerkbar macht.

Die Tragödie des Menschen besteht vor allem darin, daß er im Unbewußten die Tatsache seines Wachsens und Sich-Entwickelns notwendig als Folge einer zuerst gegen die Mutter, dann gegen den Vater gerichteten Aggression erlebt. *Daher bleibt in jedem Fall, selbst in der besten aller Gesellschaften, ein unauslöschlicher Rest von Schuldgefühl.*

Der gleiche Tatbestand anders gesehen: *das die Entwicklung und Reifung des Menschen Hemmende ist das ursprüngliche, bleibende Schuldgefühl, zu dem sehr bald das kulturelle Schuldgefühl hinzukommt.* Bestimmte ins Unbewußte abgesunkene Elemente der frühkindlichen Phantasiewelt behindern die aus der Entwicklung der Psycho-Motorik sich ergebenden psychisch-affektiven Möglichkeiten. Übertreibend könnte man sagen: das Phänomen der Versklavung gehört der (von Primärprozessen beherrschten) Welt der unbewußten

Phantasien an, die Befreiung dem Bereich der Psycho-Motorik (aus dem die Sekundärprozesse hervorgehen). Die dem Menschen eigentümliche Problematik ergibt sich also wesensmäßig aus seiner Existenz zwischen diesen beiden Welten; die eine oder die andere kann die Oberhand gewinnen, aber beide müssen gleichermaßen vom Menschen akzeptiert werden, wenn er nicht gerade durch das, was er zu verdrängen sucht, z. B. die Aggressivität, beherrscht werden will. Darum behaupte ich, daß der Konflikt der natürliche Zustand des Menschen ist: der Konflikt zwischen der unbewußten inneren Wirklichkeit – der Welt des schrankenlosen Begehrens – und der frustrierenden, weil Grenzen setzenden äußeren Wirklichkeit. Das Ich hat nicht die Aufgabe, diesen Konflikt aufzulösen – denn er ist nicht auflösbar –, sondern ihn zu ertragen, mit ihm zu leben. Das Ich des modernen Menschen scheint allerdings im Augenblick nicht in der Lage zu sein, mit dem Konflikt, dessen sich bisher die gesellschaftlich kulturellen Institutionen annahmen, fertigzuwerden.

Der Befreiung vor der Versklavung den Vorrang geben heißt, wie man sieht, nichts anderes, als auch auf diesem Gebiet eine wissenschaftliche Haltung einnehmen. Nicht magische Beschwörung, nur der wissenschaftliche Zugang zu den menschlichen Problemen kann zur Befreiung führen[112]. Der Mensch müßte die Prozesse der Projektion und der Idealisierung in ähnlicher Weise beherrschen lernen, wie er die Gravitation zu meistern gelernt hat. Nicht dadurch, daß er die Schwerkraft ignorierte, hat er Flugzeuge zum Fliegen gebracht, sondern indem er sie in seine Berechnungen einbezog. Nicht dadurch, daß er sein Schuldgefühl und seine Aggressivität verleugnet, wird sich der Mensch davon befreien, sondern indem er sie besser kennen- und handhaben lernt.

Von Fortschritt, Befreiung, Humanität sprechen heißt unter diesem Aspekt also nicht eine auf fromme Wünsche, Restbestände religiösen Denkens begründete ethische Entscheidung treffen. Die Prozesse, von denen hier im Hinblick auf eine mögliche Humanisation die Rede ist, sind in der biologischen Substanz des Menschen angelegt. Versklavung und Befreiung sind für mich keine über den Wolken thronende oder im Leeren schwebende Begriffe, sondern mit ihnen treten auf individueller und gesellschaftlicher Ebene die Trugbilder

schaffenden Schuldgefühle, beziehungsweise die psycho-motorische Aktivität konkret in Erscheinung. Aber, um es noch einmal zu sagen, der Konflikt zwischen diesen beiden Systemen wird so lange bestehen wie das menschliche Leben selbst.
Mit anderen Worten: diese dramatische, tragische Situation, die Dimension des Konflikts, ist das Kennzeichen des Humanen.
Man kann auch einen der Konfliktpole ausschalten. Sehen wir uns das Ergebnis an.
Der Drogensüchtige schaltet die Sphäre der psycho-motorischen Aktivität, des Handelns, des kritischen Bewußtseins aus. Er versinkt in ein seliges Nirvana, entzieht sich so der tragischen Situation und stirbt zuerst als humanes Wesen und dann als biologisches Lebewesen ab.
Ein in der Wolle gefärbter Nazi – z. B. Eichmann – schaltet (psychisch) die Sphäre der unbewußten Schuldgefühle aus, indem er das Recht zu entscheiden, auszuwählen, zu befehlen auf seine Führer delegiert; er macht sich zum Teil einer wohlfunktionierenden Maschinerie aus Fleisch und Blut, entzieht sich damit dem Konflikt und verläßt, nach meiner Definition, den Bezirk des Humanen.
In beiden Fällen erreicht die Versklavung ein Maximum: die Versklavung durch Trugbilder (der Drogensüchtige ist faktisch eine Art von Säugling) oder die Versklavung durch eine uneingeschränkte Autorität.

Mir scheint, viele «Revolutionäre» sehen die Gegenwart als ein bloßes Vorspiel zu einem bevorstehenden Fest an. Die Wirkungslosigkeit ihres Tuns, das Fehlen von theoretischer Reflexion dürften ein Hinweis darauf sein, wie sehr sie, unbewußt, spüren, daß ihre Aktivitäten zum Scheitern verurteilt sind. Zutiefst in ihrem Innern lebt die Vorstellung, daß nach dem Vorspiel ein starkes faschistisches Herrschaftssystem auftreten wird, zu dem sie sich entweder bekennen werden oder das sie unter sich begraben wird.
In ihrer frühen Kindheit wurden sie von der Autorität geprägt, haben sich ihr jedoch später als Jugendliche entzogen und müssen sich nun mit einem unbewußten Schuldgefühl gegenüber der Autorität, die sie vernichten wollten, herumschlagen. Bei diesem Kampf mit

einer unbewußten archaischen Aggressivität bleibt ihnen nichts anderes übrig, als eine äußere Autorität zu Hilfe zu rufen, die ihnen unüberschreitbare Grenzen setzt. Viele ihrer Verhaltensweisen werden von dem Wunsch bestimmt zu beweisen, daß Autorität nichts als Gewalt ist, zugleich aber auch von dem Wunsch, letzten Endes doch von der Autorität, die sie provoziert haben, «mattgesetzt» zu werden. Indem sie so die latente Gewalttätigkeit unserer Gesellschaft auf sich ziehen, verschaffen sie sich gewissermaßen ein Äquivalent für die Einweihungsriten, die in der technischen Revolution verlorengegangen sind.

Sowohl die Tendenz zum Scheitern – Wirkungslosigkeit der Aktivitäten, Fehlen von theoretischer Reflexion – als auch die selbstzerstörerischen Tendenzen – Zerfall in Gruppen und Grüppchen, quasi selbstmörderische Entscheidungen – lassen sich daher als Folgen eines unbewußten verdrängten Schuldgefühls verstehen, das sich in verheerender Form wieder Geltung verschafft. Ein Beweis mehr, sofern es dessen noch bedurfte, daß Konflikte mit ihren Widersprüchen nur verarbeitet werden können, wenn man sie bewußt macht.

Ich für meinen Teil wünsche uns kein kurzes autoritäres Vorspiel, nach dem dann die Gewalt wieder das «Zepter» ergreift; ich hoffe vielmehr, daß unsere Epoche den gegenwärtigen ideologischen Hiatus nützt, um auf dem Weg zur Befreiung eine echte neue Etappe zu erreichen.

Um wahrhaft ein Fortschritt in unserm Sinn zu sein, müßte diese neue Etappe die Entkolonisierung des Kindes herbeiführen.

Unter diesem Aspekt wird, wie ich meine, die Revolution unserer Zeit auf pädagogischem Gebiet stattfinden oder überhaupt nicht.

Nicht daß sie *ausschließlich* auf pädagogischem Gebiet stattfinden könnte und müßte; wenn sie aber nicht auch den Status des Kindes tiefgreifend verändert, werden alle Fortschritte, alle neuen Gesetze, so weitreichend und nützlich sie im übrigen sein mögen, wirkungslos bleiben.

II. Das Phänomen Konflikt als neuer Wert und als neuer Konsens zwischen Individuum und Gesellschaft

1. *Verwirklichung und Nicht-Verwirklichung des Möglichen*

Was in jeder einzelnen Epoche an Humanem tatsächlich hinzugewonnen, erobert wurde, d. h. das Maß an psychisch-affektiver und sozio-politischer Befreiung, entspricht nicht notwendig dem, was hätte sein können. Mögliches wird verwirklicht oder auch nicht. Man könnte andererseits sagen, der Terminus «möglich» sei hier fehl am Platz: denn ist die Tatsache, daß sich die Fessel der Versklavung nicht um einen Zoll gelockert hat, nicht gerade der Beweis dafür, daß ein Fortschritt zur Befreiung hin unmöglich war?
Mit der Formulierung «Mögliches hat sich nicht verwirklicht» soll nur gesagt sein, daß zwar eine Menge günstiger Faktoren zusammentrafen, das nachweisliche Ausbleiben eines Fortschritts jedoch darauf zurückzuführen ist, daß die progressiven Kräfte innerhalb der Gesellschaft nicht im wünschenswerten Sinn wirkten, daß beispielsweise die regressiv orientierten Kräfte unterschätzt wurden. Eine genaue Analyse der politischen Situation in Deutschland um 1930 – oder in Rußland um 1920 – hätte die Methoden mit einzubeziehen, nach denen die Erwachsenen, die Bürger erzogen worden waren. Auf der anderen Seite ist es genauso unmöglich, den Widerstand eines beträchtlichen Teils der amerikanischen Jugend gegen den Vietnamkrieg zu begreifen, wenn man nicht die liberalen Erziehungsmethoden in den USA berücksichtigt.
Im allgemeinen läßt jedoch die politische Situationsanalyse die Erziehungsfaktoren außer acht.

2. *Humanisation und Werte*

Es steht außer Frage, daß zwischen dem, was ich «human» nenne – die Humanisation des Menschengeschlechts – und dem, was allgemein unter Werten verstanden wird, zahlreiche Verzahnungen bestehen. Es ist schon seit meinen ersten Arbeiten eines meiner erklärten Ziele, für die Werte eine materialistische Begründung zu finden, ihre Existenz auf etwas diesseits jeder Metaphysik und Transzendenz zurückzuführen. Ich wundere mich immer wieder, wenn ich sehe, mit welcher Leichtigkeit Atheisten in ihrem Vokabular großzügig Wertbegriffe verwenden – Recht, Gerechtigkeit, Freiheit, Menschenwürde – oder sie in Denksysteme einbauen, ohne sich auch nur im mindesten Rechenschaft darüber abzulegen, worauf die Gültigkeit solcher Wertbegriffe beruht: und selbst wenn sie nur dem eigenen Wunschdenken entstammten, woher kommt dann dieser Wunsch? Wenn man die Werte nicht nach ihrer soziologischen und psychisch-affektiven Verwurzelung hinterfragt, nimmt man sie einfach als ein «An-sich-Seiendes», ja fast als Naturgegebenheiten hin.

Der Standpunkt, den ich einnehme, bewahrt mich, wie ich glaube, davor, Humanität oder Werte als etwas Relatives zu interpretieren und damit z. B. einen «Fortschritt» für möglich zu halten, der mit einer Schwächung oder mit dem Verschwinden der Werte Hand in Hand ginge.

Genau genommen heißt das, daß nach meiner Auffassung die Werte im Zuge der fortschreitenden Humanisation entstehen. Sie haben also eine Genese, sie haben Geschichtlichkeit. Sie sind keine präexistenten, in der menschlichen Erbmasse angelegten Strukturen; sie sind aber auch nicht das Ziel, das Endergebnis, dem irgendeine Finalität zustrebt.

Wenn sie einmal dank der Entwicklung innerer und äußerer Umwelt-Bedingungen – wahrscheinlich in einer bestimmten Reihenfolge – aufgetreten sind, können sie sehr wohl auch später wieder verschwinden oder doch zurücktreten: man könnte vielleicht von einer möglichen axiologischen Regression sprechen.

Sie sind also unmittelbar von der Entwicklung innerer und äußerer Faktoren abhängig, aber nicht allein von ihnen. Damit soll gesagt sein, daß jeder «Fortschritt» sich *auf der Grundlage* der bis dahin erreichten Etappen und zugleich in Abhängigkeit von den genannten Faktoren vollzieht. Der «Fortschritt» wird also durch sein Verhältnis zu zwei verschiedenen Parametern bestimmt, einem vergangenen (die alten Werte) und einem gegenwärtigen (die Weiterentwicklung bestehender oder das Auftreten neuer Werte).

Mit anderen Worten: Fortschritt im Bereich der Humanisation, axiologischen Fortschritt kann es nur geben, wenn die alten bereits erworbenen Werte bewahrt oder in ein umfassenderes axiologisches Ganzes integriert werden. Ist einmal ein bestimmtes Stadium erreicht, kann man z. B. in dem Augenblick nicht mehr von Fortschritt reden, wo zu seinen Begleiterscheinungen die Beschränkung oder Abschaffung der persönlichen Freiheiten oder die Einführung einer neuen, größeren Ungleichheit gehören würden. Doch betrachten wir diese These noch etwas genauer.

3. *Das Schaffen neuer Werte*

Von der hier bezogenen Position aus ist zu sagen, daß – *wenn überhaupt* es einen axiologischen Fortschritt oder einen Fortschritt zu größerer Humanisation gibt – er neue Werte schaffen muß und dies sozusagen in Permanenz. Welcher Art diese neuen Werte sein können oder könnten, entzieht sich unserem Vorstellungsvermögen. Es scheint mir jedoch, daß der neue Wert, der sich unter den Bedingungen der Gegenwart realisieren ließe, der Konflikt sein könnte und zwar der Konflikt in einem ganz bestimmten Sinn: nicht nur als dynamischer Wert, sondern als Wert an sich, insofern er die Verschleierung eines der aktuellen Antagonismen verhindert.

Kommen wir aber noch einmal auf unseren Ausgangspunkt zurück. Ich hatte gesagt, man erkenne Humanisation daran, daß die axiologischen Veränderungen den alten Werten uneingeschränkten Raum gewähren oder sie in ein größeres, vollständigeres Ganze integrieren.

So bedeutet die bilaterale vertragliche Bindung des Lehnsverhältnisses gegenüber den autoritären Bindungen vom Typ Familie einen Fortschritt. Zunft- und Lehnswesen sind beide gegenüber den Verwandtschaftssystemen ein Fortschritt hinsichtlich der Entkonditionierung des Autoritätsreflexes und der damit verbundenen Entstehung eines neuen, weniger autoritären, psychisch-affektiv und soziologisch weniger versklavenden sozialen Konsens.

Mit dem auf Gleichheit basierenden Vertrag der Bürger, der Gemeinde wird dann wiederum ein Fortschritt gegenüber dem Lehnsvertrag erreicht. Die politische Gleichheit der Bürger löschte die ererbten oder erworbenen hierarchischen Unterschiede aus – die allerdings in Gestalt von ökonomischen Unterschieden wieder auftauchten.

Die spätere, wenn auch gewiß mehr formale als reale Ausweitung der politischen Gleichheit auf alle Klassen im neunzehnten Jahrhundert, zumindest in Frankreich, ist noch einmal ein Fortschritt.

So würde es auch einen neuen, ohne Frage wesentlichen, die Gesellschaft tiefgreifend verändernden Fortschritt bedeuten, wenn das Stadium der ökonomischen Gleichheit erreicht würde. Es muß festgestellt werden, daß es bisher noch keiner Gesellschaft gelungen ist, dieses Ziel zu verwirklichen. Die sozialistischen Länder haben zwar die ökonomische Gleichheit hergestellt – indem sie das Privateigentum abschafften und es dem von einer Minderheit politischer «Eigentümer» manipulierten Staat anvertrauten –, doch um den Preis der gesetzlich garantierten Freiheiten. Also keine gerechte Verteilung des Reichtums oder kollektive Verwaltung des Reichtums, sondern Monopolisierung des Reichtums durch den Staat; nicht Fortschritt auf dem Gebiet der politischen Freiheit, sondern eindeutig und unbestreitbar ein Rückschritt.

Es ist eines der Ziele der vorliegenden Studie darzulegen, daß der seit dem neunzehnten Jahrhundert von Millionen von Menschen unternommene Versuch, ökonomische Gleichheit und parallel dazu politische Gleichheit zu verwirklichen, wenigstens teilweise deshalb scheitern mußte, weil die politischen Analysen den psychisch-affektiven und pädagogischen Problemen nicht genügend Beachtung schenkten. – Jeder axiologische Fortschritt ist daher heute unmöglich, wenn ihm nicht eine pädagogische Revolution voraufgeht und ihn begleitet, eine pädagogische Revolution, die das Kind dem Erwachsenen gleichstellt.

4. *Gleichheit als Wert*

Warum aber Gleichheit? Und mit welchem Recht kann sie im Entwicklungsschema der Humanisation – von der totalen Versklavung zur Freiheit[113] – als ein Wert angesehen werden?

Mindestens aus zwei Gründen.

Vor allem, weil durch sie das Subjekt das größtmögliche Maß an Autonomie erhält, das sich mit dem Zusammenleben in einer Gemeinschaft vereinbaren läßt. Die hierarchische Struktur leitet sich, wie wir sahen, aus dem Kräfteverhältnis des Verwandtschaftssystems, aus der Abhängigkeit des Säuglings oder Kleinkindes her. Der Status der Gleichheit hebt die Folgen dieses Kräfteverhältnisses auf. Dieses Abhängigkeitsverhältnis führte aber für den Ausbeuter ebenso wie für den Ausgebeuteten zur Entfremdung. Beim Ausgebeuteten ist das so offensichtlich, daß man nicht eigens darauf hinweisen muß. Der Ausbeuter aber wird dadurch auf psychisch-affektiver Ebene auf die alte Erwachsenen-Kind-Beziehung festgelegt. Der Arbeitgeber nimmt, bewußt oder unbewußt, dem Arbeiter gegenüber die gleiche Stellung ein wie der Vater oder die Eltern gegenüber den Kindern. Diese Situation verstärkt aber, wie wir sahen, seine eigene frühkindliche Konditionierung auf Autorität, reaktiviert den bedingten Reflex, der sich damals gebildet hat. Deshalb verkörpert der Arbeitgeber zwar Autorität, ist aber seiner inneren Autorität im eigenen Unbewußten nicht weniger unterworfen. Ja kein Mensch unterwirft sich so rückhaltlos wie gerade er den Zeichen der Autorität: das Dekor, der Apparat, die zur Schau gestellten äußeren Insignien der Autorität wirken auf ihn wie intensive elektrische Reize. Er ist zu einem Menschen geworden, der buchstäblich, in bestimmten Bereichen, auf bloße bedingte Reflexe reduziert ist.

Schon deshalb erscheint der Gleichheitsstatus für alle und in allen Bereichen als einziges Mittel, die Folgen der frühen biologischen und affektiven Abhängigkeit des Säuglings einzudämmen, und damit stellt er einen universalen Wert dar.

Zweitens ist Gleichheit insofern ein Wert, als sie im Widerstreit der mächtigen narzißtischen Strebungen der Individuen der einzige Kompromiß ist, der keinen zur Unterwerfung zwingt.

Die Unvollkommenheit des einzelnen – für die der Befreiungsprozeß einen Ausgleich schaffen soll – ist der Grund dafür, daß jeder den anderen, die anderen braucht und sucht. Der Gleichheitsstatus ist in dieser Situation des Bedürfens und Suchens die einzige Garantie dafür, daß nur ein Minimum an Aggression und Gewalt betätigt wird. Dieser Status ist der einzige, der es den beiden betreffenden Parteien ermöglicht, die alte, in jedem Herrschaftsverhältnis wieder aktualisierte, auf Ungleichheit beruhende Erwachsenen-Kind-Beziehung (mit ihren unbewußten Nebenwirkungen) zu überwinden. Man sieht, wie dieses zweite Moment das vorige in gewisser Weise ergänzt. *Insofern Gleichheit die Gegenposition bildet zur früheren totalen Ungleichheit zwischen Säugling, bzw. Kleinkind und Erwachsenem, ermöglicht sie die Eindämmung der psychisch-affektiven Folgen der Abhängigkeit, nämlich die Eindämmung der Frustration, der Aggressivität, der intellektuellen Retardierung, des Schuldgefühls.*

Da jede auf Ungleichheit basierende Situation einen archaischen Zustand reaktiviert und zugleich die Selbstliebe des Subjekts frustriert, erzeugt sie notwendigerweise einen Aggressionsüberschuß, der entweder auf das Subjekt selbst abgeleitet werden muß (z. B. Masochismus) oder nach außen: Gewalttaten, Kriege usw.

So läßt sich unabhängig von jedem metaphysischen oder religiösen Glaubenssatz (der bekanntlich das Opfer des Gottessohnes *für jeden einzelnen* zum Inhalt hat) Gleichheit als Wert begreifen.

Abhängigkeit, Ungleichheit, Unterwerfung stehen in radikalem Gegensatz zu der – beim Menschen ohnehin mehr als bei anderen Lebewesen frustrierten – Selbstliebe. Eine teilweise, fortschreitende Zurücknahme der Selbstliebe müßte also auf dem Weg über immer größere Gleichheit der Menschen untereinander erreicht werden. *Humanisation, Befreiung, Geburt der Werte, «Fortschritt» stellen gewissermaßen die Dimensionen dar, in denen sich die Zurücknahme der Selbstliebe vollziehen kann.* Da sich aber die äußeren und inneren Bedingungen verändern, müssen auch diese Dimensionen sich entwickeln, um den Veränderungen der gesellchaftlich-politischen, ökonomischen oder technologischen wie auch der psychisch-affektiven Unterdrückung gewachsen zu sein.

Kein Sieg ist jemals endgültig.

Auf alle Fälle kann als sicher gelten, daß sich jede Ungleichheit zerstörerisch auswirkt. Je subalterner etwa der Status der Frau gegenüber dem des Mannes ist, desto mehr versucht sie, ihre Frustration mit der psychologischen Kastration des männlichen Kindes zu kompensieren. Daraus folgt weiterhin das Bestreben, den männlichen Erwachsenen politisch und psychisch-affektiv zu unterjochen, was wiederum kompensatorische Aggressivität auf seiten des Mannes auslöst: Gewalttätigkeit (besonders gegenüber Frauen), Kriege. So läßt sich mühelos verfolgen, wie sich die Kettenreaktion von Frustration zu Frustration, von aggressiver Kompensation zu aggressiver Kompensation fortpflanzt.

Unter dem Gesichtspunkt der reinen Nützlichkeit ist die Bilanz des Status der Ungleichheit also negativ, zerstörerisch. Der Gleichheitsstatus jedoch ermöglicht, *vorausgesetzt, daß ein sozialer Konsens besteht,* ein Höchstmaß an konstruktiven Ergebnissen.

Der bürgerliche Staat, der die politische Gleichheit (z. B. der Wahl) duldet, um den Frieden von Handel und Warenaustausch zu sichern, hat das sehr wohl begriffen. Zum Ausgleich hat er jedoch Ungleichheit in ökonomischer Gestalt wieder eingeführt und die Gewaltanwendung zu seinem Vorteil monopolisiert: Polizei, Heer.

5. *Die Erscheinungsform der Werte*

Der Prozeß der Humanisation wird nicht durch irgendeine Finalität oder «historische Notwendigkeit» in Gang gesetzt. Er ist nur eine der unvorhersehbaren Möglichkeiten der menschheitlichen Entwicklung; die totale Versklavung (Orwells *1984*) oder der Untergang der Menschheit (Atomkrieg, bakteriologischer Krieg usw.) sind andere Möglichkeiten. Die Reihenfolge, in der die Werte auftreten, ist wahrscheinlich ziemlich genau festgelegt; anders gesagt: sie determinieren sich, unter gleichen Voraussetzungen, wechselseitig. Auf die hervorragende, entscheidende Bedeutung der technisch-ökonomischen Determinante ist bereits hingewiesen worden. Untersuchungen über die anthropologische und zugleich historische Entstehung der Werte würden wahrscheinlich ein Glied der Kette, die von der technisch-ökonomischen «Infrastruktur» zum sozio-kulturellen «Überbau» führt, erkennbar werden lassen.

So wie es letztlich für Versklavung nur ein einziges Modell gibt, nach dem sich die soziologische, ökonomische, politische Versklavung in aufeinanderfolgenden Schichten ausformt – nämlich den biologisch und psychisch-affektiv total abhängigen Zustand des Säuglings –, so folgt auch Befreiung nur einer einzigen, der Versklavung zuwiderlaufenden Entwicklungslinie. Mit anderen Worten: wenn überhaupt Befreiung stattfindet, so kann sie nur einen einzigen Weg einschlagen: von Wert zu Wert. Noch einmal anders gesagt: in der Gegenwart müßte, wenn meine Analyse stimmt, die Humanisation den Weg zum Wert «Konflikt» hin nehmen – andernfalls wäre der «Fortschritt» blockiert und eine – möglicherweise sehr schnelle – Regression die Folge.

Um rasch ein paar Beispiele anzuführen: der *Habeas-Corpus-Act* konnte nur auf der Grundlage des schon bestehenden Lehnsvertrags Gesetzeskraft erlangen. Da, wo das Lehnswesen nicht bereits den Weg geebnet hatte, z. B. in Rußland, konnte es keinen *Habeas-Corpus* geben. Dort ist der Fortbestand eines Autoritätstyps festzustellen, der dem auf das Verwandtschaftssystem gegründeten gleicht, d. h. einer totalen Versklavung nahekommt.

Ebenso konnte Wahrheit als wissenschaftlicher Wert, das Wahre als Gegenstand experimentellen Nachweises erst auftreten, nachdem ein gewisser Fortschritt in den Naturwissenschaften die elementaren Grundsätze der rationalen Methode verbreitet hatte. Damit konnte Wahrheit als Wert der Offenbarungswahrheit als einer autoritären Versklavung des Geistes entgegentreten.

Der Tod als ein Wert, der im Wechselspiel mit dem Leben der menschlichen Existenz ihre dramatische Bedeutung verleiht, konnte erst nach dem Zerfall der religiösen Illusion, die zum großen Teil dazu gedient hatte, die Idee des Todes zu verleugnen und zu verschleiern, langsam ins Bewußtsein der Neuzeit treten. Die Lehre vom ewigen Leben ist das beste Beispiel dafür, daß es den Wert «Konflikt» bisher nicht gab. Mit dem «ewigen Leben» konnte einer der Konfliktpole verschleiert werden. Die besondere Bedeutung des Konflikts als Wert liegt gerade in jedem einzelnen Fall darin, daß er die Verschleierung eines der beiden antagonistischen Pole verhindert. Es bleibt uns nichts anderes übrig, als uns daran zu gewöhnen, offenen Auges angesichts der Gegensätze (Leben-Tod, Wahnsinn-Vernunft, Individuum-Gesellschaft, Kind-Erwachsener) zu leben, wenn wir nicht als humane Wesen regredieren wollen.

6. *Der Wert als ein dem Kollektivbereich zugehöriges Phänomen*

Hier rühren wir an ein Grundproblem bei der Definition des Wertbegriffs. Kann man auf rein individueller Ebene von Werten sprechen und von der kollektiven Bedeutung der Werte absehen? Mit anderen Worten: kann der Wert etwas anderes sein als ein sozio-kulturelles Phänomen? Nach meinem Dafürhalten nicht.

So ist etwa in dem Gegensatzpaar Leben-Tod der Tod als Wert ein gesellschaftlich-kulturelles Phänomen, das infolge der Entschleierung der religiösen Illusionen gegenwärtig gerade im Begriff ist, auf kollektiver Ebene hervorzutreten. Wahrheit als ein Wert, der sich aus der experimentellen Methode ergeben hat, ist heute, zumindest auf vielen Gebieten, schon fester kollektiver Besitz.

Ein Mensch des sechzehnten Jahrhunderts konnte sehr wohl Atheist sein. Es handelte sich dabei nicht um einen kulturellen Wert, sondern um eine rein persönliche Einstellung. Die Kollektivseele war bis in ihre Tiefen derart von den religiösen Überzeugungen und Bräuchen geprägt, daß jede unorthodoxe Meinung entweder einer rein individuellen Seelenverfassung – Widerspruchsgeist – oder einem höchst ungewöhnlichen Umgang mit der wissenschaftlichen Methode entsprang. In jedem Fall konnte es sich dabei nur um isolierte Erscheinungen handeln[114].

Ein Wert ist, nach meiner Definition, nur das, was die fortschreitende Entkonditionierung des Autoritätsreflexes in das Leben des Kollektivs einzubauen erlaubt. Ich spreche daher ausschließlich von kulturellen Werten.

In der Gegenwart liegt das Problem – ein höchst dramatisches Problem – darin, daß es nicht mehr nur wie in der Vergangenheit darum geht, zu schon vorhandenen Werten einen neuen – in unserem Fall den Konflikt – hinzuzufügen, sondern in einer Zeit, in der die technologische Revolution die sog. «Wertordnung» zum Einsturz gebracht hat, die alten Werte, ja den Begriff des Wertes überhaupt zu erhalten.

Es wäre ein Irrtum zu glauben, diese «Wertordnung» sei auf dem Boden der Autorität errichtet worden. Man kann im Gegenteil der Ansicht sein, daß *alle Werte trotz der Autorität und im Kampf gegen sie errungen worden sind*; sie stellen alle einen Gewinn an Freiheit gegenüber der Autorität dar und haben sich in dem Maß entwickelt, wie die von der Tradition vorgezeichneten Scheinlösungen sich als solche enthüllten: Wahrheit trotz Offenbarung und im Kampf gegen sie; Gleichheit im Kampf gegen die Ungleichheit zwischen Erwachsenem und Kind und die Überlegenheit des Stärkeren, des Großen; Gesetz, Recht und Gerechtigkeit im Kampf gegen die Willkür und Gewalt der Großen usw.

Der *soziale Konsens* basierte weiterhin auf dem Phänomen Autorität. Der *soziale Konsens* kann aber nicht als notwendiger Bestandteil des Wertbereichs angesehen werden. Unter dem Nazismus stand der *soziale Konsens* im Gegensatz zu den Werten.

Ganz allgemein kann man sagen, daß, insofern die Werte Handbreit um Handbreit dem Phänomen Autorität wie die Polder dem Meer abgerungen worden sind, zwischen ihnen und der Autorität ein antagonistisches Verhältnis besteht. Die absolute willkürliche Autorität der Frühzeit, das ist das offene Meer. Die nach und nach relativierte und konstitutionalisierte Autorität, das ist das eingedeichte, nach und nach unterworfene Meer.

So stellte zum Beispiel der monotheistische Gott einen bedeutenden Fortschritt gegenüber den vormonotheistischen Religionen dar, insofern das Mosaische Gesetz in gewisser Weise die Rechte des Individuums garantierte. Die absolute Autorität des übernatürlichen Wesens fand sich durch dieses Gesetz, das eine regelrechte Konstitution, einen Vertrag zwischen Schöpfer und Geschöpf darstellt, eingeschränkt. Von dem Augenblick an, wo es ein Gesetz gibt, sind Willkür und Allmacht außer Kraft gesetzt. Von Gott, selbst wenn er streng ist, als von einem gerechten Gott sprechen kann nichts anderes heißen, als daß Gott den Vertrag, das Gesetz respektiert.

7. *Vermengung der Begriffe «Wert» und «sozialer Konsens» Autorität ist kein Wert, sie ist nur ein sozialer Konsens*

Eines der hervorstechendsten Merkmale unserer Zeit ist die Tendenz, offen oder unausgesprochen mit der Autorität zugleich auch die Werte abzulehnen, so als ob beides zusammengehörte. Zwar besteht tatsächlich ein Zusammenhang zwischen ihnen, aber kein innerer, organischer, sondern ein rein sozio-kultureller, und es gehört zu den dringenden Aufgaben der Gegenwart, ihn aufzulösen, andernfalls wir, worauf ich bereits in *La Révolte contre le Père* aufmerksam gemacht habe, Gefahr laufen, das Kind (d. h. die Werte) mit dem Bad (der Autorität) auszuschütten.

Damit dieser Zusammenhang, zumindest theoretisch, aufgelöst werden kann, müssen die Ursachen seiner Entstehung geklärt werden.

Eine solche Klärung läßt sich, von meinen bisherigen Darlegungen ausgehend, sehr rasch durchführen, sie muß jedoch notwendig bei ontogenetischen und historischen Betrachtungen ansetzen.

Die phantasmatische Beziehung des Säuglings und Kleinkindes zum ersten Objekt, das sich mit ihm beschäftigt, bildet sich unausweichlich im Zeichen der Willkür, der Allmacht, des magischen Denkens. Das im Aufbau befindliche Ich des Säuglings verleibt sich in seinen Phantasien die Quellen seines Lustgewinns ein. Der Begriff des anderen als eines selbständigen Wesens mit eigenen Absichten existiert noch nicht. Man könnte nun sagen, daß diese zugleich phantasmatische und para-objektale Beziehung (denn das Objekt ist noch nicht differenziert und abgegrenzt) des Subjekts zum Objekt sich im Zeichen eines ersten Wertsystems vollzieht, das, ich wiederhole, nur Ausdruck des allmächtigen, willkürlichen, sich magisch realisierenden Wunsches ist. Dieser Wunsch wird auf dem Weg über die Projektion sekundär dem anderen Menschen beigelegt – in dem Maß, wie er sich in der Vorstellung des Kindes zu differenzieren beginnt. Da dieser andere die Mutter ist, wird sie zur Verkörperung des ersten Wertsystems. Sie wird für das Unbewußte des Kleinkindes zu einer allmächtigen, willkürlichen Autorität, sie gilt als jemand, der nach Belieben schenkt oder verweigert[115].

Und schon greift die Gesellschaft ein und zwingt die Frau, sich mit diesem ersten Wertsystem zu identifizieren. Die kulturelle Imago, die diesem frühen Typ der Objektbeziehung, dem ersten Wertsystem entspricht, ist bis auf den heutigen Tag immer eine weibliche Imago gewesen: entweder die Macht des Lebens und der Fruchtbarkeit – die große Mutter der vormonotheistischen Religionen, Demeter usw. – oder die Macht des Todes und der Zerstörung – Hekate, Medea, Kali.

Dieser erste Beziehungstyp – die phantasmatischen Vorstellungen des Säuglings – bildet sich zwar naturnotwendig, für die Verstärkung und Perpetuierung seiner Auswirkungen sorgt aber die Gesellschaft. Sie vollzieht eine Scheidung zwischen der archaischen Welt der auf die Frau, die Mutter projizierten *Phantasien* und der im Mann, im Vater inkarnierten späteren Welt des *Handelns*[116].

Nur in dem Maße, wie die Gesellschaft die entfremdende Aufteilung der Welt der Phantasien einerseits und der Welt des Handelns andererseits auf die «Großen» (die Eltern) schon im vorhinein organisiert hat, besteht für das Kind die Notwendigkeit, die elterlichen Rollen säuberlich zu trennen. Dank der Konditionierung des Autoritätsreflexes ist Selbstliebe nur auf dem Umweg über andere Personen, erst die Mutter, dann den Vater, erlaubt. Dieser Prozeß der projektiven Identifikation ist zwar unvermeidlich, er wird jedoch, wie man sich denken kann, von der Gesellschaft weidlich verstärkt.

Wenn die Erziehung darauf angelegt wäre, dem Subjekt seine unvermeidlichen archaischen Projektionen bewußt zu machen, wenn nicht alle kulturellen Einrichtungen es von frühester Kindheit an unaufhörlich zu Projektionen und Idealisierungen anleiteten, würde, nach meiner Überzeugung, weder die Projektion auf die Eltern noch deren Idealisierung von derartiger Intensität sein. Zwar würden diese Prozesse ganz sicherlich stattfinden, der Grad ihrer Intensität scheint mir jedoch in direktem Verhältnis zu den Imperativen des sozio-kulturellen Milieus zu stehen.

Mit anderen Worten: je mehr man das Kind daran gewöhnt, mit der sozio-kulturellen Vorstellung zu leben, daß die Welt des Archaischen und die Welt des Handelns in ihm selbst sind und in ihm ihren Ursprung haben, desto mehr würde der Unterschied zwischen den elterlichen Rollen an Gewicht verlieren. Da sich heute außerdem, ob man will oder nicht, die Rollen der Eltern immer mehr aneinander angleichen – weil beide, Vater und Mutter, ihren Arbeitsbereich immer mehr außerhalb der Familie haben –, ließe sich mit der institutionalisierten Scheidung zwischen zwei großen Klassen – der Klasse der Kinder und der Klasse der Erwachsenen – ein neues Differenzierungsmoment gewinnen.

Das *Archaische* gehört nicht zur Mutter und das *Handeln* nicht zum Vater, sondern beides gehört zum Menschen; nur ist er gezwungen worden, das erste in sich zu verleugnen und Handeln mit der Vorstellung einer erwachsenen männlichen Person in Verbindung zu bringen.

Die Drohung mit Liebesentzug, mit der die Autorität ihre Stellung festigt, die das Subjekt zeitlebens zu Schuldgefühlen verdammt, es an ständige Unterwerfung unter die Erwachsenen gewöhnt und seine Entfaltung zur autonomen Persönlichkeit hemmt, diese Drohung mit Liebesentzug ist offenbar zu einem großen Teil dafür verantwortlich, daß sich ein Strom von Selbstliebe, von narzißtischer libidinöser Besetzung vom Subjekt auf die anderen ergießt, verantwortlich also für einen Überschuß an Frustration und Aggressivität beim Kind und für die spätere Entfremdung des Erwachsenen. Die Liebe des Kindes zu seinen Eltern wird nicht größer, wenn es gezwungen wird, sich ihnen zu unterwerfen; es scheint nur so, und das Kind selbst glaubt es auch, unbewußt aber entwickelt es eine außerordentlich starke Aggressivität gegenüber seinen Eltern, eine Aggressivität, die es dann sekundär auf die von der Gesellschaft zu Feinden deklarierten Menschen oder auf elterliche Ersatzpersonen projiziert.

Wir hatten (z. B. in Zusammenhang mit Hitler) gesehen, daß dank der sozio-kulturellen Suggestion die allmächtige Autorität im Unbewußten ihre Entsprechung in archaischen Mutterbildern hat. Der Nazismus kann also als eine *Regression* vom zweiten Wertsystem auf das erste und von einer «konstitutionalisierten» auf eine Autorität der Willkür angesehen werden.

Eine Regression: denn in den Gesellschaftssystemen des Westens, den Vatergesellschaften, verkörpert die Person des Vaters die Autorität: Gottvater, der König, der Vater als Familienoberhaupt.

Die Autorität ging also von der Mutter auf den Vater über,

genauer gesagt, von der archaischen Mutter-Imago, von der Mutter im Unbewußten, auf den Vater, wie er sich dem Bewußtsein darstellte. Man kann sich vorstellen, daß ein großer Teil der sozio-kulturellen Institutionen die Aufgabe hatte, dieses äußere Bild der Autorität zu stützen und es abzusichern gegen den Wirkensbereich der archaischen Mutterbilder im Unbewußten. Es ist bezeichnend, daß oft gerade in Gesellschaften, wo die soziale Rollenverteilung in auffälliger Weise die Männer begünstigt – in Italien z. B. – die tatsächliche Macht in der Familie in Händen der Frauen ist, während der Mann in diesem Bezugssystem in Wirklichkeit nur ein schwaches, launenhaftes, aggressives großes Kind ist. Kurz, je mehr die Gesellschaft die Frau zwingt, den archaischen Bereich zu repräsentieren und je mehr sie ihr einen sozial unterprivilegierten Status zuweist, desto größer wird die Macht, die der Frau im Unbewußten beigelegt wird, desto größer wird die Angst vor der Frau. Wir sehen hier eine Form der Rückkehr von Verdrängungen am Werk.

Im Grunde, im Bereich der unbewußten Phantasien, wird die Macht des Vaters als Ergebnis der Entmachtung der Mutter erlebt. Es ist bezeichnend, daß in den Wandmalereien des Neolithikum die Zeichen für Frau und Verwundung immer in Verbindung miteinander auftreten. Die berühmte «Kastration der Frau» ist meines Erachtens nur die sozio-kulturelle Konsequenz des Entstehens einer Vaterkultur. Was bedeutet das?

In der Frühzeit der Menschheit herrschte der erste, der phantasmatische Beziehungstyp mit seinen sich ständig vollziehenden Projektionen. Da die Mutter das erste Objekt ist, das sich mit dem Kind beschäftigt, mußten die den Menschen umgebenden, von ihm nach außen projizierten übernatürlichen Wesenheiten notwendig ihren bildhaften Ausdruck in weiblichen Vorstellungsgestalten des Unbewußten finden.

Es ist denkbar, daß der Mensch die zunehmende Beherrschung seiner Umwelt als Angriff auf diese weiblichen Urbilder, als Kastration der Frau erlebte. Er begründete seine Vormachtstellung mit dem Hinweis auf den auffälligsten Unterschied zwischen Mann und Frau: den Penis. Wahrscheinlich mußte die Entwicklung der Menschheit notwendig in diesen aufeinanderfolgenden Phasen verlaufen.

Es ist jedoch anzunehmen, daß in dem Maß, wie es dem Menschen gelingt, sich des illusorischen Charakters seiner phantasmatischen Schuldgefühle bewußt zu werden (in Wirklichkeit hat er ja, indem er die Natur ausbeutete und zwangsläufig das Penissymbol inthronisierte, die Mutterbilder weder angegriffen noch verletzt), diesem gespensterhaften Kartenhaus der Boden entzogen wird. Der Mutterschoß als Bild des Archaischen und der Penis als Bild des Anti-Archaischen gehören als solche nicht zum genetischen Erbe des Menschen.

Wenn von Anfang an Erziehung und kulturelles Ambiente den Menschen darüber aufklären, daß Archaisches (sagen wir: das erste Wertsystem) in ihm lebt und dann in Zusammenhang mit der sich entfaltenden Psycho-Motorik eine Entwicklung stattfindet, und wenn die Erziehung diese Entwicklung fördert und nicht mit Schuldgefühlen belastet, wird vermutlich das unbewußte Mutterbild sehr viel weniger schrecklich erscheinen und das Penissymbol weniger Chancen haben, überbewertet zu werden.

Um sich von ihrem Schuldgefühl zu befreien und ihren inneren Konflikt loszuwerden, hat die Menschheit die Projektion und Idealisierung institutionalisiert.

Aber damit machte sie sich zum Opfer ihrer selbstgeschaffenen Trugbilder.

Ich fasse zusammen: die Menschheit lebte anfangs im Zeichen der unbewußten Mutter-Imago. In dem Maß wie die neu entstandene Vater-Imago an Macht gewann, erlebte die Menschheit ihre Herrschaft über die Natur als Angriff auf die Mutter, sah diese in der unbewußten Vorstellung angegriffene und verstümmelte Mutter in der Person der Frau verkörpert (die Frau als Kastrierte) und überbewertete dagegen in einer Defensivmaßnahme das männliche Geschlechtsorgan als Symbol der überwundenen Angst vor der oralen und analen Kastration durch die Mutter.

Wir haben gesehen, daß zwischen der Entwicklung der «sekundären» Werte – Recht, Gerechtigkeit, Wahrheit – und der Personifizierung der Autorität in Vaterbildern eine Parallele besteht.

Die «sekundären» Werte waren der Willkür und Allmacht abgerungen worden, die Autorität hatte in den Vatergesellschaften bis zu einem gewissen Grad «Vertragscharakter» und war nicht mehr mit totaler Willkür identisch.

Aber immer noch herrschte Autorität: das archaische Schuldgefühl des Kleinkindes wurde verstärkt, perpetuiert und ausgebeutet.

Es bestand ein circulus vitiosus, in dem das Kind in der Vatergesellschaft dem Vater aus Angst vor dem in der Phantasie attackierten Mutterbild um so mehr Macht beilegte, je mehr Schuldgefühle es hatte.

Wir haben nun gesehen, daß das Kind aus mehreren Gründen heute nicht mehr in dem Maß wie früher konditioniert werden kann. Das Schuldgefühl des Kindes hat sich aber darum nicht verringert. Die Gesellschaft hat ihm keine Möglichkeit gegeben, seine Selbstliebe zurückzunehmen: das Kind kann lediglich, da es nicht mehr so streng beaufsichtigt wird, sich in der äußeren Wirklichkeit der Autorität entziehen, aber das unbewußte Schuldgefühl bleibt, wie anzunehmen ist, das gleiche.

Auf alle Fälle ist das traditionelle, im Vater, in den Vätern verkörperte Phänomen Autorität in Auflösung begriffen. Auf diesen schon ausführlich entwickelten Punkt will ich nicht noch einmal zurückkommen.

Da aber der Vater der geometrische Ort ist, in dem sowohl die Autorität als auch die Werte verkörpert erscheinen, ist leicht einzusehen, daß jeder Protest gegen die Autorität zugleich die Werte trifft.

Der wirkliche Ursprungsort der Werte ist das Subjekt. Doch dazu gehört, daß die Gesellschaft ihm das Recht zugesteht, in seiner frühen Kindheit sich den Erwachsenen nicht total unterwerfen und sie nicht ungebührlich idealisieren zu müssen.

Die Gesellschaft muß sich in einer Weise verändern, die es dem Kind erlaubt, den größtmöglichen Teil der von seinem Ich nach außen abgegebenen «Selbstliebe» zurückzunehmen, und sie darf das Kind nicht länger zu diesem, teilweise vermeidbaren, die ganze frühe Kindheit andauernden Aderlaß der Selbstliebe drängen; vom dritten oder vierten Lebensjahr an kann das Kind sich zwar leichter der Dressur entziehen, aber schon vorher wird es – von übermüdeten, mit Problemen belasteten Müttern – mit Hilfe von Eß- und Schließmuskeldressur strengstens konditioniert.

Verändert sich die Gesellschaft nicht in dieser Weise, wird sich nach dem unausbleiblichen Verschwinden des Phänomens Autorität und falls nicht – was aber unmöglich scheint und kaum wünschenswert wäre – eine Rückkehr zu früheren, vorindustriellen Wirtschaftsformen stattfindet, der neue soziale Konsens einzig und allein auf der Basis der Gewalt bilden.
Das eigentliche Problem besteht darin, die Werte vom Phänomen Autorität zu trennen, damit sie sich weiter entfalten können.
Die Werte können sich aber wiederum nur dann entfalten, wenn ein sozialer Konsens besteht.
Man sieht, in welches furchtbare Labyrinth die technologische Revolution die Menschheit geführt hat. Der traditionelle, auf Autorität begründete Konsens ist nicht mehr lebensfähig. Der einzige Konsens, der heute an seine Stelle tritt, ist die nackte Gewalt. Die Anwendung nackter Gewalt bedeutet jedoch Regression, Verlust der humanen Werte. Es ist die Sache der Menschheit, des Menschen, unter Berücksichtigung der heute auf den verschiedenen Gebieten vorhandenen Faktoren einen neuen Konsens zu konzipieren und durchzusetzen, der nicht mehr Autorität und nicht Gewalt heißt.
Da nun aber das Phänomen Autorität die Flucht des Menschen vor seinem inneren Konflikt darstellte, besteht der einzige heute vorstellbare Konsens darin, daß der Mensch den Zustand des Konflikts, in dem er als einzelner wie auch als Glied der Gesellschaft lebt, akzeptiert.
Insofern die Flucht vor dem Konflikt den Konflikt selbst verstärkte, besteht andererseits Grund zur Hoffnung: Es ist denkbar, daß zahlreiche als Reaktion auf diese Flucht entstandene pathologische Symptome in einer Konflikt-Kultur verschwinden werden. Ein psychoanalytisch behandelter Mensch lebt im allgemeinen in besserem Einverständnis mit sich selbst als ein neurotisierter oder psychotischer, bei dem sich der Konflikt, bzw. eine der Konfliktkomponenten, gewissermaßen «verdinglicht» hat und sein Ich beherrscht. Für Freud bedeutet Psychose die Unterwerfung des Ich durch das Unbewußte. Beim «normalen» Menschen besteht ein unvermeidlicher Konflikt zwischen dem Ich und seinen Verteidigungsmechanismen auf der einen Seite und den unbewußten Leidenschaften auf der anderen.

Eine Konflikt-Kultur im oben präzisierten Sinn würde, wie sich denken läßt, zum Abbau des Schuldgefühls führen.

Ich fasse zusammen: Im Zug der Entfaltung des zweiten Wertsystems – Recht, Gerechtigkeit, Freiheit, Gleichheit – wurde das erste Wertsystem stillschweigend der Mutter, der Frau zugeschlagen. Das zweite Wertsystem aber verkörpert sich im Bild des Mannes, des Vaters oder seines Attributs, des Penis[118].
Für das Individuum ergibt sich nun die Notwendigkeit, sich die Elemente des zweiten Wertsystems *als die seinen* zu eigen zu machen: das individuelle Ich als Unterbau der Werte. Zugleich muß es die Existenz des ersten Wertsystems im eigenen Inneren als die unausweichliche Versuchung akzeptieren, zu Willkür, magischem Allmachts-Denken und faszinierter Idealisierung derer, die für das Subjekt dieses erste Wertsystem verkörpern, zurückzukehren[119].
Hier nimmt bereits ein erster Konflikt Gestalt an: der Kampf in jedem einzelnen zwischen Recht und Willkür. Während aber Willkür stets die gleichen Züge trägt, nimmt das Recht immer differenziertere Formen an. In einer Gesellschaft, in der politische und ökonomische Gleichheit tatsächlich existierten, würde das Recht eine Entwicklung nehmen, die es von dem uns heute bekannten Recht grundsätzlich unterschiede. Es wäre auf keinen Fall mehr Machtbefugnis der Großen, sondern Machtbefugnis des Individuums unter anderen rechtsgleichen Individuen.

8. *Zurücknahme der entfremdenden Projektion und Idealisierung; Aufhebung der Entfremdung, aber Auftreten neuer innerer Konflikte*

Im folgenden seien einige Beispiele angeführt für die Scheinlösungen, die die traditionellen sozio-kulturellen Institutionen bisher anboten, um dem Individuum die Flucht vor seinen Konflikten zu ermöglichen.
Zuerst aber muß auf einen Punkt nachdrücklich hingewiesen werden: nicht die Gesellschaft hat den Projektions- oder Idealisierungs-

prozeß geschaffen, ebensowenig wie sie die Atmungs- oder Verdauungsfunktionen geschaffen hat.
Die Projektion auf die Außenwelt und die Idealisierung des anderen, des Nächsten sind Phänomene, die wie das Unbewußte, die Aggressivität oder das Schuldgefühl in jedem Menschen angelegt sind. Die Gesellschaft begnügt sich nur damit, diese psychisch-affektiven Züge zu verstärken, zu perpetuieren und auszubeuten. Nicht aus bewußtem Machiavellismus, sondern weil sich das Kind-Erwachsenen-Verhältnis seinem Wesen nach für eine derartige Form der Beziehungen anbietet.
Wir werden nun der Reihe nach die innerpsychischen Konflikte untersuchen, zu denen die Zurücknahme der Projektion und der Idealisierung im Hinblick auf die Aggressivität, den Wahnsinn, den Tod, die Frau, das Kind, den Vater führen würden.

Der Krieg erfüllt eine hervorragende Entlastungsfunktion für das mit der Aggressivität verbundene Schuldgefühl des einzelnen. Er erlaubt diesem, seinen aggressiven Antrieben freien Lauf zu lassen, denn die offizielle Propaganda überzeugt ihn davon, daß nicht er, sondern der andere, der Feind, aggressiv, «böse» ist. Da die Stärke der individuellen Aggressivität in direktem Verhältnis zu der Menge der Frustrationen steht, der das Individuum in der Kindheit und im Erwachsenenalter ausgesetzt war, kann man behaupten, daß Gesellschaften, in denen die Humanisation am weitesten zurückgeblieben ist, die aggressivsten, kriegerischsten sein werden. Industrialisierung und Humanisation laufen also nicht parallel. Die nazistische und die stalinistische Industriegesellschaft regredierten auf ultra-archaische Formen der zwischenmenschlichen Beziehung und der Unterwerfung unter eine im Unbewußten auf «bösen» archaischen Mutterbildern basierenden Autorität. Dagegen ließe sich von einer primitiven Gesellschaft, deren unbewußte seelische Grundlagen gleichfalls dem archaisch-mütterlichen Typ zugehören, sagen, daß sie insofern auf einem sehr viel höheren Niveau steht, als in ihr das Individuum seine Aggressivität akzeptiert, sich zu seinem Schuldgefühl bekennt und beides nicht auf den Staat abwälzt[120].
Der Krieg ist damit – neben anderen Motivationen – eine dem Indi-

viduum von der Gesellschaft angebotene Scheinlösung für seine Aggressivität. Die gleiche Funktion erfüllen aber in gewisser Weise auch die verschiedenen Utopien, die dem Menschen ein Goldenes Zeitalter in Aussicht stellen.

Denn wenn in einer zukünftigen Gesellschaft «der Wolf mit dem Lamm versöhnt» wäre, wie Marcuse hofft, so würde das nichts anderes bedeuten, als daß die Aggressivität ausgelöscht und damit bewiesen wäre, daß sie ausschließlich als Reaktion auf gesellschaftliche Zustände auftritt. Mit anderen Worten: das Subjekt, das an die Möglichkeit eines solchen Goldenen Zeitalters glaubt, kann sich, natürlich nur teilweise, seiner Schuldgefühle nach folgendem (unbewußten) Schema entledigen: «Wenn ich meinen Eltern gegenüber aggressive und zerstörerische Gefühle hatte, so ist das nicht meine Schuld, die Gesellschaft ist schuld.» Vernichtet man also diese Gesellschaft – wie der Krieger oder Soldat den Feind vernichtet – befriedigt man nicht nur guten Gewissens seine Aggressivität, sondern befreit sich zugleich auch unbewußt von seinem Schuldgefühl gegenüber den Eltern.

Das Thema des «gerechten Krieges» und das der Revolution für ein «Goldenes Zeitalter» entsprechen einander[121]. Nachdem im Atomzeitalter zwischenstaatliche Kriege weitgehend unmöglich geworden sind, treten innerstaatliche Auseinandersetzungen, Bürgerkriege und Aufstände an ihre Stelle.

Ich bin nach wie vor der Überzeugung, daß die menschliche Aggressivität auf alle Fälle unvermeidlich ist, daß sie aber durch die verschiedenartigen Frustrationen, denen das Individuum ausgesetzt ist, ungeheuer verstärkt wird.

Ein Fortschritt zur Humanisation ist nicht auf dem Weg über die totale Zerstörung der Gesellschaft und der Werte zu erreichen, sondern nur durch die Erweiterung der Bereiche, in denen die Werte realisierbar sind.

Die Zurücknahme *seiner eigenen* Aggressivität wird schließlich dem Individuum dazu verhelfen, sich seiner Schuldgefühle bewußt zu werden. Der Mensch liebt und haßt gleichzeitig, wobei das quantitative Verhältnis von Liebe und Haß variabel ist. Die gesellschaftliche Scheinlösung für diesen Haß-Liebe-Konflikt läßt sich so formulieren:

«Du hast keinen Grund, dich schuldig zu fühlen, nicht du bist ‹böse›, böse ist der Ausländer, der Schwarze, der Jude, der Revisionist, die Gesellschaft usw.»

Daß jeder Mensch ohne Ausnahme aggressiv ist und seine Aggressivität nach Kräften verleugnet, was sein Schuldgefühl noch verstärkt und so gewaltsame gesellschaftliche Ableitungsmechanismen wie Krieg und Verfolgung nötig macht, heißt nicht etwa, daß es Ausbeuter und Ausgebeutete nicht gäbe. Das Ausmaß der Aggressivität ist zwar bei beiden veränderlich, die Situation der Ausbeutung ist jedoch an sich eine Quelle der Frustration und damit eines Aggressionsüberschusses[122]. Bekennt sich der Ausgebeutete zu seiner Aggressivität und zwar nicht nur zu seiner reaktiven, sondern auch zu seiner tieferen, ursprünglichen, so braucht ihn das nicht daran zu hindern, gegen die verschiedenen Formen der Ausbeutung zu kämpfen, es kann ihn aber davor bewahren, sein Schicksal – aus Schuldgefühl – vertrauensvoll in die Hände charismatischer revolutionärer Väter zu legen, von einer allzu idyllischen Zukunft zu träumen oder – aus Schuldgefühl – politische Entscheidungen zu treffen, die in den Untergang führen.

Die Vorstellung des Todes ist erst der Neuzeit zum Problem geworden. In der homogenen traditionellen christlichen Gesellschaft bestärkten die Dogmen vom ewigen Leben, von der Unsterblichkeit der Seele und der Auferstehung der Toten den Gläubigen in der festen Überzeugung, daß der Tod nur eine Illusion sei.

«Bestärkten» ihn in der Überzeugung. Denn ebensowenig wie die Gesellschaft den Projektions- und Idealisierungsprozeß erfunden hat, haben die Religionen das Thema des «Lebens nach dem Tod» erfunden. Für das Unbewußte existiert der Tod nicht, genausowenig wie das Leben: es gibt nur durchlebte, durch Lust und Unlustphantasien verwandelte Erfahrungen, die sich als Gedächtniseinheiten, als teils unbewußte, teils bewußte Erinnerungen dem Gewebe des zentralen Nervensystems aufgeprägt haben.

Daher ist die Angst (oder der Wunsch), ausgelöscht zu werden, gleichbedeutend mit der Angst (oder dem Wunsch), aufs neue ausgelöscht zu werden. Die bewußte Vorstellung des Todes weckt archaische Unlust- und Lusterlebnisse. Für das Unbewußte des Menschen bedeutet Sterben zur archaischen Mutter zurückkehren. Daher die Intensität und die Verschiedenartigkeit, mit der die Angst und die (meist unbewußt bleibende) Lockung des Todes erlebt werden. Die Angst vorm Tod ist oft nur eine Schutzmaßnahme gegen die faszinierende Verlockung des Todes. Man könnte fast sagen, je mehr Angst der Mensch beim Gedanken an den Tod empfindet, desto größer sein Wunsch zu sterben.

Dieser Punkt wäre noch weiter zu diskutieren und die Behauptung dahingehend zu nuancieren, daß die Stärke der guten oder bösen archaischen Bilder jeweils die Art des mit der bewußten Vorstellung des Todes verbundenen Affekts weitgehend beeinflußt.

Es ist kein bloßer Zufall, wenn das Thema des Todes gerade in der Adoleszenz mit äußerster Schärfe hervortritt. In einer früheren Arbeit habe ich gezeigt, wie der auf die Mutter gerichtete pubertäre Sexualtrieb *jedes* der unbewußten Mutterbilder, einschließlich das der guten und bösen archaischen, reaktiviert. Auf dieser die Mutter betreffenden Seite des Ödipuskonflikts mischt sich der inzestuöse Wunsch zwangsläufig mit dem Entsetzen vorm Inszest (böse archaische Mutterimago).

Und wenn in der Adoleszenz Liebe und Tod zwei eng miteinander verbundene Themen bilden, dann nicht nur wegen der Angst vor der Kastration durch den Vater, sondern auch und vor allem, weil der wenig oder unzulänglich gegen sein andrängendes Unbewußte abgesicherte Jugendliche jene Faszination des Archaischen und jene Angst vor ihm spürt, aus der die Idee des Todes ihre affektive Besetzung empfängt.

Der Inzestwunsch des Adoleszenten richtet sich auf seine Mutter, doch dieser genitale Sexualwunsch sucht insgeheim die Mutter der frühen Kindheit: und diese archaische Mutter hat die Gestalt des Todes, der entweder als der große Heilschlaf des sanften Todes erscheint (die gute Mutter) oder die beklemmende Vorstellung von Erstarrung und Verwesung hervorruft (die böse Mutter).

Die unwiderstehliche Anziehungskraft, die der Tod für den Jugendlichen hat und die manchmal zur selbstmörderischen Tat führt, ist nur eine der Fazetten seines Inzestwunsches. Weniger scharf formuliert ließe sich sagen, daß die sexuelle Faszination und die Faszination des Todes bei ihm ein und dasselbe sind.

Statt dem Jugendlichen zu helfen, sich dessen, was in ihm vorgeht, bewußt zu werden, treibt ihn die Gesellschaft üblicherweise zu kostspieligen Defensivlösungen.

Wenn die Frau bisher für die katholische Kirche die inkarnierte Sünde, die gefallene Eva war, dann deshalb, weil auf sie die Wünsche des Jugendlichen (oder des ehemaligen Jugendlichen, des Erwachsenen) projiziert wurden. Die Kirche bot dem Mann gewissermaßen die Defensivlösung an: «Du, ein Sohn Adams, begehrst weder die Frau (deine Mutter) noch den Tod: sie, die Frau (deine Mutter) führt dich in Versuchung.»

Es sei angemerkt, daß in der ersten Freudschen Fassung für den ursprünglich nicht existenten Inzestwunsch die Verführung durch den Erwachsenen verantwortlich gemacht wurde: «Du, Sigmund Freud, Sohn Adams, hast deine Mutter nicht begehrt, sie hat dich in Versuchung geführt.»

Was die katholische Kirche dem Jugendlichen anbietet, ist im Grunde die Verleugnung der Mutter als der Repräsentanz des Todes: Nach dem Tod wird der Gläubige des ewigen Lebens (Anti-Tod) an der Seite des ewigen Vaters (Anti-Mutter) teilhaftig. Kurz, nichts von Regression oder Inzest.

Der Preis für diese Defensivlösung ist sehr hoch; er besteht in der lebenslänglichen Unterwerfung unter Gott, d. h. in einer lebenslänglichen Kind-Erwachsenen-Beziehung.

Darüber hinaus muß aber, wie man leicht sehen kann, ein noch höherer Preis entrichtet werden. Denn was ist das menschliche Leben, wenn man es von seinem Hintergrund, dem Tod, ablöst: nur ein Scheinleben. Die Vorstellung eines ewigen Lebens weicht die unerbittliche Tragik der menschlichen Existenz auf. Wenn der Mensch nicht jeden Augenblick, jede Entscheidung, jede Lust im Zusammenklang mit der kontrapunktischen Idee der Endlichkeit des Daseins durchlebt, verfehlt er seine Bestimmung. Die Kürze der menschlichen Existenz und die Gewißheit, nur ein einziges Mal zu leben, geben dem Leben seine Würze und machen Entscheidungen möglich.

Der Humanisationsprozeß – Entkonditionierung des Autoritätsreflexes, Zurücknahme der verlorenen Selbstliebe, Entlarvung der projektiven oder idealisierenden Illusionen – verläuft notwendig über die Auseinandersetzung mit der Idee des Todes und ihrer Integration in das Bewußtsein. Nicht aber in dem Sinn, daß der Tod dem Leben überhaupt erst einen Inhalt gäbe. Denn nur der Widerstreit zwischen den beiden Polen Leben und Tod kann der menschlichen Existenz ihren Sinn geben, nicht einer der Pole allein. Wird der Tod auf Kosten des Lebens überbewertet – wie etwa bei Anhängern Lacans –, so versucht man diesem Dilemma, diesem Konflikt, diesem Kampf der Gegensätze auszuweichen.

Die Humanisation erfolgt über die Reintegration des Todes, verstanden als eine mit Todeswünschen und dem faktischen Tod der Eltern verbundenen Schuldangst, als langsamer Abnutzungsprozeß, dessen Rhythmus den Lebenslauf skandiert und seinen Hintergrund bildet, als ständiges Risiko und als Bewußtsein jener Schuldangst, jenes Rhythmus' und seines Endpunkts.

Manche Psychoanalytiker, die sich gleichzeitig zur Hypothese des Todestriebs und zum Glauben an Gott bekennen, hoffen in einer Art von Gedankenakrobatik die menschliche Tragik (die durch die Illusion des ewigen Lebens ihrem Blick entzogen wird) mittels eben dieses Todestriebes wieder einzufangen. Man kann sich vorstellen, daß sie sich damit nur noch weiter von sich selbst entfernen, einmal indem sie sich wie kleine Kinder einer Vatergestalt unterwerfen – womit sie doppelt entfremdet sind, einmal durch diese kindhafte Unterwerfung und durch die Verdrängung ihrer Mutterabwehr, die sie erst zur Errichtung dieser Vatergestalt veranlaßt hat – zum anderen indem sie ihre Schuld leugnen: «Der Todestrieb, eine unpersönliche universelle Kraft, lenkt mich, wie eine Marionette, macht mich aggressiv und läßt mich den Tod meiner Eltern wünschen.» Bei einer derartigen Auflösung ihres Ich, bleibt ihnen als einziges – gewiß nicht geringes – Vergnügen das Übertreten von Verboten. Nicht etwa im Namen der Werte, sondern gegen sie: hier trifft man auf den Mythos vom Teufel, von dem die Versuchung, zur Verbotsübertretung ausgeht, d. h. die Versuchung die auf Gott übertragene Selbstliebe wieder zurückzunehmen, was nun aber als Verhöhnung, als Parodie, als Täuschung und Perversion erlebt wird. Der Akzent liegt nicht auf dem Selbst, dem Ich, das die Übertretung begeht, sondern auf der Tatsache der Übertretung selbst: das Ich ist (da seine ganze narzißtische Libido in der Person des Großen Gottes investiert bleibt) so reduziert, daß seine Kleinheit die Größe dessen, der es von oben her wie ein sadistischer Voyeur ungerührt beobachtet, noch steigert. Die Lust an der Übertretung ist vor allem Lust an der masochistischen Selbstdemütigung vor dem ungerührten Auge des Herrn und damit – in zweiter Linie – an der sadistischen Demütigung Gottes, da das Geschöpf ja nach dem Bilde des Schöpfers geschaffen wurde. Eine zerebrale, eine intellektualistische Lust.

Wahnsinn, Antiwahnsinn, Nicht-Wahnsinn: Das Problem besteht nicht so sehr darin, ob einer wahnsinnig ist oder ob er sich nicht für wahnsinnig hält, sondern ob er den Kampf zwischen Wahnsinn und Vernunft in seinem Inneren toleriert.

Es ist mit allen Mitteln versucht worden, die Existenz eines Konflikts zwischen diesen beiden in entgegengesetzter Richtung wirkenden Kräften zu leugnen.

Wenn vor Freud der Wahnsinnige als ein radikal anderer definiert wurde, so wird heute oft in bestimmten Intellektuellenkreisen der Nicht-Wahnsinnige als ein Wahnsinniger betrachtet, der selbst nichts davon weiß. Die Zweideutigkeit und Ungenauigkeit des Begriffs «normal» – auf den Menschen angewandt – wird benutzt, um das «Normale» als anormal, verdammenswert hinzustellen. Wenn vor Freud das Gemeinsame zwischen Wahnsinn und Nicht-Wahnsinn geleugnet wurde, so wird heute der Unterschied zwischen beiden bestritten. Nach der Leugnung des Gemeinsamen also die Leugnung des Unterschieds.

Sehen wir uns diesen Unterschied, die Begriffe Wahnsinn und Vernunft und den Widerspruch zwischen beiden etwas genauer an.

Der Wahnsinn ist eine nichtreduzierbare Komponente des menschlichen Wesens. Der Wahnsinnige – der Psychotiker, für den der paranoide Schizophrene das beste Beispiel ist – ist der Mensch, bei dem der Wahnsinn die Überhand gewonnen hat, bei dem kein ausreichendes Gegengewicht die Kräfte des Unbewußten ausbalanciert.

Der Antiwahnsinn ist die Neurose, bei der alle Kräfte des Subjekts in einem schmerzhaften Kampf gegen den Wahnsinn engagiert sind.

Dem Nicht-Wahnsinnigen ist relativ gut die erstaunliche Operation gelungen, die Kräfte des Wahnsinns wenigstens partiell und auf sehr labile Weise für vernünftige Vorhaben nutzbar zu machen. Da die Vernunft heute keine gute Presse hat, will ich versuchen zu präzisieren, was ich, mit Freud, unter Vernunft verstehe.

Es hieße aber das Problem der Geisteskrankheit willkürlich einengen, wollte man es nicht auch unter anthropologischer und soziologischer Perspektive betrachten. Es gibt außer der Psychose sehr viele andere Formen des Wahnsinns, die, obwohl sie sozial viel gefährlicher sind, von der Gesellschaft leichter toleriert werden: weder wahnsinnige Autofahrer, noch alkoholische Eltern, noch paranoide Staatsoberhäupter werden eingesperrt. Unter den verschiedenen Formen des sozialen Wahnsinns möchte ich eine hervorheben, für die ich in allem Ernst die Bezeichnung «Technophrenie» vorschlage. Die Technophrenie wird durch das Unvermögen charakterisiert, die Tatsache akzeptieren zu können, daß das menschliche Leben einzig aus seiner Beziehung zum unausweichlichen Tod, die Vernunft einzig aus ihrer Beziehung zum unausrottbaren Wahnsinn zu verstehen ist. Technophrenie wäre damit die große Weigerung, die Vorstellung des Todes und die ständige Anwesenheit des Wahnsinns, also die tragische Dimension der menschlichen Existenz zu bejahen. Bizarrerweise trifft sich hier der technologische Optimismus des Technophrenen – «die Technik kann alles ...»[123] – mit den trügerischen Hoffnungen derer, die die westliche Zivilisation als Ganzes ablehnen und eine zukünftige Gesellschaft verkünden, in der der Löwe und das Lamm versöhnt seien[124], in der der Mensch unsäglich gut, völlig unaggressiv sei. In einem Fall ist die Technik der Weihnachtsmann, im anderen eine Revolution, die tabula rasa macht und nichts aus der Vergangenheit Überliefertes bewahrt.

Ich werde später noch auf die verschiedenen Formen des Wahnsinns zu sprechen kommen, vorher aber möchte ich mein Teil dazu beitragen, die Verwirrung zu klären, die von manchen Leuten – angeblich im Sinne Freuds – hinsichtlich der Begriffe Wahnsinn (in der klassischen Bedeutung des Wortes) und Nicht-Wahnsinn gestiftet worden ist[125].

Der Unterschied zwischen Wahnsinn und Nicht-Wahnsinn ist von

Freud immer wieder betont worden. In seinem ganzen komplexen, oft an den Rand der Widersprüchlichkeit reichenden Werk hat er doch immer beides, die Unterschiede und Ähnlichkeiten zwischen Wahnsinn und Nicht-Wahnsinn, zwischen Neurose und Psychose, zwischen Hysterie und Zwangsneurose usw. zugleich gesehen[126].

Was lehrt Freud im wesentlichen? Daß der Traum, der Lapsus, die Fehlhandlung, die Geisteskrankheit nicht Unordnung und Chaos bedeuten, als die man sie bisher sah, sondern eine kohärente, logische, gesetzmäßige Funktionsweise des psychischen Apparats. *Diese Funktionsweise ist jedoch nur in bezug auf die innere, nicht auf die äußere Wirklichkeit kohärent.*

Freud verkennt nicht, daß die Wunschwelt ihre eigene Wahrheit hat[127], doch macht er sich so weit zum leidenschaftlichen Anwalt der notwendigen Kohärenz von Handeln und Denken[128], daß er einen Ausspruch tut, der überraschen könnte: «Es ist unsere beste Zukunftshoffnung, daß der Intellekt – der wissenschaftliche Geist, die Vernunft – mit der Zeit die Diktatur im menschlichen Seelenleben erringen wird. Das Wesen der Vernunft bürgt dafür, daß sie dann nicht unterlassen wird, den menschlichen Gefühlsregungen und was von ihnen bestimmt wird, die ihnen gebührende Stellung einzuräumen.»[129]

Im gleichen Text, der gewissermaßen eine Verteidigung der Vernunft und der wissenschaftlichen Methode der Wirklichkeit gegenüber darstellt[130], greift Freud die Leute, die er «intellektuelle Nihilisten» nennt, hart an: «Es hat solche intellektuelle Nihilisten gewiß schon früher gegeben, aber gegenwärtig scheint ihnen die Relativitätstheorie der modernen Physik zu Kopf gestiegen zu sein. Sie gehen zwar von der Wissenschaft aus, aber sie verstehen es, sie zur Selbstaufhebung, zum Selbstmord zu drängen, tragen ihr die Aufgabe auf, sich selbst durch Widerlegung ihrer Ansprüche aus dem Weg zu räumen. Oft gewinnt man dabei den Eindruck, dieser Nihilismus sei nur eine zeitweilige Einstellung, die bis zur Erledigung jener Aufgabe festgehalten wird. Hat man die Wissenschaft beseitigt, so mag auf dem freigewordenen Raum sich irgendein Mystizismus oder doch wieder die alte religiöse Weltanschauung ausbreiten.»[131]

«Nach der anarchistischen Lehre», fährt Freud fort, «gibt es überhaupt keine Wahrheit, keine gesicherte Erkenntnis der Außenwelt ... Da das Kriterium der Wahrheit, die Übereinstimmung mit der Außenwelt, entfällt, ist es recht gleichgültig, welchen Meinungen wir anhängen. Alle sind gleich wahr und gleich falsch ...»[132]

Freud greift zur Waffe der Ironie: «Ich kann nur sagen, die anarchistische Lehre klingt so großartig überlegen, solange sie sich auf Meinungen über abstrakte Dinge bezieht. Sie versagt beim ersten Schritt ins praktische Leben ... Wäre es wirklich gleichgültig, was wir meinen, gäbe es keine Kenntnisse, die unter unseren Meinungen durch ihre Übereinstimmung mit der Wirklichkeit ausgezeichnet sind, so dürften wir Brücken ebensowohl aus Pappe bauen wie aus Stein, dem Kranken ein Dezigramm Morphin einspritzen anstatt eines Zentigramms, Tränengas zur Narkose nehmen anstelle von Äther.»

Unleugbar weisen manche Formen der Antipsychiatrie positive Aspekte auf, insofern sie auf archaisch repressive soziale Verhaltensweisen gegenüber dem Wahnsinn aufmerksam machen, daran erinnern, daß der Mensch keine Maschine ist, deren «Pannen» einfach mit Medikamenten repariert werden können[133], zwischen bestimmten «verrückten» Entgleisungen der technologischen Gesellschaft und der Geisteskrankheit Parallelen ziehen und vor allem fordern, daß dem Wahnsinnigen der Status eines sozialen Partners, eines handelnden Subjekts zuerkannt wird.

Der Versuch aber, den Wahnsinn als etwas vom Nicht-Wahnsinn Verschiedenes zu leugnen, stößt sehr bald auf drei unterscheidende Merkmale, nämlich das subjektive Leiden des Wahnsinnigen, die Freiheit des Nicht-Wahnsinnigen und die zusätzliche Entfremdung des Wahnsinnigen in der von ihm – oder für ihn – fabrizierten Ideologie.

a) Das Leiden des Wahnsinnigen. – Es steht zum größten Teil nicht mit der gesellschaftlichen Repression in Zusammenhang, sondern mit der Tatsache, daß der Wahnsinnige seinem Unbewußten gegenüber nicht über die schützenden Verteidigungsmechanismen verfügt, die der Nicht-Wahnsinnige sich in seinem psychisch-affektiven Reifungsprozeß erworben hat. Die unerträgliche Angst des Wahnsinnigen drängt ihn, welcher Gesellschaft auch immer er angehört, Hilfe zu suchen. In «primitiven» Gesellschaften somatisiert das Kind, das schwere psychisch-affektive Reifungsstörungen hat, diese Störungen und stirbt.

b) Die Freiheit der anderen. – Der Wahnsinnige ist immer ein Fordernder: er kann ohne den «anderen», und sei es auch nur auf materieller Ebene, nicht auskommen. Der Schizophrene oder eine Gruppe, eine Gesellschaft von Schizophrenen können nicht allein existieren, weil sie die äußere Wirklichkeit als solche nicht erkennen, sondern in einer von ihren Wünschen verwandelten Wirklichkeit leben. Wenn der Nicht-Wahnsinnige sehr wohl ohne den Wahnsinnigen auskommen kann[134], so wird dieser gerade durch seine Beziehung auf den «anderen» definiert. Was wäre, nimmt man den Begriff «Wahnsinn» einmal in seiner weitesten Bedeutung, der Paranoiker ohne seinen Verfolger, der Hysteriker ohne sein Publikum, der Masochist ohne seinen Peiniger, der Sadist ohne sein Opfer, der Zwangsneurotiker ohne jemanden, den er manipulieren kann? Sich selbst überlassen, geht der Schizophrene an Hunger, Kälte oder Krankheit zugrunde.

Letztes trennendes Merkmal: das Verfallensein an ein Denkschema, das den Nicht-Wahnsinn leugnet. – Ein genauso entfremdendes Denkschema wie eine Ideologie, die den Wahnsinn als eine rein mechanische Störung oder den Traum ohne Bezug zur Gesamtpersönlichkeit des Träumenden als sinnlosen Zufall auffassen würde. Wahnsinnige, die zu Nicht-Wahnsinnigen sagen würden: «Ihr seid die Wahnsinnigen, nicht wir», verfielen der gleichen Selbsttäuschung wie ein Nicht-Wahnsinniger, der behauptet: «Ich habe mit euch nichts gemeinsam.»

Damit wird überdeutlich, daß man über Geisteskrankheit – und also auch den therapeutischen Zugang zu ihr – nicht sprechen kann, ohne sie in einen größeren Rahmen zu stellen, der Soziologie und Anthropologie miteinbezieht:

a) Soziologie und Ethnologie. Obwohl man allgemein gültige Definitionen für Wahnsinn und Vernunft finden kann, werden der pathologische Aspekt der Störung und das subjektive Leiden des Individuums von der Toleranz oder Intoleranz der Gesellschaft, von Bevölkerungsdichte, industriellem Entwicklungsstand, von den offiziellen religiösen oder magischen Strukturen, den von der Gesellschaft angebotenen Entlastungs- und Abwehrmechanismen weitgehend beeinflußt. Es ist heute leichter, als Hysteriker in Brasilien, als Paranoiker in einem Nuer-Stamm zu leben als in Paris[135].

Außerdem stehen bestimmte Formen von Geisteskrankheit in unmittelbarem Zusammenhang mit dem gesellschaftlichen Organisationstyp.

b) Anthropologie. Wie will man die Geisteskrankheit verstehen, wenn man ihre Äußerungsformen nicht in das gesamte psychische Gefüge einordnet? Die Anthropologie spielt in bezug auf die Psychiatrie die gleiche Rolle wie die Physiologie in bezug auf die Medizin.

Der Kampf zwischen Leben und Tod, Wahnsinn und Nicht-Wahnsinn wird in jedem von uns auf besondere Weise ausgetragen, wobei das Ich die Regeln dieses Kampfes, dieser Auseinandersetzung bestimmt.

Das Eingreifen des Psychiaters oder des Psychoanalytikers kann also sinnvollerweise nur darauf abzielen, diese Auseinandersetzung wieder in Gang zu bringen, also da, wo nur noch eine der beiden Stimmen überlaut sprach, beiden Stimmen gleichermaßen wieder das Wort zu erteilen. In dem Maß, wie die großen Kollektivmythologien verschwinden, wird es immer mehr Sache des einzelnen sein, ganz bewußt Leben und Tod, Wahnsinn und Nicht-Wahnsinn, Haß und Liebe, Kindheit und Erwachsensein, Individualität und Gesellschaft in sich in Einklang zu bringen, was letztlich heißt, seinem Leben Sinn zu geben. Die gesellschaftliche Funktion der Psychoanalyse wird dann vielleicht darin bestehen, dem einzelnen zu helfen, seine eigene Wahrheit zu finden, ohne dabei eine der beiden wirkenden Kräfte aus dem Blick zu verlieren, da sie ihm sonst in entfremdender Form wiederbegegnen würde. Es ist jedoch, wie ich glaube, unbedingt notwendig, daß eine Soziopsychoanalyse entwickelt wird, die den Einfluß der gesellschaftlichen Kräfte auf die psychisch-affektive Entfaltung des Individuums, vor allem im Verlauf der innerfamiliären und der schulischen Erziehung, untersucht.

Man kann behaupten, daß da, wo die innere Auseinandersetzung aufgehört hat, das Schicksal des Menschen zum Stillstand gekommen ist. In diesem Sinn liegt die Geistesabwesenheit des «normalen» Menschen im Zustand der Schläfrigkeit oder der Sättigung auf einer Ebene mit dem Delirium, der Panik des Wahnsinnigen.

Die Verneinung des Todes oder die Verneinung des Lebens mit allem, was beide jeweils implizieren – Zerstörung und Aufbau –, die Verneinung des Wahnsinns oder des Nicht-Wahnsinns führen in gleicher Weise zur Selbstentfremdung.

Das kann zu hochdramatischen Resultaten führen. Wollte man etwa einen Schizophrenen unter den gleichen Bedingungen arbeiten lassen wie den Nicht-Wahnsinnigen, ihn als Nicht-Wahnsinnigen mit dem sozialen Status eines «normalen» Menschen behandeln, würde ihn das töten, statt ihm zu helfen. Denn das hieße seine Einzigartigkeit, die sein höchstes Gut, die Basis seines Ich ist, verneinen und das einzige töten, was in ihm noch an Menschlichem ist und mit dessen Hilfe er vielleicht zu seiner verlorenen inneren Vielfalt, zu jenem Wechselspiel von Wahnsinn und Nicht-Wahnsinn, zurückfinden könnte. So aber bleibt ihm nach diesem psychischen Mord nur noch der physische Tod.

Doch nicht weniger menschlich entfremdet, also wahnsinnig, erscheint der Mensch, der auf seine Arbeit, eine Droge, den Sex seinen politischen Fanatismus oder sein Auto fixiert seiner Angst zu entfliehen, seinen Wahnsinn zu verneinen und ihm so zu entkommen versucht.

Wenn das Schicksal des Menschen die Aufführung eines Musikstücks für mehrere Instrumente unter der Stabführung des Ich ist, eines Musikstücks, das je nachdem harmonisch oder dissonant klingt und nur als kontinuierliche Invention, als ständige Verarbeitung von Neuem bestehen kann, dann läßt sich begreifen, daß dieses Schicksal sich nur wirklich vollenden kann, wenn der Mensch sich bewußt dafür entscheidet, in seinem Handeln dem Aufbau vor der Zerstörung, der Vernunft vor dem Wahnsinn den Vorrang zu geben.

Der moderne Mensch, der von der Existenz des Unbewußten, des Wahnsinns in seinem Inneren weiß und – da die kollektiven, von der Gesellschaft angebotenen traditionellen Abwehrmechanismen gegen den Wahnsinn, anders gesagt: die sozio-kulturellen Institutionen, im Zerfallen begriffen sind – seine Musik mit ihnen komponieren muß, dieser moderne Mensch, der nicht mehr an die Auferstehung der Toten oder das ewige Leben glaubt, erreicht jetzt, ohne durch seine Erziehung im mindesten darauf vorbereitet zu sein, ein Stadium, wo der Konflikt offen zutage tritt. Wahrscheinlich ist das Leben nie schwieriger gewesen als heute. Jeder kann, glaube ich, an sich selbst die Auswirkungen der heraufkommenden Konflikt-Kultur beobachten. Die Spannungen, die sich aus ihr ergeben, und das Schuldgefühl, das sie hervorruft, sind aber ohne einen Lernprozeß, den allein eine pädagogische Revolution einleiten könnte, ganz sicher nicht zu bewältigen.

Wir haben soeben gesehen, wie einerseits der Wahnsinnige idealisiert und als Instrument im Kampf gegen die Vernunft, die Werte, die Autorität und die Gesellschaft benutzt und wie andererseits der eigene Wahnsinn auf ihn als den Sündenbock projiziert wird. In beiden Fällen wird eine der wesentlichen Dimensionen des Menschlichen verneint; denn das große Problem für das Ich bestand seit eh und je darin, die innere und die äußere Wirklichkeit, Wunsch und Wunschversagung in Einklang bringen zu müssen.
Wir werden uns bei der Betrachtung des Projektions- oder Idealisierungsprozesses, in den das Kind, die Mutter (die Frau) und der Vater (der Mann) involviert sind, kürzer fassen.

Die Rolle der traditionellen sozio-kulturellen Institutionen hat im Hinblick auf die Aggressivität, den Tod, den Wahnsinn bisher darin bestanden, die Überzeugung einzupflanzen und zu befestigen: «Nicht du bist aggressiv, sondern der andere – der andere Stamm, die andere Hautfarbe, die andere Rasse, die andere soziale oder Altersklasse, die heutige Gesellschaft»,
«du wirst nicht wirklich sterben, du wirst das ewige Leben haben, du wirst von den Toten auferstehen, du bist vom Ewigen Vater nach seinem Bild geschaffen, deine Seele ist unsterblich»,
«du bist nicht wahnsinnig, du bist normal, vernünftig, logisch in deinem Denken und Handeln; dein Wertsystem ist das einzig gute».
Eine solche Überzeugung kann nur unter der Bedingung Bestand haben, daß für jede dieser Kategorien ein Widerlager vorhanden ist,

auf das der Teil des Selbst, der verleugnet wird, projiziert werden kann; die Existenz eines solchen Sündenbocks, der dem Selbst als Stütze dient und nach Bedarf der Feind, der Ungläubige, der Wahnsinnige sein kann, setzt einen geringen oder bedeutenden *Unterschied* zwischen ihm und dem Selbst voraus.

Das Ja zum Konflikt als Wert fordert die Reintegration der Aggressivität, des Todes und des Wahnsinns in das Selbst, ihre Bejahung als Bestandteile des eigenen Wesens.

Die Frau: Es wurde schon gesagt, daß auf die Frau (die Mutter) unbewußt der archaische Teil der libidinösen und aggressiven Strebungen projiziert wird: dies geschieht besonders deshalb, weil das Kleinkind in ihr das Objekt «wiedererkennt», an das sich seine archaischen Bindungen knüpften. Wenn sie aber als solches «wiedererkannt» wird – wobei zu berücksichtigen ist, daß die objektive Wahrnehmung zeitlich später als das Archaische in Funktion tritt – dann deshalb, weil die ganze Kultur sie in diesem Licht präsentiert.

Nachdem der Mann seine Archaismen aus sich verwiesen hat, indem er sie auf die als «schwach», «verantwortungslos», «triebhaft», «vertrauensunwürdig» apostrophierte Frau projizierte, überbewertete und idealisierte er den Unterschied zwischen sich und der Frau, d. h. den Penis. Einen Penis besitzen bedeutete, daß die Versuchung, auf Archaisches, auf die Mutter zu regredieren, gebannt war[136]. Die Frau wird so zum Träger der Projektionen des Archaischen und gilt zugleich, da sie keinen Penis hat, als unfähig, sich zur autonomen Persönlichkeit entwickeln zu können. Die Frau wird für das Gefäß alles Archaischen – für eine wahre Büchse der Pandora – und zugleich für kastriert gehalten. Ein zweifacher Gewinn für den Mann, der ohne diese Projektion in dem Konflikt zwischen Archaischem und Autonomie (oder zwischen Phantasiewelt und psychomotorischer Aktivität, zwischen Abhängigkeit und Unabhängigkeit) und dem Konflikt zwischen Besitz des Penis und Kastrationsangst gefangen bliebe.

Der Konflikt als Wert würde, bzw. wird hier von beiden Geschlechtern das gleiche verlangen: beide Konfliktpole zu akzeptieren, d. h. das Archaische in sich als eine unausweichliche, angsterregende Faszination zu erkennen und anzuerkennen und die Tatsache zu bejahen, daß keiner für sich allein den Schlüssel zur Autonomie besitzt. Jeder kann höchstens hoffen, ein Stück auf dem Weg zur allmählichen Befreiung voranzukommen, zu einer Befreiung, die nicht nur in größerer Selbsterkenntnis besteht, sondern, im hier gemeinten Sinn, in der möglichst uneingeschränkten Bejahung der aktuellen Konflikte.

Das Kind: Der Gewinn, den die Eltern von der Erziehung ihrer Kinder haben, liegt zum Teil darin, daß ihre pädagogischen Maßnahmen zugleich ein Abwehrsystem gegen die eigenen Triebe schaffen. So wird, wie jedesmal, wenn eine innerpsychische Auseinandersetzung durch den Kampf gegen ein äußeres Objekt ersetzt wird, Energie gespart.
Indem man das Kind erzieht, dressiert und straft, bekämpft man die eigenen – sexuellen oder aggressiven – Strebungen.
Indem man sich (über die Identifikation mit den einstigen Aggressoren, den eigenen Eltern) zum Repräsentanten der Autorität macht, reaktiviert man den eigenen Autoritätsreflex, während er gleichzeitig im Kind konditioniert wird. Indem man verbietet, was einem selbst früher verboten war, vertärkt man in sich das frühere Verbot in der Form, wie es einem eingeprägt wurde, aber auch in der sich teilweise auflösenden Form, die jeder konditionierte Reflex im Lauf der Zeit annimmt.
Indem man jede Auflehnung gegen die Autorität unterdrückt, schlägt man die eigene unbewußte Revolte nieder – und Gott weiß, wie stark diese Auflehnung heute in jedem ist, der bewußt oder unbewußt der Gesellschaft, in der er lebt, feindselig gegenübersteht!
Wir haben aber auch gesehen, wieviel schwieriger es heute ist, Kinder zur Unterwerfung unter die Autorität zu zwingen. Das ist ganz sicher eine der schwerwiegendsten Ursachen für die Unsicherheit der Erwachsenen, die damit eines ihrer letzten Verteidigungssysteme aufgeben mußten.

Der Vater: Ich habe bereits ausführlich dargestellt, wie in den westlichen Gesellschaften sich die Werte und die Autorität in der idealisierten Vatergestalt verkörperten: «*Du* bist weder ein Gott noch ein Großer – *Er* ist einer.» Der Vater ist, wie das Wort *Ober*haupt der

Familie anzeigt, derjenige, der am größten ist. Die Hierarchie erhebt sich also entsprechend der Größe des einzelnen als eine Art von Jakobsleiter[137], auf deren oberster Sprosse Gottvater thront.

9. *Um einer sein zu können, muß man drei sein*

Wenn man aber drei sein muß, um einer sein zu können, wenn man sich, will man seine Archaismen verarbeiten ohne sie zu verleugnen, auf ein Objekt der Außenwelt (früher den Vater) stützen muß, wie kann dann heute bewirkt werden, was früher dank der Differenzierung der elterlichen Rollen erreicht wurde?

Was für eine Organisationsform wäre herzustellen, wenn im Unbewußten nicht mehr die Archaismen auf die Mutterimago projiziert werden, auf Bewußtseinsebene die Frau nicht länger als kastriertes Wesen gilt und der nicht länger idealisierte Vater nicht mehr die Werte und die Autorität verkörpert?

Mir scheint, die sich bereits abzeichnende neue Organisationsform ließe sich in folgendem Schema darstellen: nicht mehr Kind + Mutter + Vater, sondern Kind + Altersklasse der Kinder + Altersklasse der Erwachsenen.

Nicht daß das Kind nun völlig außerhalb seiner Familie leben sollte. Zumindest bis zum fünften oder sechsten Lebensjahr werden die Eltern weiterhin die Hauptrolle spielen. Aber schon vom 2. Lebensjahr an (vielleicht sogar noch früher) müßte der Begriff der Altersklasse, der Altersgruppe unter Bedingungen, die unter Berücksichtigung bereits vorliegender pädagogischer Erfahrungen noch genau zu bestimmen sind, allmählich praktische Formen annehmen.

Mit anderen Worten, die minimale Differenzierung der elterlichen Rollen, die zweifellos weiterbestehen wird, sollte die Basis für die «Trinität» bilden, von der eben die Rede war, doch sollten die Eltern, sollte die Gruppe der Eltern, so früh wie möglich die, anfangs noch privilegierte, Altersklasse der Erwachsenen verkörpern, während die Altersklasse der Kinder für das Kind, dank seiner Integration in das Schulsystem, immer größere Bedeutung erhalten würde.

Ich betone ausdrücklich (wir werden auf diesen Punkt noch im ein-

zelnen zurückkommen): die Kindheit wird, unter diesem Aspekt gesehen, nicht mehr nur eine Zeit der Vorbereitung auf das Erwachsensein, sondern ein spezifischer Zustand an sich sein, den es zu erhalten und zu entwickeln gilt.
Der Zustand der Kindheit und der Zustand des Erwachsenseins würden damit das ganze Leben des Menschen hindurch einen komplementären Gegensatz bilden.

10. *Konflikt, Wert und sozialer Konsens*

Wir haben im Zusammenhang mit der Aggressivität, dem Wahnsinn, dem Tod, der Mutter, dem Vater, dem Kind gesehen, wie viele Projektionen und Idealisierungen aufgelöst werden müßten, damit sich ein neuer, nicht mehr auf Autorität, sondern auf dem Konflikt basierender sozialer Konsens bilden kann.
Warum sozialer Konsens, da die ausgewählten Beispiele doch zu zeigen scheinen, daß es sich vor allem um den individuellen psychisch-affektiven Bereich handelt? Deshalb, weil ein auf dem Konflikt basierender Konsens zwischen dem Individuum und der Gesellschaft eine lange, schwierige Lernzeit voraussetzt, die schon sehr früh im Rahmen des Schulsystems einsetzen müßte.
Der Konflikt ist ein Wert, nicht nur dank seines dynamischen Effekts, dank der Impulse, die von ihm ausgehen: er ist ein Wert an sich, insofern allein schon seine Existenz und ihre bewußte Bejahung die Gefahr verringert, daß einer der jeweiligen Konfliktpole verschleiert wird. – Selbstverständlich gehört noch dazu, daß die wirklichen Konflikt-Widersprüche erkannt werden und nicht falsche Konflikte an ihre Stelle treten oder solche, die sich erst als Reaktion auf die echten, aber nicht erkannten und darum pathologisch deformierten entwickelt haben.
Im Begriff des Konflikts als Wert ist keines der antagonistischen Elemente auf die Vernichtung des anderen hin angelegt. Dennoch geht es nicht um einen einfachen Kompromiß; auch nicht um ein bloßes Kräftespiel, wenn auch das Verhältnis der Kräfte zueinander die sich vollziehenden Veränderungen bestimmt.

Es handelt sich auch nicht darum «die eigenen Widersprüche zu kultivieren», sondern sie ans Licht zu ziehen und zuzulassen, daß sie ihr dramatisches Spiel spielen.

Wenn aber keiner der beiden jeweiligen Widersprüche – etwa innerhalb des Widerspruchspaares «Kindheit-Erwachsensein», «Wahnsinn-Vernunft», «Haß-Liebe», «Leben-Tod», «Individuum-Gesellschaft» – auf die Vernichtung des anderen abzielt (was nur seine Verschleierung bedeuten könnte), wie läßt sich dann verstehen, daß im Lauf der Entwicklung neue Widersprüche auftreten können?

Ohne diesen Punkt hier weiter auszuführen zu wollen, möchte ich das neue Konfliktelement, das aus dem Zusammenprall der sich bekämpfenden Gegensätze hervorgeht und rückwirkend die jeweiligen Antagonismen entscheidend verändert, das «unerwartete Dritte» nennen.

Es hat nicht den Anschein, als ob die Fortschritte, die im Klassenkampf der «Bourgeoisie gegen die Arbeiter» errungen wurden, auf das Verschwinden eines der beiden Pole zurückzuführen wären. In den sozialistischen Ländern ist, wenigstens bisher, nur ein unbestreitbarer politischer und ökonomischer Rückschritt festzustellen.

Bessere Resultate sind dagegen – zumindest *auf ökonomischer Ebene* (Lebensstandard, Produktionsvolumen) – da zu verzeichnen, wo, wie in den Ländern des Westens, der Kampf weitergeführt worden ist. Auf politischer Ebene besteht allerdings nach wie vor ein, wenn auch etwas geringerer, Rückstand.

Das unerwartete Dritte müßte heute im Zusammenhang mit den Folgen der technologischen Revolution auftreten, die den Klassenkampf über seinen traditionellen Rahmen hinaus ausgedehnt hat:

Nicht mehr nur Kampf der «Bourgeoisie gegen die Arbeiterklasse», sondern «Altersklasse der Kinder und Jugendlichen gegen die Altersklasse der Erwachsenen», «Individuum gegen Gesellschaft», «Dritte Welt gegen Industriestaaten» und allen Anschein nach auch «Kampf der sexuellen Klassen». *Im Zuge der Entkonditionierung des Autoritätsreflexes sind die verschiedenen Formen der Ausbeutung ins öffentliche Bewußtsein getreten.*

Das zwar aus heterogenen Elementen bestehende *unerwartete Dritte,* das als neues Moment in den von Marx beschriebenen traditionellen Klassenkampf eingreift, bestünde demnach in der Ausdehnung dieses Kampfes auf bisher noch nicht politisierte Bevölkerungsschichten, die nun ein Klassenbewußtsein (Alter, Geschlecht, Dritte Welt) entwickeln.

Mit dem Begriff der Konfliktperpetuierung, der nachdrücklich auf die Unaufhebbarkeit des Kampfes zwischen den Gegensätzen hindeutet, nähern wir uns den Auffassungen von Proudhon[138]. Ich distanziere mich nachdrücklich von Thesen, die eine zukünftige «klassenlose Gesellschaft» oder ein «Ende der Geschichte» oder auch ein «Ende der Menschheit» proklamieren.

Der Konflikt «Individuum – Gesellschaft» erinnert nur allzu sehr an die gemeinsame Reise des tönernen und des eisernen Topfes (La Fontaine, *Fabeln* V,2)

Das Kräftemißverhältnis zwischen beiden ist eklatant. Dem modernen Staat stehen heute die Mittel zur Verfügung, jede Regung des Widerstands von seiten des Individuums mit Gewalt zu unterdrücken. Bisher fand das Individuum noch in den zahlreichen soziokulturellen Gruppen und Untergruppen Schutz, die sich gegenseitig ausbalancierten und zugleich ein Gegengewicht gegen die Staatsgewalt bildeten. Diese gleichfalls auf dem Autoritätprinzip basierenden Gruppen und Untergruppen sind offensichtlich in den Sog der allgemeinen Gesellschaftskrise geraten. Abgeordnete sind heute, um nur ein Beispiel zu nennen, nicht mehr in erster Linie Mittler zwischen dem Individuum oder Kollektiv einerseits und dem Staat andererseits, sondern eher das Sprachrohr des Staates in ihrem jeweiligen Wahlkreis. Das Individuum sieht sich mehr und mehr unmittelbar mit dem Staat konfrontiert, woraus sich gewisse «wilde» Aspekte des Protests oder der Revolte erklären.

Einzig und allein die Institutionalisierung des Konflikts als Wert und als Konsens und seine Bejahung von seiten des Staates und des Individuums, die eine Neugruppierung der Gesellschaft vor allem nach Altersklassen mit sich brächte, kann, wie es scheint, dem Individuum die Macht zurückgeben, die der Staat sich angeeignet hat.

Zweifellos hängt das Scheitern der verschiedenen sozialistischen Regime nicht nur mit dem Ausbleiben einer pädagogischen Revolution zusammen, die eine Entwicklung des Kindes unter nichtautoritären Bedingungen ermöglicht hätte, sondern in gleichem Maß mit dem Fehlen einer Gegenmacht gegen die zur Allmacht entartete Staatsgewalt.

Der Fortschritt, den im Westen der Klassenkampf und seine Ausweitung auf die ökonomische Ebene herbeigeführt hat, könnte, so läßt sich hoffen, unter den gleichen Bedingungen, also unter dem Verzicht auf Kampf bis zum Tod, die Voraussetzung für einen Fortschritt auch auf politischer Ebene sein.

Die pädagogische Revolution – eine echte Revolution, wie ich im folgenden versuchen werde darzulegen – müßte jeden politischen Fortschritt vorbereiten und begleiten, wenn wirklich erreicht werden soll, daß die Gleichheit aller vom politischen Bereich auch auf den ökonomischen übergreift.

Alles hängt miteinander zusammen. Soll das Phänomen Konflikt auf kollektiver Ebene als neuer sozialer Konsens akzeptiert werden, muß es zuvor zum Kollektivwert geworden sein. Und damit es das wird, muß notwendig jeder einzelne mit Unterstützung der Gesellschaft gelernt haben, mit seinen unvermeidlichen persönlichen Konflikten zu leben, andernfalls das Phänomen Konflikt nur eine leere Formel bleibt. Dieser Lernprozeß und dieses kollektive Einverständnis sind jedoch ihrerseits nur möglich, wenn eine pädagogische Revolution stattgefunden hat. Wir werden also immer wieder auf sie und auf das Problem des Kindes verwiesen.

III. Die Kindheit als Zustand und als sozio-politische, von den Erwachsenen getrennte Klasse: eine realistische Utopie

1. *Hauptthese*

Die hier zu entwickelnde These könnte dahingehend mißverstanden werden[139], daß ich der Meinung sei, das Kind müsse von den Erwachsenen vollständig isoliert werden und es könne von sich aus den Umgang mit der Realität erlernen. Sie scheint einer solchen Interpretation insofern eine Angriffsfläche zu bieten, als ich von einer «Trennung» des Kindes von den Erwachsenen spreche. Wenn ich aber diesen Ausdruck gebraucht habe, dann nur, weil ich es für nötig halte, daß sich die Jugend als Klasse konstituiert – als Altersklasse, soziale Klasse, politische Klasse –, damit sich ein Konfliktverhältnis in unserem Sinn zwischen der Altersklasse der Jugendlichen und der der Erwachsenen entwickeln kann.

Nachdem ich dem Begriff des Konflikts in den vorangehenden Kapiteln eine so hohe Bedeutung beigemessen habe, ist es wohl selbstverständlich, daß mir der Gedanke an eine Isolation der Jugend und ihre Selbsterziehung völlig fernliegt.

In Wirklichkeit ist es gerade so, daß das Kind heute von der Erwachsenenwelt faktisch isoliert, aus ihr ausgeschlossen, auf päödipale Phasen festgelegt ist.[140] Was ich hier vorschlage ist ein Weg, diese Situation, von den genannten Widersprüchen ausgehend, in Richtung auf größere Freiheit, größere Humanisation hin zu überwinden. Der gegenwärtige Stand des gesellschaftlichen und politischen Bewußtseins der Erwachsenen wie auch der Jugendlichen gibt wenig Grund zu der Hoffnung, die hier beschriebene Entwicklung werde sehr bald einsetzen[141]. Es ist sogar sehr leicht möglich, daß sie überhaupt nicht stattfindet. In diesem Fall jedoch sehe ich für mein Teil nicht, wie nach der fortschreitenden Auflösung des auf Autorität basierenden sozialen Konsens – falls nicht unvorhersehbare neue Momente ins Spiel kommen – ein nunmehr auf nackte Gewalt basierender Konsens verhindert werden kann.

Das Auftreten eines Konsens, der auf der Bejahung des Konflikts als eines kollektiven Wertes sowohl für den innerpsychischen Bereich als auch für das Verhältnis des Individuums zur Gesellschaft beruht, gehört daher gewissermaßen dem Bereich der Utopie an – einer Utopie jedoch, die im Unterschied zu vielen anderen insofern realistisch ist, als die Bedingungen zu ihrer Verwirklichung offensichtlich gegeben sind.

Wir haben diese Bedingungen ausführlich untersucht: Die Jugendlichen und Kinder lehnen schon jetzt das Traditionserbe und die Gesellschaft ab und werden sie immer entschiedener ablehnen; sie sind von der Erwachsenenwelt, die weder Zeit noch Lust noch die Fähigkeit hat, sich ihrer anzunehmen, abgeschnitten, sie bilden innerhalb des Schulsystems eine geschlossene Gruppe.

Meiner Überzeugung nach werden die Kinder und Jugendlichen aus den oben dargelegten Gründen auf das Entwicklungsstadium der Kindheit und Adoleszenz festgelegt, ja zur Regression auf archaische Formen genötigt.

Die traditionelle «Lösung» bestand darin, daß die Kinder und Jugendlichen sich in die Gesellschaft eingliederten, *indem sie als solche, als Kinder und Jugendliche, zu existieren aufhörten*; sie verdrängten gewaltsam einen Teil ihrer selbst – das Kindsein – und identifizierten sich zwangsweise mit den Erwachsenen auf dem Weg über einen doppelten Konflikt: den frühkindlichen und den pubertären Ödipuskonflikt[142].

Die Bedingungen, die eine solche Integration in die Gesellschaft ermöglichen, bestehen nicht mehr. Für den Jugendlichen ist es unmöglich geworden, den Ödipuskonflikt zu «verarbeiten» oder sich mit ihm einzurichten, und auch beim Kind wird das, wie ich glaube, immer mehr der Fall sein.

Eine Verarbeitung des Konflikts müßte heute vom Kindheitsstatus selbst und der Fixierung auf ihn ausgehen; sie würde nicht mehr in der Identifikation mit den Erwachsenen bestehen (in einer Identifikation, die, noch einmal, auf traditionelle Weise nicht mehr möglich ist), *sondern in einer Begegnung mit der Erwachsenenwelt auf der*

Basis gegenseitiger Beeinflussung. Wir werden ihre Modalitäten noch im einzelnen untersuchen.

Kurz, ein neuer Fortschritt auf dem Weg zur Humanisation in dem hier gemeinten Sinn kann nur erzielt werden, wenn man von der durch die technologische Revolution entstandene Situation des Kindes ausgeht. Jeder ideologische Hiatus – dessen Ursprung ich, um das zu wiederholen, im technisch-gesellschaftlich-ökonomischen Bereich sehe – schafft die Möglichkeit einer weiteren Befreiung, eine Möglichkeit, die ergriffen oder nicht ergriffen werden kann. Keine Finalität, keine Determination, keine historische Notwendigkeit zwingt dazu, und keine Gesellschaftsklasse kann darin eine messianische Rolle spielen.

Es sei noch einmal ausdrücklich betont, daß ich keineswegs die Existenz eines Kindseins «an sich» postuliere, das quasi von selbst zum Vorschein käme, sobald nur der Druck der Erwachsenenwelt auf die Kinder aufhört. Es gibt aber auch kein Erwachsensein «an sich». Das zeigt sich deutlich an der Vielfalt der Formen, die dieses Erwachsensein in den verschiedenen Kulturen annimmt, wie auch an der Schwierigkeit, ja Unmöglichkeit, den in unserer Gesellschaft geltenden Begriff «normal» zu definieren. Es hat seit je eine Beziehung zwischen dem im biologischen Sinn Erwachsenen und der jeweiligen Kultur bestanden, und der Zustand des Erwachsenseins gestaltete sich entsprechend diesem Verhältnis zur jeweiligen Kultur, *aber auch entsprechend den psychomotorischen und sexuellen Besonderheiten des biologisch Erwachsenen.* Diese Besonderheiten lassen sich folgendermaßen beschreiben: wegen der beim Menschen sehr spät eintretenden Reife des neurobiologischen Instrumentariums entwickelt sich eine spezifische auf die Außenwelt, die äußere Realität gerichtete Aktivität. Mit Hilfe seiner psycho-motorischen Möglichkeiten und der zum großen Teil sozio-kulturell bedingten Orientierung seiner sexuell-genitalen Wünsche versucht der Erwachsene in der Auseinandersetzung mit der äußeren Wirklichkeit seine Bedürfnisse und Wünsche anders als nur mit Phantasien zu befriedigen (bzw. indem er beides miteinander versöhnt: jede Tätigkeit enthält auch Phantasmatisches, in dem das Unbewußte mitschwingt). Um das leisten zu können, war jedoch der Erwachsene bisher gezwungen, das Kind in sich abzutöten. Die *Identifikation* mit dem Erwachsenen während der Kindheit ist gewissermaßen ein langsamer *Mord am Kind im Menschen.* In den Industriegesellschaften hat der Erwachsene alle positiven Kindheitskräfte verloren: Lebenslust, Neugierde, die Fähigkeit zu staunen, Kreativität, die Gabe des Spiels und der Phantasie; er ist ein im psychisch-affektiven Bereich infantilisierter biologisch Erwachsener: ein passives Wesen voller Schuldgefühle, das seine Phantasie mit industriellen Nebenprodukten (Sex-Läden), seinen Spieltrieb mit degenerierten Spielformen (Kartenspiel) und sein Tätigkeitsbedürfnis mit mechanischer Arbeit und aggressiven Ausfällen befriedigt. Der Mensch der «primitiven» Gesellschaften profitierte, zumindest in bestimmten Kulturen, mehr von seiner Kindheit – einer Kindheit allerdings, der nicht die Möglichkeiten, sich voll zu entfalten, zur Verfügung standen und der die Einweihungsriten brutal ein Ende machten.

Mit anderen Worten: es ist meines Erachtens durchaus nicht unumgänglich nötig, daß der Mensch aufhören muß, Kind zu sein, wenn er erwachsen werden will. Kind bleiben und doch zugleich erwachsen werden würde bedeuten, im individuellen Bereich das eigene Menschsein voller zur Entfaltung zu bringen, selbst wenn auf kollektiver Ebene die soziale Stellung des einzelnen, seine Klassenzugehörigkeit, von seinem biologischen Alter abhängen.

Die hier entwickelten Vorstellungen unterscheiden sich von der traditionellen Pädagogik, wie mir scheint, in folgenden Punkten:

Die psychisch-affektive Reife des Kindes tritt früher ein, als gewöhnlich angenommen wird. Wenn Freud den Zeitpunkt, an dem gewöhnlich der Ödipuskonflikt ausklingt, in das vierte oder fünfte Lebensjahr verlegt, setzt er damit unausgesprochen schon eine sehr entwickelte Organisation des psychischen Apparats voraus: Abwehrmechanismen des Ich, Über-Ich, Ichideal. Das Kind, wie wir es kennen, ist ein durch die Erwachsenen-Gesellschaft infantilisiertes, kulpabilisiertes Kind. So wie der kolonisierte Eingeborene nicht das ist, was er sen könnte, sondern manchmal nur noch eine vom Kolonisator gezeichnete Karikatur seiner selbst, der zu gleichen er gezwungen wird, so ist heute das Kind, das mehr als jemals zuvor die konkrete Möglichkeit hätte, seine spezifische Lebensform zu entwickeln, nur die

Karikatur des zukünftigen Kindes – wenn überhaupt dieses Kind der Zukunft je Wirklichkeit wird. Der heutige Erwachsene aber, dem die Freizeit (von der er sagt, man müsse sie «totschlagen») soviel Angst macht, daß er sich, oft freiwillig, lieber zu Tode arbeitet, ist die Karikatur der Karikatur des Kindes. Die allermeisten Erwachsenen bringen es nicht fertig, sich wie ein Kind selbstvergnügt zu beschäftigen.

Die Kindheit ist keine Vorbereitungszeit auf das Erwachsenensein, noch weniger aber eine Lehrzeit, die auf den künftigen Beruf vorbereitet. Sie ist zwar auch das. *Vor allem aber sollte sie der Entfaltung der für das ganze weitere Leben bestimmenden Charakteristika des Kindseins dienen.* Daraus folgt als nächstes: Es ist genauso wichtig, daß vom Kind ein Einfluß auf den Erwachsenen ausgeht wie umgekehrt von diesem auf das Kind. Das Kind wird sich teilweise mit dem Erwachsenen identifizieren und dieser (um sich sein Kindsein zu erhalten) immer von neuem mit dem Kind. Das Kind übt, wie wir sahen, heute ohnehin einen Einfluß auf den Erwachsenen aus: jede Entwicklung des Kindes, die von der Erwachsenen-Gesellschaft begünstigt würde, wäre damit ein die Entwicklung des Erwachsenen fördernder Faktor. Für die Form des Erwachsenen-Kind-Verhältnisses wäre nicht mehr der Typ der persönlichen Beziehung bestimmend, sondern die Altersklassen-Beziehung. Die Lehrer werden der Altersklasse der Kinder gegenüber genau die gleiche Stellung als Vertreter der Altersklasse der Erwachsenen einnehmen wie die Familie, nach dem 5./6. Jahr der Kinder sogar eine wichtigere. Das Schulsystem wird vielfältige Funktionen übernehmen: Entfaltung des Kindseins, Vorbereitung auf das Erwachsensein, institutionalisierte Hilfe bei der Konfliktbewältigung ohne Rückgriff auf die traditionellen, auf Projektion und Idealisierung basierenden Scheinlösungen: Einübung in Selbsterkenntnis und das Verständnis anderer, besonders der unbewußten Vorgänge. Das Kind verinnerlicht dann nicht das Bild eines bestimmten Erwachsenen, nach dem es sich formt, sondern das Prinzip des Konflikts als Wert an sich und als sozialer Konsens.

Was an unvermeidlichen frühkindlichen Schuldgefühlen noch bleibt, wird in der Sakralisierung des Konfliktbegriffs, in seiner Einstufung als höchster Wert aufgehoben sein. Die «heilige» Notwendigkeit des Kampfes der Gegensätze, des Wechselspiels der Widersprüche bis zu ihrer Aufhebung in neuen, komplexeren Widersprüchen wird sich am deutlichsten daran erweisen, daß der Erwachsene dann nicht mehr als Ganzes auf der Kindheitsstufe stehen bleibt und das Kind nicht als Ganzes zum Erwachsenen wird. Die für den Menschen so charakteristische Tatsache, daß infolge seiner überlangen biologischen Kindheit typische Merkmale dieser Stufe sich lange neben den typischen Merkmalen des Erwachsenseins erhalten, wäre dann Voraussetzung und Garantie zugleich dafür, daß Konflikte nicht durch die brutale Unterdrückung einer ihrer Komponenten gelöst würden. Der natürliche Zustand des Menschen ist der Konflikt – in seinem eigenen Inneren und zwischen ihm und der Gesellschaft; bisher sind diese Konflikte zum größten Teil autoritär verschleiert worden. Das verschleierte oder unterdrückte Konfliktelement kehrte jedoch in zerstörerischer Gestalt zurück – in diesem Sinn kann man von einer «Gesellschaftspathologie» sprechen; die verschleierte Aggressivität trat als Krieg oder Verfolgung wieder hervor, die Furcht vorm Archaischen als Versklavung der Frau, die Versklavung der Frau als «Kastration» des Kindes, die Unterdrückung des Kindes als Illusionen aller Art (Jenseits, Land der Verheißung, Goldenes Zeitalter, Himmlisches Jerusalem, Arkadien à la Marcuse usw.) und als ganz konkrete psychosomatische und Geisteskrankheiten.

2. Bemerkungen zum Altersklassenkampf innerhalb des Schulsystems bzw. zur konfliktuellen Koedukation

Eine Koeduktion dieser Art würde auf der Basis einer nicht mehr individuellen, sondern dem Klassenkampf in den westlichen Gesellschaften entsprechenden Erwachsenen-Kind-Beziehung vor sich gehen[143]. Das Kind wird vor allem die Klassenbeziehung verinnerlichen, den Konflikt als Wert und Konsens; es wird sich ganz sicher – wahrscheinlich in einer Art von Verschmelzung – mit den anderen Kindern und in präziserer, partieller Form (partielle Identifikation) mit den Erwachsenen identifizieren.

Aber es wird sich auch, innerhalb des Schulsystems, der Erwachsene mit dem Kind identifizieren und so die Charakteristika des Kindseins in sich lebendig erhalten.

Es fände also in diesem Fall eine wechselseitige Beeinflussung beider Altersklassen statt.

Es ist sogar denkbar, daß in dieser Hinsicht eine kontinuierliche Einübung in das Kindsein beim Erwachsenen nötig werden könnte als natürliches Gegengewicht zu dem, was allgemein «permanente Fortbildung» oder «lebenslanges Umlernen» heißt.

So wie das Individuum sich nach der Ermüdung des Tages im Schlaf und Traum regeneriert, würde es in der bewußt genutzten Möglichkeit, täglich wieder in den Zustand des Kindseins zurücktauchen zu können, eine natürliche *Erholung*, eine regenerierende Nahrung finden, die dem Zustand des Erwachsenseins und der Sozialisation zugute kämen: eine solche Möglichkeit bieten Gruppenspiele, alle Arten von Phantasiebetätigung, gemeinsamer oder Einzeltanz, Gesang, Theaterspiel, Tätigkeiten, an denen jeder einzelne aktiv teilnehmen kann, bei denen jeder Mitspieler ist – was eine vorübergehende Distanzierung als Zuschauer nicht ausschließt. Der Erwachsene, der tief in seiner Kindheit wurzelte, wäre wahrscheinlich nicht mehr jenes traurige, frustrierte, passive und aggressive Wesen, als das wir ihn kennen.

Das Gegenstück zu den Erwachsenen, die – zugleich als Vertreter ihrer Altersklasse – für die Arbeit in der Schule «bereitgestellt», beauftragt wären und die nicht mehr «Unterricht abhalten», sondern, wie wir noch sehen werden, die wissenschaftlichen Erkenntnisse der Vergangenheit und Gegenwart je «nach Bedarf» der (ihrerseits nach Jahrgängen unterteilten) Altersklasse der Kinder vermitteln würden – das Gegenstück zu diesen Erwachsenen wären die verschiedenen Gruppen der Kinder, die an den Aktivitäten der Erwachsenen teilnehmen, um das zu bewirken, was man «permanente Umschulung auf das Kindsein» nennen könnte. Damit begeben wir uns auf ein Gebiet, das vielen Leuten wahrscheinlich höchst utopisch vorkommen wird[144].

Ich vertrete einen Standpunkt, der der Tendenz, alles, was sich beim Erwachsenen an Kindheitsresten erhalten haben könnte – und was heute tatsächlich nur noch in pervertierter Form als Albernheit und Infantilität auftritt –, abzuwerten und zu diskreditieren, diametral entgegengesetzt ist. Heißt es nicht von einem hinfälligen alten Menschen, er «werde wieder zum Kind», und ist es nicht eine Beleidigung, wenn von einem Erwachsenen gesagt wird, er sei ein «Kindskopf»? Wo aber eine Rückkehr zur Kindheit, vor allem mit Hilfe von Drogen und Betäubungsmitteln, propagiert wird, strebt man in Wirklichkeit ein prä-infantiles Nirwana, den Zustand des satten Säuglings an.

Das wirksamste Gegenmittel gegen Geisteskrankheit, asoziales Verhalten oder regressive Tendenzen wäre wohl – außer der Reifung zum politisch «Erwachsenen»[145] – die Fähigkeit, sich willentlich der unvergleichlichen Lust überlassen zu können, *wie ein Kind zu spielen, zu imaginieren, zu schaffen, zu träumen.*

Zahlreiche psychotherapeutische Techniken sind nach dem Modell kindlicher Aktivitäten konzipiert: nach dem Modell des Spiels (Psychodrama) oder der kindlichen Phantasien (der gelenkte Tagtraum nach der Methode von Desoille oder die «vorgegebenen Phantasien», die von einer ganzen Schule französischer Psychosomatiker mit Pierre Marty an der Spitze propagiert werden). Auch die Psychoanalyse legt es ja eigentlich darauf an, im Verlauf einer kontrollierten Regression die Kindheit wieder aufleben zu lassen, damit die traumatischen Ängste und Konflikte ihre übersteigerte affektive Besetzung verlieren. Es wäre jedoch zu fragen, ob nicht vielleicht der Analytiker die unbewußte Absicht hat, dieses wiedererstandene Kind in einen Erwachsenen umzufunktionieren. Auf alle Fälle zwingt der Druck des kulturellen Milieus den Analysierten, seine neugewonnenen Kräfte als Erwachsener zu gebrauchen.

Der Einfluß des Kindes auf unsere Kultur zeigt sich insbesondere auch in der Entwicklung der Pädagogik. Als Pädagogen wie Freinet oder Neill ihre Methoden entwickelten, sind sie ganz sicher nicht vom Erwachsenen ausgegangen. Sondern einerseits hatten sie sich ihr Kindsein zu erhalten verstanden, hatten es fertiggebracht, erwachsen zu werden und doch dabei Kind zu bleiben, andererseits änderten sich die pädagogischen Methoden mit dem Moment, da man anfing, den Kindern eine gewisse Selbständigkeit zuzubilligen; sie paßten sich der neuen Wirklichkeit an, die da unerwartet Gestalt annahm, der Einsicht nämlich in die Tatsache, daß das Kind nicht einfach weiches Wachs ist, sondern seine eigenen Bedürfnisse, Wünsche, Charakteristika hat. Die moderne Pädagogik, die «aktiven» Erziehungsmethoden sind das Ergebnis der *Begegnung* von Kindern mit begabten, d. h. jung gebliebenen Erwachsenen.

Denn wenn es auch für einen Erwachsenen eine Beleidigung ist, ein «Kind» genannt zu werden, so gilt es doch im Gegenteil als Kompliment, wenn man von ihm sagt, er sei «jung geblieben». Hier wird das ambivalente Verhältnis der Erwachsenen zur Kindheit, ihrer eigenen verlorenen Kindheit, sichtbar. Man sagt etwa von einem wissenschaftlich kreativen Menschen, er habe sich die Wißbegier der Kindheit bewahrt – der Erkenntnistrieb hat für Freud seinen Ursprung in der Frage nach der Herkunft der Kinder –, und die Vorstellung, daß für den Künstler seine Kindheit eine Quelle der Inspiration sei, ist weit verbreitet. Trotzdem sagt man zum Kind: «Du bist jetzt alt genug, um vernünftig zu sein; du solltest nun aufhören, dich wie ein Kind zu benehmen; es wird Zeit, daß du an die Zukunft denkst!»

Einer der wenigen Faktoren, die heute die Eltern zu zwingen vermögen, sich selbst zu prüfen und aus ihrer geistigen Passivität herauszutreten, ist die Protest-, die Oppositionshaltung ihrer Kinder – zumindest die Feststellung, daß ihre Kinder anders sind als sie selbst, daß sie sich ihnen entziehen, «problematisch» sind.

Eins aber muß nachdrücklich betont werden: *die Entkonditionierung des Autoritätsreflexes ist auf keinen Fall an sich schon gleichbedeutend mit Fortschritt, mit Befreiung.* Vorausgesetzt, daß noch andere Bedingungen erfüllt sind, ermöglicht die Entkonditionierung einen neuen Schritt auf dem Weg zur Befreiung. Wobei diese anderen Bedingungen, besonders heute, mit der Möglichkeit in Zusammenhang stehen, sich Ausdruck verschaffen, sich entfalten, handeln zu können. Wenn man für die Kinder oder Jugendlichen, die infolge der Auswirkungen der technologischen Revolution auf die traditionellen Institutionen nicht mehr autoritätsgläubig sind, keine materiellen und sozialen Entwicklungsmöglichkeiten schafft, werden wir Zeugen von Regressionen (Drogenkonsum), Fehlverhalten (Delinquenz), einer Zunahme der «Geisteskrankheiten» aufgrund der geschwächten Abwehrmechanismen gegen die Angst und die unbewußten Phantasien sein – oder die Jugend sucht Zuflucht bei irgendeinem großen politischen Magier.

Die Kindheit als Klasse und spezifische Existenzweise kann sich nur *mit Beistand der Erwachsenen entfalten*. Das macht diese Entwicklung so abhängig von Imponderabilien: wie kann eine Gesellschaft sich bereitfinden, Kräfte, die sich ihr widersetzen werden, selbst zu nähren und zu fördern? Im neunzehnten Jahrhundert hat sich die Arbeiterklasse dem Bürgertum ohne dessen Hilfe entgegengestellt. Stimmt das aber tatsächlich? In Wirklichkeit konnte die Arbeiterschaft ihren eigenen freiheitlichen Rechten, dem Recht auf gewerkschaftlichen Zusammenschluß, dem Streikrecht, dem Stimmrecht, wenn auch mit Gewalt, nur Geltung verschaffen, weil die Macht in Händen des Bürgertums lag, also in Händen einer sozialen Klasse, die bereits bestimmte politische Freiheiten durchgesetzt und bestimmte Werte entwickelt hatte. In der UdSSR könnte sich die Arbeiterklasse heute diese Rechte ganz sicher nicht erobern: eine totale Informationssperre würde es der Regierung möglich machen – und hat es ihr zu wiederholten Malen möglich gemacht –, jede Unabhängigkeitsregung blutig niederzuschlagen. In Spanien, Griechenland, Brasilien ist die Lage nicht viel anders. Im Fall der Erwachsenen spielt als ein nicht zu unterschätzender günstiger Faktor die Tatsache eine Rolle, daß es sich um deren eigene Kinder handelt und daher nicht alle zur Unterdrückung von Protest geeigneten Mittel angewandt werden können.

Letzter, aber nicht unwichtigster Punkt: die in der vorliegenden Studie entwickelte These ist nicht einfach dem Wunschdenken des Autors entsprungen, sie ist das Ergebnis einer Situationsanalyse: der Feststellung nämlich, daß das zwischen den Altersklassen sich entwickelnde Kräfteverhältnis immer mehr die Form des Klassenkampfes statt einfacher individueller Beziehungen annimmt. Es läßt sich sogar behaupten, daß eine Solidarität der Altersklasse über alle sozialen Klassenunterschiede hinweg die Eltern zu gemeinsamen repressiven Maßnahmen vereinen kann: Schülereltern, die der Arbeiterklasse, und Eltern, die dem Bürgertum angehören, können sich zusammentun, um gegen die «Unruhe» an den Schulen vorzugehen; die So-

lidarität der Altersklasse ist dann stärker als der soziale Klassengegensatz[146]. Sowohl auf seiten der Kinder und Jugendlichen als auch auf seiten der Erwachsenen erwacht ein Klassenbewußtsein[147]. Die Frage ist, ob die Erwachsenen die anderen als «gleichwertige Gesprächspartner», als politisch gleichberechtigt anerkennen werden.
In den Fällen, wo das schon geschehen ist, lassen einige praktische Realisationen bereits zukünftige Möglichkeiten erkennen: es gibt Bücher, die von Kindern für die Erwachsenen geschrieben wurden (Sammlung «Kontakt» in Finnland), es gibt Museen für Kinder (Marseille), von Kindern verfaßte Theaterstücke («Théâtre des Jeunes années» in Lyon, «Théâtre de la Banlieu-Sud» in Paris). Es handelt sich dabei um kollektive Unternehmen oder Aktivitäten, in denen Kinder sich *als Altersklasse*, nicht als Einzelpersonen vom Typ Minou Drouet, ausdrücken können.
Ich fasse zusammen: die Kinder und Jugendlichen auf der einen Seite und die Erwachsenen auf der anderen sind durch eine reale Kluft getrennt, die sich immer weiter vertiefen wird. Die traditionelle Konditionierung, mit der die Kinder – unter Verlust ihres Kindseins – zu Erwachsenen gemacht wurden, ist offensichtlich nicht mehr möglich. Wie könnte sich nun heute eine *Begegnung* zwischen beiden Altersklassen vollziehen, *eine Begegnung, ohne die unter den gegenwärtigen Umständen das Kind als biologisches Wesen weder die Charakteristika des Kindes, noch die des Erwachsenen entfalten kann.* Diese Begegnung kann, wie unsere Analyse zeigt, nur dann zu einem Fortschritt führen, wenn sie im kollektiven Rahmen und im Zeichen des Konflikts zwischen Altersklasse und Altersklasse vor sich geht. Und sie kann in dieser Form nur stattfinden, wenn die Erwachsenen den Kindern und Jugendlichen helfen, sich als gesellschaftlich-politische Klasse zu konstituieren, wenn sie ihnen die Mittel zu ihrer Entfaltung und ihrer Selbstdarstellung an die Hand geben. Damit nehmen wir, wie man sieht, eine Position ein, die der traditionellen Einstellung der Erwachsenen diametral entgegengesetzt ist. Die Haltung der Erwachsenen bestand bisher darin, daß sie ihre eigenen Abwehrmechanismen verstärkten, indem sie entweder ihre eigenen Triebe auf das Kind projizierten («Die Kindheit ist das Leben eines Tieres», Bossuet) oder diese Projektion verleugneten («unser Engel-

chen»): im ersten Fall mußte das Tier gebändigt, im zweiten Fall die Illusion mit der Wirklichkeit in Einklang gebracht werden; in beiden Fällen mußte sich das Kind mit den Abwehrmechanismen der Eltern identifizieren, sie zu den seinen machen und sich selbst als Kind zum Verschwinden bringen. Heute dagegen geht es darum, den anderen – das Kind – in seiner Andersartigkeit als ebenbürtig zu akzeptieren, ohne zu versuchen, die bestehende Ungleichheit der Kräfte für sich auszunutzen. Die Eltern müßten schon von bodenloser Verstörtheit, von einem tiefen Zweifel an sich selbst befallen sein, wenn sie sich zu einem so unerhörten Vorgehen von sich aus entschließen würden. Aber sind sie es denn nicht? Es gibt offensichtlich nur noch zwei Möglichkeiten: den Kampf der aktuellen Widersprüche bejahen mit dem Ziel, sie in neuen, den Problemen der Gegenwart angemesseneren Widersprüchen aufzuheben[148], oder die Widersprüche verdrängen, unterdrücken, und das heißt: Faschismus[149].

3. *Bemerkungen zur Videoskopie*

Anhand der Videoskopie soll gezeigt werden, wie die Begegnung zwischen Kindern und Erwachsenen sich vollziehen könnte, ohne daß die Besonderheiten des Kindseins verloren gehen und obwohl die heutige Jugend das von den Erwachsenen vermittelte Traditionserbe, besonders das wissenschaftliche, ablehnt.
Jeder weiß, was Videoskopie ist: eine Technik, die die Aufzeichnung von Ton und Bild mit Hilfe einer Kamera und anschließend die direkte Projektion des Films, ohne dessen vorherige Entwicklung, auf den Bildschirm erlaubt. Der Filmstreifen kann entweder aufbewahrt und beliebig oft projiziert oder aber gelöscht werden, damit ein neuer Film gedreht werden kann. Die technisch völlig problemlose Handhabung dieses Apparats – man muß ihn nur einstellen und auf einen Knopf drücken, um Ton und Bild gleichzeitig aufzeichnen, und die Video-Kassette nur in einen Fernseher einsetzen, um das Resultat sofort sehen zu können – macht ihn aus Gründen, von denen gleich die Rede sein wird, zu einem, wie mir scheint, revolutionären Ereignis.

Die Videoskopie könnte für die neue Generation zu einem hervorragenden Erkenntnis- und Kommunikationsmittel werden.
Nehmen wir an, ein Sechzehnjähriger stellt sich z. B. die Frage, was Wahnsinn sei.
Überlegen wir erst einmal, warum er sich wohl gerade diese Frage stellt. Die Antwort ist verhältnismäßig leicht: weil die Adoleszenz eine Zeit der Wandlung ist, in deren Verlauf das Subjekt den pubertären Ödipuskonflikt durchlebt und mit seinem Unbewußten genau in dem Augenblick, da die bisherigen Abwehrmechanismen des Ich teilweise unwirksam geworden sind, in engste Berührung kommt. Daher das Gefühl tiefen Unbehagens und die mehr oder weniger bewußte Angst, wahnsinnig zu werden. Die Adoleszenz war schon immer ein Alter, in dem die Frage nach dem Tod – dem Tod mit der Mutter zusammen, der Tod des Vaters oder durch den Vater –, nach der Sexualität, dem Inzest, dem Wahnsinn, der Beziehung zwischen Unbewußtem und Ich sich stärker aufdrängt.
Um 1950/60 würde ein Jugendlicher, dem sich die Frage nach dem Wahnsinn gestellt hätte, Bücher gelesen haben, die sich mit diesem Problem beschäftigen. Mit anderen Worten, sein Unbehagen und sein Nachdenken darüber wären sehr bald von den Interpretationen und Antworten, die solche Werke ihm angeboten hätten, erstickt worden.
Heute nun ist dem Jugendlichen nicht mehr die Antwort anderer wichtig, sondern er will, von *seiner* persönlichen Frage ausgehend, *seine* persönliche Antwort finden. Was bisher darüber gedacht worden ist, was andere erfahren haben, ist für ihn nicht maßgebend, das lehnt er mehr oder weniger strikt ab[150].
Will er sich über den Wahnsinn Klarheit verschaffen, wird er demnach eher versuchen, in einer psychiatrischen Heilanstalt oder einem Betreuungszentrum, in einer Klinik oder einem Tagesheim usw. selbst Beobachtungen anzustellen.
Die unmittelbare Begegnung mit dem Wahnsinn wird jedoch sehr bald als unerträglich empfunden. Der Psychiater traditionellen Stils konnte diesen Kontakt ertragen, weil er zwischen sich und den Geisteskranken (d. h. zwischen sein Ich und den Wahnsinn in ihm selbst) den ganzen theoretischen Apparat einer Lehrmeinung schob. Der

Psychoanalytiker erträgt diesen Kontakt – und zieht mehr Nutzen daraus –, weil er gelernt hat, bewußte und unbewußte Gefühle gegenüber einem Psychotiker selbstanalytisch zu klären (man nennt das Analyse der Gegenübertragung, d. h. der eigenen Übertragung als Antwort auf die Übertragung des anderen).

Der Mensch des Westens erträgt bekanntlich den Wahnsinn, den er bei sich selbst verleugnet, nur sehr schwer. So hätte auch der Jugendliche nur die Empfindung eines sehr bald unerträglichen Unbehagens, einer lähmenden Angst vor dem in ihm selbst aus dem Unbewußten herandrängenden Wahnsinn, den die Gegenwart des Psychotikers, die über Sprache und Gestik hergestellte Kommunikation vom Unbewußten des einen mit dem Unbewußten des anderen, weckt.

Wenn der Jugendliche das, was ihm begegnet, mit dem Videoskop aufnimmt, schlägt er zwei Fliegen mit einer Klappe. Einerseits schiebt er zwischen sich und den Psychotiker eine vermittelnde Apparatur, was ihm ermöglicht, sein eigenes Unbehagen sehr viel länger ertragen, die innere Spannung ausdehnen und durchhalten zu können. Andererseits kann er beliebig oft den im Lauf seines Experiments aufgenommenen Tonfilm ablaufen lassen und so verschiedene Beobachtungen miteinander vergleichen.

Die Beobachtungszeit, die dem Jugendlichen von 1950/60 zur Verfügung stand, war praktisch gleich null, die Zeit, sich Fragen zu stellen, sehr begrenzt, und bei weitem die meiste Zeit nahm die interpretatorische Antwort eines Autors, einer Autorität auf diesem Gebiet, in Anspruch. Bestenfalls legte dieser Autor seine eigenen Gedankengänge dar und regte so seinen jugendlichen Leser zum Nachdenken an. Bei diesem ganzen Vorgang lag das Hauptgewicht auf dem Gesamtzusammenhang abstrakter Gedankengänge, dem Funktionieren des diskursiven Denkens, ohne Bezug zur äußeren Wirklichkeit. Die innere Wirklichkeit – das persönliche Unbehagen des Jugendlichen – wurde unter fertigen Antworten erstickt, und die äußere Wirklichkeit – der Wahnsinn – blieb unerkannt.

Beim Jugendlichen von heute liegt das Gewicht auf der Befragung der äußeren Wirklichkeit und dem eigenen Verhältnis zu ihr, hier also zum Wahnsinn. Unerkannt, weil außerhalb psychoanalytischer Prozesse nicht wahrnehmbar, bleiben die Beziehungen zwischen dem

einen bestimmten Psychotiker und dem Jugendlichen, der mit ihm Kontakt aufnimmt. Abgelehnt oder für unerheblich gehalten werden die bisherigen Antworten auf die Frage: Was ist Wahnsinn?
Es fällt sofort auf, wie verschieden diese beiden Arten des Vorgehens sind; beim ersten ist die Antwort eines anderen das Wesentliche, beim zweiten ein Befragen der Wirklichkeit, das sich aber sehr bald im Kreis dreht.
Welche Versuchungen und «Kinderkrankheiten» drohen dem Jugendlichen von heute, wenn er mit Hilfe der Videoskopie seine innere Spannung, seine Befragung und Beobachtung der Wirklichkeit auszudehnen versucht?
Die erste Gefahr bestünde darin, daß er das Opfer eines, wie man es nennen könnte, «Sensationismus» werden könnte, daß er also vor allem Schock-Bilder, die starke Gefühlsreaktionen hervorrufen, filmt. Damit würde er sich vorschnell einen Fluchtweg eröffnen: die durch die Spannung und Dauer der Untersuchung erzeugte Angst würde sich unverarbeitet in primitiven, elementaren Empfindungen und Gefühlen entladen. Um ein Beispiel aus einem anderen Bereich anzuführen: eine Untersuchung über die sozialen Klassen, die Gesellschaft, die Wirtschaft würde sehr bald zu Ende sein, wenn sie nur Szenen der Gewaltanwendung von seiten der Polizei oder der Jugendlichen registrierte. Damit das Individuum mit seinen Untersuchungen zum Ziel kommt, ist es wichtig, daß sich zwischen den beobachteten Phänomenen so viele Querverbindungen wie nur möglich herstellen lassen: repressive Gewalt ist ein universales Phänomen, mit dem allein die Gesamtheit der ökonomischen Phänomene nicht zu erklären ist. – Mit dem «Sensationismus» würde die objektive Untersuchung aufgegeben und ein Verständnis der Phänomene durch unbewußte Projektionen ersetzt werden: Wahnsinn – das sind die anderen, Polizei – das ist das Böse schlechthin (obwohl sie nur die Verkörperung bestimmter Kräfte ist).
Die zweite Gefahr bestünde in einer Art von Selbstzerstörung: das Individuum sammelt eine Menge Beobachtungsmaterial, in das es keine Ordnung zu bringen vermag. Die Untersuchung gerät in einen Leerlauf, dreht sich im Kreis, ohne daß es zu einer Verarbeitung des Materials kommt. Das Filmen von Streiks oder Psychotikern liefert

für sich allein noch keine Antwort auf die Fragen: warum gibt es Streiks, warum Psychotiker? Es kann höchstens auf die Dringlichkeit einer Untersuchung deutlicher hinweisen und die Gefahr mystifizierender Antworten verringern. Außerdem müssen noch von einem bestimmten Moment an die wissenschaftlichen Ergebnisse der früheren Generationen herangezogen werden. Über die Art, wie das zu geschehen hätte, wird später noch zu sprechen sein.

Andernfalls lauert auf den Jugendlichen noch eine dritte Gefahr: die «magische» Antwort irgendeines «großen Magiers», der sich nicht auf ein System von Hypothesen und experimentellen Verifikationen stützt, sondern schlicht behauptet: «Ich bin die Antwort.» Die von einer charismatischen Persönlichkeit ausgehende Faszination stillt dann die Angst des endlosen Fragens, schüttet sie zu. Diese Persönlichkeit kann ebensowohl ein Psychiater wie ein Politiker sein, die beide mit definitiven Behauptungen operieren und sich unausgesprochen als unfehlbar hinstellen. Ohne daß das Individuum es merkt, hat es schon eine Regression vollzogen: es hat den Kontakt mit der Wirklichkeit verloren, ist auf den Bereich der Magie und der Allmacht des Denkens regrediert.

Mit anderen Worten: die Subjekt-Objekt-Spannung kann nicht als solche ad infinitum ausgehalten werden: entweder sie wird verarbeitet, oder es tritt eine Regression ein.

Die Videoskopie ist daher nicht Selbstzweck, sondern ein besonders geeignetes Mittel, um eine *aktive* Begegnung mit der Widerstand leistenden äußeren Wirklichkeit herzustellen. Sie kann für eine ganze Generation zu einem Instrument werden, das ihr die Wirklichkeit als Widerstand gegen das eigene Wunschdenken bewußt macht: nicht alles und jedes ist möglich.

Bisher trat dem Kind und dem Jugendlichen der Widerstand der Wirklichkeit in Gestalt der Autorität der Eltern und Erwachsenen entgegen. Man könnte sagen: sie stießen nicht eigentlich auf die Wirklichkeit selbst, sondern auf die Verpflichtung, sich einem bestimmten Verhalten der Wirklichkeit gegenüber anzupassen: «Du hast das zu denken und jenes zu tun; das Betreten dieses Bereichs ist dir dagegen streng verboten.»

Mit Hilfe der Videoskopie könnte der Jugendliche ohne autoritäre

Vermittlung der Wirklichkeit begegnen und sich für ihre Befragung beliebig Zeit lassen. Dieses Begegnen und Befragen vollzieht sich dann auf den von ihm selbst gewählten Wegen.

Zur Tonfilmprojektion eines Stücks unbearbeiteter Wirklichkeit gehört praktisch untrennbar die gemeinsame Diskussion innerhalb der Altersgruppe. Gewiß besteht dabei die Gefahr, daß das Ganze in Verbalismus versandet, aber die Wirklichkeit bleibt doch immer gegenwärtig, drängt sich immer wieder in den Vordergrund; da die Diskussion immer wieder an Beobachtungstatsachen anknüpft, kommt sie, wie die Erfahrung gezeigt hat, immer wieder in Gang, kommt immer wieder zu neuen Aussagen. Man kann sogar sagen, daß die Gefahr der Verflüchtigung in Dogmatismen und Abstraktionen hier geringer ist als in anderen Fällen. Die Diskussion bezieht sich hier nicht auf die Wirklichkeit zweiten Grades der in das gedruckte Wort übersetzten Beobachtung – mit allem, was dieser herkömmliche Vorgang an Interpretation und Filterung einschließt –, sondern es handelt sich hier, ich wiederhole, um unmittelbar beobachtete Wirklichkeit.

Es wäre also an eine individuelle und gemeinschaftliche Benutzung videoskopischer Apparate innerhalb des Schulsystems zu denken. Ein Kind oder ein Jugendlicher würde sich ein Untersuchungsgebiet vornehmen: den Menschen, das Tier, die Maschine, das Funktionieren einer Institution (Polizei, Justiz), den ökonomischen Werdegang eines Produkts vom Entwurf bis zum Verkauf; die sozialen Verhältnisse und Lebensformen innerhalb einer bestimmten Gesellschaft oder mehrerer verschiedener Gesellschaften usw. Die Bedingung *sine qua non* für solche Beobachtungen wäre natürlich, daß die Erwachsenen ihnen keine Hindernisse in den Weg legen, sondern sich im Gegenteil bereitfinden, sie zu unterstützen.

Die Gesamtheit der eben beschriebenen Prozesse nenne ich die «erste Phase in der methodischen Anwendung der Videoskopie». Sie besteht in der Verwendung eines Instruments, das der Begegnung mit der Wirklichkeit dient, ohne daß der Erwachsene, der höchstens in Gestalt des beobachteten Zeugen auftritt, dabei als Vermittler nötig ist.

Mit anderen Worten: die Generationskrise ist eine Tatsache, der

Autoritätsverfall ist eine Tatsache; es ist daher an der Zeit, daß das Kind und der Jugendliche ihre Erwartungshaltung und ihre systematische Verweigerung aufgeben, daß sie sich gemäß ihrer Eigenart als Kind entfalten und sich auf die Auseinandersetzung mit der Wirklichkeit einlassen.

Die «erste Phase» besteht darin, daß die Altersklasse der Kinder von sich aus die Befragung der Wirklichkeit allein mit den ihnen zur Verfügung stehenden Mitteln durchführt.

In der «zweiten Phase» geht es darum, die so erworbenen Erkenntnisse weniger als Antwort, sondern als Elemente zu begreifen, *die weitere Untersuchungen möglich machen.*

Die Frage nach dem, was der Wahnsinn ist, sollte daher nicht zu einer fertigen Antwort führen – wer könnte sie auch geben? –, sondern sie sollte die Elemente zusammentragen, die dem Kind oder dem Jugendlichen bisher entgangen sein könnten: der Wahnsinn in den verschiedenen Gesellschaften oder Kulturen und vor allem das Verständnis des eigenen Unbehagens gegenüber dem Wahnsinn. Erst vor dem Hintergrund des eigenen Unbehagens und des eigenen verdrängten Wahnsinns entfaltet sich das Problem des Wahnsinns in seiner ganzen Breite. Der Jugendliche und der befragte Psychiater könnten während ihres Dialogs gefilmt und dieses Dokument könnte Gegenstand einer Analyse werden.

Es sei noch einmal daran erinnert, daß nach meiner Vorstellung, die im Schulwesen beschäftigten Erwachsenen sowohl als Vertreter ihrer Altersklasse als auch als für sich selbst stehende Individuen fungieren. Damit soll vermieden werden, daß die Besonderheit des Kindheitsstatus verlorengeht.

Bei den schon verwirklichten pädagogischen Experimenten (soweit sie mir bekannt sind) – der sog. Hamburger Schule, Freinet, Neill, den Kibutzim, der Schwedischen Schule usw. – kann das Kind in Wirklichkeit auch wieder nur zum Erwachsenen werden, sich mit den Erwachsenen identifizieren. Das gleiche Stimmrecht für alle in Neills Summerhill bringt den einzelnen nicht dazu, sich die Besonderheit seines Kindseins zu erhalten, sondern die intellektuellen und gesellschaftlich-politischen Methoden der Erwachsenen zu übernehmen. Es handelt sich dabei nur um eine allerdings im besten Sinn paternalistische Konzeption, mehr um Geschenke als um wirkliche Rechte. Der Erwachsene hat dem Kind etwas voraus und ist gewillt, es ihm zugute kommen zu lassen. Dagegen stehe ich auf dem Standpunkt, daß das Kind darum kämpfen soll, seine Besonderheit als Kind innerhalb seiner Altersklasse erhalten und entwickeln zu können, und daß es an der Welt der Erwachsenen teilhat, ohne sich völlig in einen Erwachsenen zu verwandeln.

Es versteht sich von selbst, daß die Videoskopie nicht das einzige Beobachtungs- und Kommunikationsinstrument sein muß. Es ging mir nur darum, an diesem Beispiel zu zeigen, wie andersartig die zu entwickelnde neue intellektuelle Methode sein würde: nicht schon Antworten liefern, ehe überhaupt eine Frage gestellt ist, auf Fragen keine Antworten geben, sondern die Untersuchung der Wirklichkeit so weit vorantreiben, wie es der gegenwärtige Stand der Wissenschaft erlaubt. Pädagogik hieße nicht mehr Formung – und noch weniger Führung –, sondern Anleitung zur Verarbeitung von Untersuchungsmaterial.

Ebenso selbstverständlich ist, daß die Altersklasse der Erwachsenen innerhalb des Schulsystems nicht einfach nur der Klasse der Kinder «zu Diensten» zu stehen hat. Sie erarbeitet eine eigene Gegenposition für den Fall, daß die Kinder Gefahr laufen, sich bei der notwendig unvollständigen Beantwortung anstehender Fragen in Dogmatismen zu verrennen.

Jede der beiden Klassen wird streng darauf bedacht sein, daß Konflikte nicht verschleiert werden und daß nicht eine «Auf-alles-gibt-es-eine-Antwort-Ideologie» an die Stelle der unbegrenzt möglichen Suche nach der Wahrheit tritt.

Es ist kaum vorstellbar, daß diese «skolarisierten» Erwachsenen imstande wären, derartige «peinliche Befragungen» zu ertragen, wenn sie nicht selbst eigenen Forschungen nachgingen. Dabei würde es sich vielleicht nicht so sehr um die Ausübung eines Berufs handeln, sondern mehr um ein «auf verschiedenen Untersuchungsebenen», d. h. in Auseinandersetzung mit Kindern verschiedener Altersgruppen abzuleistendes Praktikum. Ebenso könnten einzelne Wissenschaftler für einige Zeit zu den unmittelbaren Quellen der Erkenntnissuche zurückkehren.

Es geht hier, wie man sieht, um einen umfassenden neuen Gesellschaftsbegriff. Der Konflikt als sozialer Wert wäre dabei das für den gesamten gesellschaftlichen Organismus bestimmende Element.

Die ständige Wachsamkeit, der unausgesetzte entmystifizierende Kampf gegen geistige Bevormundung und gegen autoritäre Einstellungen würden sich, wie man sich leicht denken kann, auf die Arbeitsleistung im ganzen höchst positiv auswirken. Beobachter geben zu, daß in den oberen Schulklassen nie so intensiv gearbeitet wurde wie gerade 1971, als soviel von «Unruhe an den Schulen» die Rede war.

Nur wer auf eigene Faust sucht, lernt wirklich etwas. Man liest einen Autor nur dann richtig, wenn man präzise Fragen an sein Werk stellt. Alles andere ist Indoktrinierung, geistige Trägheit, steriles Denken[151].

Es sei noch bemerkt – und dieser Tatsache lege ich besondere Bedeutung bei –, daß die Anwendung von Methoden wie der Videoskopie es ermöglicht, die Sprachbarriere zwischen den hierin eindeutig begünstigten Kindern der bürgerlichen und kleinbürgerlichen Klasse einerseits und den Kindern der Arbeiterklasse andererseits zu durchbrechen[152]. Das Arbeiterkind kann sich genausogut mit der Videoskopie vertraut machen wie das bürgerliche Kind. Es sei darauf hingewiesen, daß bei diesem Verfahren, das eine echte Sprache darstellt, der beobachtete Gegenstand und der Gesichtspunkt, unter dem er beobachtet wird, dazu tendieren, in eines zusammenzufallen.

4. *Charakteristika der Kindheit*

Da bisher das Anliegen der Gesellschaft in erster Linie darin bestand, das Kind im Menschen und dann den Menschen im Ausgebeuteten zum Verschwinden zu bringen, haben sich die Charakteristika der Kindheit bis heute nicht über einen embryonalen Zustand hinaus entwickelt.

Charakteristisch für die Kindheit, so wie sie hier verstanden wird, scheint mit ihre enge Beziehung zum Phantasmatischen zu sein; sie tritt auf verschiedene Weise in Erscheinung: als reine Phantasievorstellung; als handelnd dargestellte Phantasie, d. h. als Spiel; als Altersgruppen-Bindung, die in einer fast völligen Verschmelzung bestehen kann (alle empfinden sich als ein einziges lebendiges Ganzes) oder bei der gerade das Spiel für eine gewisse Distanz, für «Spielraum» zwischen den Teilnehmern sorgt; als Kreativität, die sich in der imaginären Erforschung aller in einer bestimmten Situation noch nicht realisierten Möglichkeiten bestätigt; oder als eine praktizierte Sexualität speziellen Typs: die Masturbation.

Diese Charakteristika scheinen bei den Kindern aller Kulturen und aller Rassen die gleichen zu sein. Ebenso sind offenbar die typischen Merkmale des Erwachsenen, d. h. die Entwicklung der Psycho-Motorik in ihrer Beziehung zur Wirklichkeit, das handelnde Einwirken auf diese und die genitale Sexualität, allgemein die gleichen.

Die Gattung Mensch ist vor allem durch ihre anscheinend unbegrenzte Variationsfähigkeit charakterisiert, wobei Erworbenes gegenüber dem Angeborenen überwiegt. Der Mensch ist bekanntlich von Haus aus nur wenig vorprogrammiert; die Gesellschaft, in der er lebt, füllt diesen leeren Raum dann aus. Andererseits ist die Periode der Kindheit beim Menschen außergewöhnlich lang: daher sind die Charakteristika des Kindseins ausgeprägter. Gibt man ihnen auch nur eine kleine Chance, können sie sich genauso entfalten wie die des Erwachsenseins.

Die Funktion der Altersklasse der Kinder könnte demnach darin bestehen, auf der Grundlage des phantasievollen Spiels, der Spontaneität, des Rhythmus, der Gruppenbindung eine *Kultur des täglichen Lebens* zu entwickeln, in der der unabänderliche irrationale Anteil der menschlichen Natur vollkommener als in der bisherigen Tradition (Magie, Mystik, Feste, Religion, Kunst) zum Ausdruck käme.

5. *In der Praxis: konfliktuelle Koedukation*[153]

Diesen Kindheitsstatus mit seinen Werten, seiner Sprache, seinen spezifischen Bedürfnissen, Wünschen, Lebensformen und seinen Beziehungen zur Welt der Erwachsenen hätte ein Kinderrecht gesetzlich abzugrenzen.

So wie die Arbeitnehmer neben Klassenkampf und Streiks die Möglichkeit haben, Steitigkeiten mit den Arbeitgebern vor einem Schlichtungsausschuß oder dem Arbeitsgericht auszutragen, müßte auch das Kind, abgesehen von den spezifischen Formen des Altersklassenkampfes, die Möglichkeit haben, sich gegebenenfalls an Schiedsgerichte eines neuartigen Typs zu wenden.

Denn immer häufiger werden begrenzte, punktuelle Konflikte auftreten, z. B. die persönliche Entscheidung des Kindes, mit welchem Elternteil es nach einer Auflösung der Ehe leben möchte, der für das Kind unerträglich werdende Gegensatz zwischen seiner eigenen Verselbständigung dank eines neuen Schulsystems und einer in ihren Konditionierungen erstarrten Familie usw. Es sei noch vermerkt, daß in Rumänien z. B. schon heute ein Jugendlicher vor Gericht Klage erheben kann, wenn seine Familie ihn zu einem bestimmten Beruf zwingen will.

Die goldene Regel dieses neuen Rechts sollte lauten: das Kind gehört niemandem außer sich selbst: weder der Familie – wie in den kapitalistischen Ländern, wo Kinder eine Sonderform des Privateigentums sind –, noch dem Staat – wie in den sozialistischen Ländern, wo die Kinder dem Kollektiv gehören, das über sie verfügt und lediglich einen Teil seiner Rechte den – vom Kollektiv überwachten – Eltern überträgt.

Bei der Eheschließung wären die Neuvermählten offiziell darauf hinzuweisen, daß etwaige Kinder aus der Ehe nur sich selbst gehören und unter keinen Umständen vom einen oder anderen Elternteil als Druckmittel gebraucht werden dürfen.

Im Fall einer Scheidung würde das Kind dem Elternteil anvertraut, bei dem es die größten Entwicklungschancen hätte.

Da jeder nur sich selbst gehört und jeder daher das Recht hat, seine Freiheit zurückzugewinnen, brauchte die Frage nach dem eventuellen Verschulden des Ehemanns oder der Ehefrau kaum noch eine Rolle zu spielen; im Fall, daß einer der Ehegatten während der Ehe die Arbeitskraft des anderen zu seinem Vorteil ausgebeutet hat, könnten selbstverständlich Ausgleichsleistungen gefordert werden. Da das Kind aber nur sich selbst gehört, wären seine Belange von den die Scheidungspartner betreffenden Problemen strikt zu trennen. Seine persönliche Meinung wäre – von einem gewissen Alter, vom siebten oder achten Jahr an – ausschlaggebend, es stünde ihm jederzeit die Möglichkeit offen, sein Zuhause zu wechseln oder eine Internatsschule zu wählen.

Das aktive Wahlalter würde auf das zwölfte Lebensjahr herabgesetzt werden. Dagegen scheint es nicht wünschenswert, daß Kinder vor dem, sagen wir sechzehnten Jahr das passive Wahlrecht erhielten: sie könnten ihren Einfluß viel besser geltend machen, indem sie innerhalb der Erwachsenenwelt als Beobachter ihren Fragen Gehör verschafften.
Früher waren für die Zuerkennung des Wahlrechts Geld und Geschlecht ausschlaggebend. Vor hundertfünfzig Jahren wäre es noch undenkbar gewesen, daß ein Landarbeiter das gleiche Stimmrecht gehabt hätte wie die Honoratioren. Und die Frauen sind überhaupt erst seit nicht viel mehr als fünfzig Jahren stimmberechtigt.

Aus allen diesen Darstellungen geht hervor, daß das Ziel einer solchen Gesellschaft die Entfaltung der Persönlichkeit und des Glücks derer, die ihr angehören, wäre. Nur wenn das Individuum glücklich ist, und wenn es von Kindheit an systematisch von seinen Schuldgefühlen entlastet wird, kann es Konfliktspannungen aushalten. Konflikte gibt es selbstverständlich schon heute, doch bleiben sie zum größten Teil unbewußt. *Das Unbehagen in der Kultur*, von dem Freud spricht, weist auf die unklare Form hin – «Unbehagen» –, in der der Konflikt mit der Gesellschaft heute beim Individuum auftritt: die zunehmende Frustration, die Eskalation der Aggressivität und des unbewußten Schuldgefühls haben heute jeden zum mehr noch unbewußten als offenen Feind der Gesellschaft, in der er lebt, gemacht.
Eine Gesellschaft, deren leitende Prinzipien nicht mehr Konkurrenzkampf und Profitstreben wären, würde anfangs sicher in bezug auf die Hebung des materiellen Lebensstandards hinter Ländern mit anderen Organisationsformen zurückbleiben. Einerseits aber würden die politischen und persönlichen Vorteile, die sich für das Individuum in einer derartigen Gesellschaft ergäben, und die schöpferische

Dynamik, die jede große gesellschaftliche Erneuerung freisetzt – es lohnt sich dann wieder zu leben –, höchstwahrscheinlich dazu beitragen, daß eine Senkung des Lebensstandards in Kauf genommen wird. Außerdem würde die Wirtschaft als Ganzes eine Umorientierung ihrer Projekte vornehmen: sie würde sich nicht mehr auf die Herstellung von Privatwagen und den Bau von Autostraßen konzentrieren, sondern gesamtgesellschaftlichen Einrichtungen den Vorrang einräumen: Schulen, Kindergärten, Krankenhäusern, Wohnanlagen usw. Da jeder einzelne mehr Verantwortung hätte, könnte auch das politische Stadium der ökonomischen Freiheit erreicht werden. Andererseits könnte, da das Fehlen politischer Perspektiven heute eine allgemeine Erscheinung ist[154], eine derartige Gesellschaft sehr bald zu einem Anziehungspunkt für andere werden mit allen sich hieraus für die Wirtschaft ergebenden Konsequenzen: nicht nur Autos sind Exportartikel ...

Wie man sieht, scheue ich mich nicht, eine Utopie zu entwerfen. Denn alle Formen des Sozialismus, die nicht mit psychologischen Veränderungen beim Individuum Hand in Hand gehen, scheinen mir von vornherein zum Scheitern bestimmt. Leider zielen heute alle Veränderungsentwürfe darauf ab, das Individuum in der Gesellschaft aufgehen zu lassen, den Individualismus abzubauen. Zwischen das Individuum und sein Leben schaltet sich das Kollektiv ein: Erziehung besteht weit weniger in einer freien Entfaltung der Persönlichkeit als in einer noch gezielteren Konditionierung. Freiheitsdrang gilt als Ausfluß bourgeoisen Denkens, als ob nicht Marx selbst das Bild einer sozialistischen Gesellschaft vorgeschwebt hätte, in die die Errungenschaften des Bürgertums eingebracht werden müßten, wenn dieses nicht mehr fähig sein würde, sie noch weiter voranzutreiben.

Meines Erachtens müssen jedoch die psychologischen Veränderungen in eine andere Richtung gehen: das Streben nach persönlicher Entfaltung und der Wunsch, die auf die idealisierten Großen delegierte Macht sich wieder selbst anzueignen, müssen von Schuldgefühlen befreit werden. Bisher nahm die Selbstliebe den Weg über Mittelspersonen: die manipulierten Leserinnen der auflagenstarken Illustrierten gestatten sich Selbstliebe nur auf dem Umweg über Angehörige königlicher Familien – Königin Elisabeth, Königin Fabiola, die Fürstin von Monaco; so liebte sich auch das Individuum in den patriarchalischen Gesellschaften nur auf dem Weg über glanzvolle Persönlichkeiten, mächtige Vaterfiguren – Napoleon oder de Gaulle –, auf die es seine Selbstliebe übertrug. *Auf Autorität basierender sozialer Konsens heißt: die einen übernehmen die Rolle des Kindes, die anderen die Rolle des Vaters.* Kollektivierung heißt: sich auf dem Umweg über ein anonymes Kollektiv lieben. Sich selbst lieben, den ganzen heute zugänglichen Freiheitsraum ausfüllen – das ist, wie mir scheint, die einzig mögliche Gegenposition zu der mit dem Sozialismus zugleich auftretenden Stärkung der Staatsgewalt.

Kommen wir noch einmal auf das oben angeschnittene Thema zurück und stellen wir uns vor, in der Übergangsperiode vor einer durchgreifenden Veränderung der sozialen Lebensformen gerate ein sechsjähriges Kind in Konflikt mit seiner Familie. Wie sollte ein Gericht, bei dem es Klage führen könnte, zusammengesetzt sein?

Die genannte Altersangabe wird viele Leser schockiert haben[155]. Besonders diejenigen, die mit den Kindern von heute keinen Kontakt haben. In bezug auf geistige Reife, intellektuelle Neugierde, Denkfähigkeit, Unabhängigkeit des Urteils steht jedoch ein sechsjähriges Kind von 1971 auf gleicher Stufe mit einem Zehn- bis Elfjährigen von 1940. Vor allem deshalb, weil sich sein Leben weniger in der abgeschlossenen Welt der Familie abspielt, weil sehr verschiedenartige, oft widersprüchliche Informationen sein kritisches Denken freisetzen und gleichzeitig die von den Pionieren der Pädagogik – z. B. Freinet in Frankreich – erarbeiteten neuen Erziehungsmethoden allmählich wenigstens teilweise im gesamten Schulsystem an Boden gewinnen.

Es sei noch angemerkt, daß in psychologischer Hinsicht die Jugendlichen heute das Erwachsenenalter schon mit achtzehn oder neunzehn Jahren erreichen, während sie vor hundert Jahren erst mit sechsundzwanzig erwachsen waren. Aus schwedischen Statistiken geht hervor, daß «die Siebenjährigen von 1938 den Gleichaltrigen von 1883 um anderthalb Jahre im Wachstum voraus und die Fünfzehnjährigen um 12,7 cm größer waren». Desgleichen tritt die Pubertät heute 2½ bis 3½ Jahre früher ein als vor hundert Jahren[156].

Was für die geistige und physiologische Entwicklung gilt, trifft jedoch nicht auch für die charakterliche Entwicklung und die des Gefühlslebens zu. Früher war es noch einfach: das Kind wurde darauf konditioniert, den Charakter und die Affektivität des Erwachsenen zu übernehmen, sein Verhalten nachzuahmen, sich nach seinem Vorbild zu formen, sich mit ihm zu identifizieren. Heute muß es sich auf seine eigenen Kräfte verlassen. Die hier dargestellten pädagogischen Lösungen – die lediglich eine, wie mir scheint, sich spontan entwickelnde Tendenz (wird man sie sich aber auch entwickeln lassen?) unter Berücksichtigung der gegenwärtigen psychologischen und soziologischen Bedingungen in Worte faßt –, diese Lösungen würden es dem Kind ermöglichen, vor einem im Augenblick unüberwindlich scheinenden Hindernis der äußeren Wirklichkeit und der Erwachsenenwelt nicht auf Regressionen auszuweichen, sondern die eigenen Kräfte zu mobilisieren, auf eigene Faust die Wirklichkeit zu erforschen und der Altersklasse der Erwachsenen auf gleicher Ebene zu begegnen. Mit anderen Worten: ein völlig neuer Ausgang des ödipalen Konflikts. Wenn auch der Ödipuskonflikt sicher immer bestanden hat, so haben sich doch die Formen seiner Verarbeitung, glaube ich, im Lauf der Menschheitsgeschichte geändert[157].

Wenn auch die Lebensbedingungen des Kindes und seine Ernährung – daher sein physiologischer Vorsprung gegenüber früher – heute besser sind, wenn es auch mehr Umweltreize und damit mehr geistige Anstöße empfängt, so wird ihm doch weiterhin die Möglichkeit des verantwortlichen Handelns in der Gesellschaft vorenthalten: es hat keinen anerkannten sozialen Status. Ich habe mich nicht gescheut, an anderer Stelle zu behaupten, daß ein Hopi-Kind mehr konkrete Erfahrung hat, mehr von seiner Macht über die Dinge, den Widerstand der äußeren Wirklichkeit weiß als ein frischgebackener Doktor der Philosophie. Es verwechselt nicht die Worte mit den Dingen, seine Phantasievorstellungen nicht mit dem Möglichen. Dagegen kann das Hopi-Kind, das ganz in den Normen seiner Kultur gefangen ist, diese nicht in Frage stellen und als relativ erkennen.

Es wäre nun vorstellbar, daß die charakterliche Reifung und die Entfaltung der psychisch-affektiven Autonomie mit der intellektuellen und körperlichen Reifung parallel liefen, allerdings nur unter zwei Bedingungen: daß sie nicht in der sozio-kulturellen Zwangsjacke, die

die konditionierte Unterwerfung unter das Autoritätsprinzip darstellt, erstickt werden *und* daß die Erwachsenen dem Kind helfen, sich auf seine ihm eigene Weise zu entwickeln. «Das Kind ist der Vater des Mannes.»

Noch einmal zu unserem Sechsjährigen und der Zusammensetzung des Gerichts, vor dem er seine Rechte verteidigen kann.

Eine Vorbemerkung: es muß um jeden Preis verhindert werden, daß durch die Bresche, die in das Prinzip der Familienautorität geschlagen worden ist, die Autorität des Staates eindringt. Mit anderen Worten: es muß verhindert werden, daß die Zusammensetzung des Gerichts vom Staat bestimmt wird. Das Ziel ist, dem Staat Schritt für Schritt seine Vorrechte, seine Macht – seine Autorität ist ohnehin nur noch eine hohle Maske – zu nehmen und sie dem Bürger zu geben. Goldene Regel: das Kind gehört weder seiner Familie noch dem Staat, es gehört sich selbst.

Die für die Belange der Kinder zuständigen und mit der Schlichtung von Streitigkeiten zwischen diesen und den Erwachsenen betrauten Gerichte könnten, so ließe sich denken, von Personen gebildet werden, die von – bestimmten Normen entsprechenden – schulischen, pädagogischen Anstalten ernannt, delegiert werden.

Im einzelnen werden in diesen Anstalten Entscheidungen mit einfacher Mehrheit von zwei Personen gefällt, von denen die eine von den Kindern, die andere vom Lehrkörper gewählt wird, so daß jede der beiden Gruppen bei den zu fällenden Entscheidungen über die Hälfte der Stimmen verfügt.

Jedes Gericht setzt sich also aus den Delegierten einer bestimmten Zahl von Schulen zusammen, wobei jede zwei Delegierte entsendet, einen von der Altersklasse der Kinder, einen von der Altersklasse der Erwachsenen gewählten. Der Gerichtspräsident könnte dem Richterstand angehören und Vetorecht haben. Erhebt er Einspruch, wird der Fall einer zweiten gerichtlichen Instanz übergeben, deren Vorsitzender diesmal kein Vetorecht hat.

Ich führe dieses Beispiel nur an, um zu zeigen, wie das Schulsystem zum lebendigen Mittelpunkt für die Entwicklung eines nicht mehr auf Autorität, nicht mehr auf Gewalt, sondern auf dem Konflikt als Wert basierenden sozialen Konsens werden könnte; das Kräftespiel

zwischen den beiden Parteien sollte weniger auf den Sieg der einen und die totale Vernichtung der anderen ausgerichtet sein, als vielmehr auf eine möglichst vollständige Bestandsaufnahme der die Streitfrage betreffenden Fakten. Der Kampf der Widersprüche führt nicht zu ihrer Konsolidierung, sondern zu ihrer Weiterentwicklung.
Lernt das Kind schon vom zweiten oder dritten Lebensjahr an, die Beziehungen seiner Altersklasse zur Altersklasse der Erwachsenen selbst zu regeln – anfangs innerhalb des Schulsystems, später Schritt für Schritt in anderen Institutionen – etwa in Schlichtungsausschüssen –, wird es, wie leicht einzusehen ist, so in die demokratischen Spielregeln eingeübt, daß nur noch ein Minimum an Konditionierung stattfinden könnte: der noch verbleibende unvermeidliche Rest an unaufgelöstem Schuldgefühl wird bewirken, daß sich dem jungen Menschen der Begriff des Widerstreits von Gegensätzen und des Konflikts – nicht nur im Sinne eines sozialen Konsens, sondern auch eines Wertes – als eine unausweichliche Notwendigkeit einprägt.

6. *Über einige die Kindheit betreffenden Vorurteile*

«Das Kind ist gestaltloses Wachs, dem die Gesellschaft ihr Siegel aufprägt.»
Eine gängige These, die sich in Redensarten wie «man muß seine Kindheit hinter sich bringen» äußert. Das Kind ist demnach nur ein Verdauungsorgan, das, was immer man ihm einflößt – Nahrung oder «gute Manieren» –, schluckt und verdaut. Wie tief diese Vorstellung verwurzelt war, wird einem klar, wenn man bedenkt, daß erst im neunzehnten Jahrhundert eine Kindermedizin und eine Kinderpsychiatrie entstehen konnten. Das doch so leicht zu beobachtende Vorhandensein einer frühkindlichen Sexualität, das Freud gegen den Protest seiner Zeitgenossen behauptete, ist nur sehr zögernd und nur teilweise von den Erwachsenen als eine Tatsache zur Kenntnis genommen worden.

«Die Kindheit ist eine Übergangsperiode, eine Zeit der Vorbereitung auf das Erwachsensein.»

Die traditionelle These. Von meinem Standpunkt aus dagegen ist die Kindheit eine spezifische Seinsform, die sich parallel zur Seinsform des Erwachsenen das ganze Leben hindurch entfalten können muß.

«Das Kind kann sich allein entwickeln, die Gesellschaft verdirbt nur seine von Natur aus guten Anlagen.»
Eine von gewissen Theoretikern aufgestellte These. Wie die Mehrheit der Psychoanalytiker bin ich der Überzeugung, daß beim Kind wie beim Erwachsenen eine mehr oder weniger starke Aggressivität unter allen Umständen ebenso vorhanden ist wie ein Minimum an Schuldgefühl, dessen sich die traditionelle Konditionierung bedient, indem sie es ausweitet, verstärkt und perpetuiert.

«Die Kindheit ist eine individuelle Übergangszeit oder ein individueller Zustand.»
Das war sie in der Tat in den Gesellschaften des Westens vor der industriellen Ära. Sobald das Kind seine Lehrzeit antrat, war es von den anderen Kindern isoliert und kam nur noch mit den Erwachsenen in Berührung, die es ausbildeten, ins Leben einführten, ihm ihre gesellschaftlichen Modelle aufprägten.
Wenn hier von Altersklassen, von gesellschaftlich-kultureller Klasse, ja selbst von der Bildung einer gesellschaftlich-politischen Klasse die Rede ist, in der die Kinder und Jugendlichen sich zusammenschließen, dann sind das keine bloßen Wünsche, Träume oder Sehnsüchte. Das sind Tatsachen, die man, scheint mir, nur zu sehen braucht: der Zusammenschluß der Kinder zu einer festen Gruppe im Schulsystem bewirkt heute das Gegenteil von der bisherigen Lehrzeit; jetzt ist der Erwachsene, als Lehrer, isoliert und in der Minderheit: Skilager, Ferienkolonien usw. Es entsteht eine Altersklassen-Solidarität und ein mehr oder weniger radikaler Bruch mit den Erwachsenen. Nur wenn man sich diese Tatsachen bewußt macht und sie in sein Handeln einbezieht, kann wieder eine Begegnung der jungen Generation mit der Welt der Erwachsenen stattfinden, die jedoch, wie ich glaube, nur noch von Altersklasse zu Altersklasse, nicht mehr zwischen Individuum (Kind) und Altersklasse (Erwachsene, ältere Geschwister, Vatergestalten) möglich sein wird.

«Die Kindheit ist eine Zeit des Träumens.»
Ein bei Künstlern häufig anzutreffendes Thema. Die Kindheit ist jedoch auch eine Zeit der Selbstverwirklichung (Spiel, Gruppenbildung, Kreativität, Sexualität); nur war bisher die Selbstverwirklichung verboten; das Träumen zu verbieten ist schwieriger.

«Das Kind ist unreif, unangepaßt, unfähig, verantwortlich zu handeln.»
Psychologie und Psychiatrie haben anfangs das Kind vorwiegend unter dem Aspekt des Mangels gesehen (was fehlt dem Kind, verglichen mit dem Erwachsenen); später unter dem der Anpassung: die «unangepaßte Kindheit»; dann erst wurde man sich darüber klar, daß Kindheit ihre spezifischen Charakteristika besitzt und höchstwahrscheinlich umgekehrt die Erziehungsmethoden, der Platz, den die Gesellschaft dem Kind zuwies, diesen Eigentümlichkeiten nicht angepaßt waren.
Hält man aber am Begriff der psychisch-affektiven Unreife oder der Unfähigkeit zur Verantwortung fest – als was will man dann zahlreiche Verhaltensweisen der Erwachsenen qualifizieren: politischen Fanatismus, Machtübergabe an einen Verrückten wie Hitler, Kriege, Hekatomben von Autofahrern, Rassismus, Unfähigkeit, die vordringlichen Probleme der Gegenwart wie den Hunger in der Welt oder die Bevölkerungsexplosion zu lösen ...
Was in Wirklichkeit den Erwachsenen und das Kind unterscheidet, ist ihr ungleiches Kräfteverhältnis im physischen wie im finanziellen Bereich. Am besten zitiere ich hierzu zwei Psychoanalytiker und einen Ethnologen:
«Es gilt allgemein als unumstößliche Wahrheit, daß das Kind die Frustrationen und Beschränkungen, die ihm vor allem von seinen Eltern auferlegt werden, hinzunehmen habe. Wenn es überhaupt Gesetze gibt, die ihm diese Autorität aufzwingen, dann nur die des physischen Kräftemißverhältnisses und der äußeren Abhängigkeit.
Denn in Wahrheit verleiht nur dieses Kräfteverhältnis zusammen mit der Überlegenheit seiner Mittel dem Erwachsenen die Macht, seine Autorität durchzusetzen und die Frustrationen nach Wunsch zu dosieren. Es ist bekannt, wie hilflos manche Eltern dem älteren Kind

gegenüberstehen, das ihnen an Muskelkraft ebenbürtig und infolgedessen zur Gegenwehr fähig ist ... Die Mutter greift oft zu einem anderen Mittel: die Drohung mit Liebesentzug ... ist letztlich immer ein Erpressungsversuch, bei dem das Kind die Wahl hat zwischen Unterwerfung und neuem Ausgeliefertsein an die Angst, an die Gefahren der Einsamkeit ...
Das zeigt, wie der Sadismus des Erwachsenen durch die Selbstsicherheit geradezu provoziert wird, die die Ausübung physischer Macht und die subtilere Manipulation von Ängsten verleiht, von Ängsten, die der Erwachsene um so besser im voraus abschätzen kann, als er sich selbst mit Hilfe von Schutzvorkehrungen, die dem Kind noch nicht zur Verfügung stehen, vor nicht allzu langer Zeit davon befreit hat.»[158]
Vierzig Jahre vorher hatte Margaret Mead anläßlich einer Untersuchung über das Verhältnis zwischen Jugendlichen und Erwachsenen in verschiedenen Gesellschaften geschrieben:
«Der Wunsch des Mädchens, so viel Geld zu haben, daß es alle Kleidungs- und Unterhaltungsbedürfnisse befriedigen kann, legt es nahe, das Geld als das einfachste Mittel zur Ausübung der elterlichen Autorität zu benutzen. So einfach ist dieses Mittel, daß die Drohung des Entzugs von Geld ... an die Stelle von Schlägen oder Stubenarrest getreten ist, die im vergangenen Jahrhundert als Strafen üblich waren ... Mit sechzehn oder siebzehn Jahren fängt das Mädchen dann an zu arbeiten ... Mit einem Schlag ist das disziplinarische Instrument der Eltern zerschmettert ...»[159]

«Das Kind gehört den Eltern oder dem Staat.»
In der Antike: Recht des Vaters, über Leben oder Tod des Kindes zu entscheiden. Heute in der UdSSR: oberstes Recht des Staates.
Langsam entwickelt sich das Recht des Kindes.

7. *Das tatsächliche Verhältnis von Kind und Erwachsenem*

Kurz: was heute Kindheit heißt, ist nichts als eine Infantilisierung des Kindes. Der «Kindermund» – das ist das Kind, das den Erwachsenen zu Gefallen kindisch ist. Etwas ganz anderes ist jedoch die Kinderzeichnung. Wie lange ist es aber schon her, daß Kinder so malen dürfen, wie sie wollen?

Und was ist «seine Majestät, das Kind», von dem heute soviel die Rede ist, anderes als ein verzogenes, zu lange als Baby behandeltes Kind? Es wird nur darum mit allen möglichen Wohltaten überhäuft, damit man es besser mundtot machen, in Abhängigkeit halten und zur Dankbarkeit verpflichten kann.

Für viele Erwachsene sind ihre Kinder der einzige Sinn, den sie ihrem Leben zu geben vermögen, der letzte Grund, warum sie überhaupt noch leben. Nicht mehr wie früher materielle Ausbeutung der Kinder – hieß es nicht immer, Kinder seien «der Reichtum der Armen», und heißt es nicht heute noch in Brasilien das Kind sei «der letzte Sklave»? –, sondern affektive Ausbeutung: man setzt alle seine Erwartungen in die Kinder – aber man tut alles, damit sie total abhängig bleiben.

Anmerkungen

1 «Die eigentliche Aufgabe der bürgerlichen Gesellschaft ist die Herstellung des Weltmarkts, wenigstens seinen Umrissen nach, und einer auf seiner Basis ruhenden Produktion. Da die Welt rund ist, scheint dies mit der Kolonisation von Kalifornien und Australien ... zum Abschluß gebracht.» Marx an Engels, 8. Okt. 1859 (MEW Bd. 29). Sie ist in Wahrheit erst heute im Begriff, abgeschlossen zu werden.

2 Neo-Mystiker haben dafür heute die Bezeichnung «der wahre Diskurs» entdeckt.

3 Wir setzen dieses Stadium in der Zeit der neolithischen Revolution an. Nicht daß die unauffällige Entwicklung der Produktionsmittel im Zeitendunkel des Paläolithikums meiner Meinung nach keine wesentliche Rolle für das Eintreten des Neolithikums gespielt hätte; dabei wirkte jedoch noch ein anderer Faktor entscheidend mit: die allmähliche Verinnerlichung des Vaterbildes durch den Ahnenkult nach dem physischen Tod des Vaters. Die neolithische Revolution verdankt sich dem Zusammentreffen dieser beiden Faktoren – des neuen Vaterbildes und neuer Produktionsmittel –, womit das möglich wird, was sich dem Unbewußten als Angriff auf die Mutter Natur und ihre Unterwerfung darstellte.

4 «Die Handmühle ergibt eine Gesellschaft mit Feudalherren, die Dampfmühle eine Gesellschaft mit industriellen Kapitalisten.» *Das Elend der Philosophie*, MEW Bd. IV, p. 130. Oder: «Darwin hat das Interesse auf die Geschichte der *natürlichen Technologie* gelenkt ... Verdient die Bildungsgeschichte der produktiven Organe des Gesellschaftsmenschen, der materiellen Basis jeder besonderen Gesellschaftsorganisation, nicht gleiche Aufmerksamkeit?» *Das Kapital*, MEW Bd. XXIII, p. 392, Anmerk. 89. «Nicht was gemacht wird, sondern wie, mit welchen Arbeitsmitteln gemacht wird, unterscheidet die ökonomischen Epochen.» *Das Kapital*, MEW, Bd. XXIII, 194/95. Es könnten noch weitere Zitate angeführt werden.

5 *Das Elend der Philosophie*, MEW, Bd. IV, p. 91/92.

6 *Das Elend der Philosophie*, MEW, Bd. IV, p. 140. In diesem Abschnitt beschreibt Marx, welche Folgen sich ergeben hätten, wenn der Feudalismus alles ausgemerzt hätte, «was einen Schatten auf das Bild wirft – Leibeigenschaft, Privilegien, Anarchie» – und er zieht den Schluß: «Man hätte alle Elemente vernichtet, welche den Kampf hervorriefen, man hätte die Entwicklung der Bourgeoisie im Keime erstickt. Man hätte sich das absurde Problem gestellt, die Geschichte auszustreichen.»

7 In diesem Zusammenhang wäre an den Kampf zu erinnern, den Vera Schmitt in den 20er Jahren in der UdSSR um ein neues erzieherisches Verhältnis der Erwachsenen zu den Kindern führte und in dem sie schließlich unterlag.

[8] Von diesem mit der Freiheit verknüpften Schuldgefühl konnte Marx zu seiner Zeit noch nichts wissen.

[9] Auf die Autorität ließe sich anwenden, was Marx in bezug auf ein anderes Phänomen sagt: das Durchlaufen dieser antagonistischen Form sei eine Notwendigkeit, so wie es auch notwendig sei, daß der Mensch seinen geistigen Kräften anfangs eine religiöse Form gebe, indem er sie sich als autonome Mächte gegenüberstelle (Materialien zur «Ökonomie»). – Nach dieser Exteriorisation müssen noch die Bewußtmachung, der Protest, der Kampf, die Auflösung erfolgen.

[10] Sie ist auf technisch-ökonomische Erscheinungen zurückzuführen: Zusammenschluß der Kinder und Jugendlichen in schulischen Institutionen zu einer kompakten Gruppe wegen des Bedarfs an Technikern; Einschulung der Frauen wegen des Mangels an hochspezialisierten Arbeitskräften in den Industriestaaten usw.

[11] Die gewiß «gut gemeinten» Vorschläge von Ivan Illich, die Schule abzuschaffen, könnten von bestimmten Kräften mit der Absicht aufgegriffen werden, die Geschichte der Gegenwart, d. h. die studentische Protestbewegung, «auszustreichen», etwa so als hätte man im neunzehnten Jahrhundert angesichts der Arbeiter- und Gewerkschaftskämpfe versucht, «die Maschine abzuschaffen» und die Arbeiter zur Heimarbeit anzuhalten; man hätte ihnen so die Möglichkeit genommen, sich zusammenzuschließen und ein Klassenbewußtsein zu entwickeln.

[12] Es versteht sich, daß hier nicht mehr getan wird, als diese neuen Entwicklungen beim Namen zu nennen; sie spielen sich vor aller Augen ab. Bietet ihnen aber das derzeitige Kräfteverhältnis günstige Voraussetzungen?

[13] *Encyclopaedia Universalis*, Bd. 2, p. 901.

[14] Arbeitsgruppe der Fédération française der UNESCO-Klubs. Thema: «Jugend und Autorität». Béziers, April 1969.

[15] Die Frage lautete: «Kann es eine Gesellschaft ohne Autorität geben?» Und die Antwort: «Unter den gegebenen Umständen schwierig zu beurteilen. Es ist schwer, sich eine von der unseren verschiedene Gesellschaft vorzustellen.»

[16] General de Gaulle z. B. nahm für sich eine jenseits der wechselnden staatsrechtlichen Formen bestehende Legitimität in Anspruch, als er in einer Fernsehansprache vom 20. 1. 1960 erklärte, er verkörpere seit 20 Jahren, seit 1940, das legitime Frankreich. Für die Kommunisten ist die Machtergreifung des Proletariats, selbst wenn dabei die Legalität verletzt wird, damit gerechtfertigt, daß sie dem Sinn der Geschichte entspricht, welcher Sinn und welche Geschichte ihre Legitimität begründen.

[17] *Le Fil de l'Épée*, pp. 53, 55, 78, 83, 183.

[18] Denis de Rougemont, *Journal d'Allemagne*.

[19] *Esquisse d'une théorie de l'autorité*.

[20] *Op. cit.*, p. 389.

[21] Interessant ist die topographische Bezeichnung: es gibt hier ein Zentrum und eine Peripherie, nicht mehr wie in den hierarchischen Systemen ein Oben und Unten.

[22] *Op. cit.*, p. 425.

23 Die von der französischen Regierung den Gewerkschaften vorgeschlagenen «Kollektiv-Verträge» sind ein Beispiel dafür.
24 *Op. cit.*, pp. 417–418.
25 Vgl. die von Erikson beobachteten Sioux von Dakota und die von Margaret Mead beschriebenen Mundugomor von Neu-Guinea.
26 Es sei noch einmal daran erinnert, daß diese frühzeitige Konditionierung, die, eben wegen der Entwicklungsphase, in der sie stattfindet – in den ersten Lebensmonaten nämlich – und wegen der nachfolgenden Verdrängung später nicht bewußt gemacht werden kann. Der Erwachsene kann unter Umständen intellektuell das Räderwerk der Konditionierung zerlegen, die psychisch-affektive Prägung bleibt trotzdem bestehen.
27 Ich verweise auf das Werk von Bronfenbrenner, in dem nachgewiesen wird, wie übermächtig in Rußland dieses archaische Mutterbild ist: *Two worlds of Childhood.* Es wird gezeigt, wie die Drohung mit Liebesentzug und Ausschluß in der UdSSR systematisch als Erziehungsmittel verwendet werden.
28 Besonderes in *Die Generationskrise.*
29 Vgl. die Arbeiten von Margaret Mead; dazu von Robert I. Levy, «Child management structure in Tahitian families», *The Journal of Polynesia Society*, Bd. 78, Nr. 1, März 1969.
30 *Die Revolte gegen den Vater.*
31 Es ist interessant, daß der Begriff der Autorität damit in die Nähe des Begriffs der Religion rückt, dessen etymologische Wurzel religare = verbinden ist.
32 Beim letzten Kolloquium der O.C.D.E. über interdisziplinäre Zusammenarbeit (Nizza, Sept. 1970) schlug Jean Piaget eine Unterscheidung zwischen den Begriffen multidisziplinär, interdisziplinär und transdisziplinär vor. *Multidisziplinär:* «... wenn zur Lösung eines Problems Informationen aus einem anderen Wissenschaftszweig oder aus mehreren benutzt werden, ... ohne daß jedoch die jeweils herangezogenen Disziplinen dadurch bereichert oder sonstwie verändert werden.» *Interdisziplinär:* «... eine zweite Ebene, auf der die Zusammenarbeit mehrerer Disziplinen zu echten Interaktionen führt, d. h. ein wechselseitiger Austausch stattfindet, so daß letztlich beide Seiten eine Bereicherung erfahren.» *Transdisziplinär:* «In diesem ‹Stadium› beschränkt sich die Zusammenarbeit nicht mehr auf Interaktionen und gegenseitigen Austausch zwischen spezialisierten Forschungsgebieten, sondern sie vollzieht sich, ohne feste Abgrenzungen zwischen den einzelnen Disziplinen, innerhalb eines Gesamtsystems aller Wissenschaften. Das ist vorläufig noch ein Zukunftstraum. Er wäre jedoch durchaus zu verwirklichen ...».
33 «Jemand sagt: ‹Komm!›, und wir kommen, oder ‹Geh!›, und wir gehen. Wir gehorchen Schaffnern, Polizisten, Offizieren. Nicht daß wir vor diesen Leuten besonderen Respekt hätten. Vielleicht aber vor ihren Vorgesetzten? Aber manchmal verachten wir sie sogar als Persönlichkeit oder mißtrauen ihren Absichten.» Mit diesem Zitat aus einem Buch von Bertrand de Jouvenel (*Du Pouvoir. Histoire naturelle de sa croissance*) beginnt F. Bourricaud sein Werk über die Autorität, in dem

er eindeutig zeigt, daß wir uns nicht infolge physischen Zwangs vor Autorität und Obrigkeit beugen.

34 «Ordre Nouveau» nennt sich eine neofaschistische Bewegung in Frankreich. «Ordnung» heißt: die einem infantilisierten, zu schwachen Ich *von außen* applizierte zusätzliche Abwehrvorrichtung gegen seine unbewußten Triebe. «Faschistisch» heißt: die verdrängten Triebe machen sich als Aggressionsüberschuß Luft.

35 Vgl. den Vortragszyklus über die Arbeiten von I. P. Pawlow in *La Raison*, Sonder-Nr. 8, Mai 1954. Zu dieser Definition s. besonders p. 214.

36 Wir haben diesen Punkt im letzten Kapitel des I. Teils, «Die psychisch-affektive Komponente der Autorität», näher behandelt.

37 Ein von lat. pater = Vater abgeleiteter Terminus.

38 Das Phänomen bietet außerdem eine Lösung für das Problem: *et qui custodet custodes?* Der Polizist versteht sich als Inkarnation der Autorität und folglich als Erwachsenen, als Vater in bezug auf den Bürger, der damit zum Kind wird. Wenn er – zumindest in Frankreich – einen Autofahrer, den er zum Anhalten gezwungen hat, höflich grüßt, dann ist fast immer zu spüren, daß er innerlich gegen diesen Akt der Höflichkeit rebelliert, der übrigens wegen seiner inhumanen Kälte immer etwas Unverschämtes an sich hat. «Heißt das nicht die Dinge auf den Kopf stellen?» scheint sich der Polizist mehr oder weniger unbewußt zu fragen. «Eltern, die ihre Kinder grüßen müssen!» Die Welt ist jedoch in dem Moment sofort wieder in Ordnung, wo er anfängt, den Autofahrer in dem Ton, in dem man zu einem unartigen Kind spricht, abzukanzeln. Umgekehrt erklären sich auch sehr viele Reaktionen des Bürgers gegenüber der Polizei daraus, daß die Beziehung zwischen beiden als eine Wiederholung der ehemaligen Beziehung zu den Eltern erlebt wird.

39 Und daß sie sich insbesondere nicht von ihrem Schuldgefühl gegenüber der von ihnen gestürzten Autorität befreien können, für das einzig diese Konditionierung, nicht ein «Naturgesetz» verantwortlich zu machen ist. Sie müssen mit der «Tatsache» in ihrem Unbewußten leben, daß sie ihre Eltern getötet haben.

40 Der Mythos ist nur eine besondere Art, sich über bestimmte Erscheinungen der – inneren oder äußeren – Wirklichkeit klarzuwerden, d. h. sie zu einem Deutungssystem zusammenzufassen. Die wissenschaftliche Theorie erfüllt auf andere Art den gleichen Dienst, nur ermöglicht sie eine effizientere praktische Handhabung dieser Wirklichkeiten.

41 Das wird verständlich, wenn man daran denkt, daß die Wirkungen depressiver und psychosomatischer Phänomene sich vereinen und kumulieren.

42 Denn in der objektiven Wirklichkeit ist die Mutter bekanntlich keineswegs allmächtig. Ihre virtuell unbeschränkte Macht über den Säugling findet in der Wirklichkeit ihre Grenzen an der Mutterliebe und den Bräuchen und Gesetzen der Gruppe.

43 Wobei die erste unbewußt oder nur halb bewußt erlebt wird, die zweite dagegen sehr bewußt.

44 Dieser Weg kann hier nicht im Detail beschrieben, die entscheidende Etappe,

d. h. die endgültige Verinnerlichung des Vaterbildes nicht im einzelnen dargelegt werden. Diese langsame Verinnerlichung war ihrerseits die Folge eines äußeren Ereignisses: der Tatsache, daß der Vater starb. Das Unbewußte ist keine von der äußeren Wirklichkeit und der Geschichte isolierte Invariante. Ich kann hier nur auf meine Arbeit *Die Revolte gegen den Vater, eine Einführung in die Soziopsychoanalyse* verweisen.

45 Wir werden im Kapitel 4 des II. Teils sehen, daß die Zerrüttung der sozio-kulturellen Institutionen infolge der technologischen Revolution – insbesondere derjenigen Institutionen, die die Erwachsenen-Kind-Beziehungen regeln – es den Erwachsenen heute schwer macht, die Kinder und Jugendlichen noch der traditionellen Konditionierung zu unterwerfen. Ist es nicht einer der auffälligsten Züge unserer Zeit, daß die Unterwerfung der Erwachsenen unter die Autorität eine größere Rolle spielt als die der Kinder unter die Erwachsenen? Das ist einer der Aspekte des Phänomens, das ich die *Generationskrise* genannt habe.

46 Vgl. Luc Boltanski, *Prime éducation et morale de classe*. Es ist bekannt, welchen Wert die Kirche auf ihren Einfluß bei der Erziehung des Kleinkindes legt, das damit schon in diesem Stadium entsprechend konditioniert wird.

47 Das erste Feudalzeitalter liegt schätzungsweise zwischen dem Ende des Karolingischen Reichs – Karl der Große stirbt 814 – und 1050, das zweite zwischen 1050 und 1250. Kennzeichnend für diese zweite Epoche, mehrere Generationen nach dem Ende der Völkerwanderung, ist ein starker Bevölkerungsanstieg, die Urbarmachung von Anbauflächen, eine ökonomische Revolution mit dem Aufblühen der Städte, dem Auftreten einer handeltreibenden und einer Handwerkerklasse sowie einer künstlerischen, kulturellen, pädagogischen Erneuerung.

48 Vgl. *Die Revolte gegen den Vater*.

49 Ich stütze mich dabei auf das klassische Werk von Marc Bloch, *La société féodale*. Ferner bin ich folgenden Autoren zu Dank verpflichtet: Ferdinand Lot, *La fin du monde antique et le début du moyen âge;* Louis Halphen, *Charlemagne et l'empire carolingien*; W. Sombart, *Der Bourgeois*; E. Garin, *L'Éducation de l'Homme Moderne*.

50 Eine Studie über das Zunftwesen, diese – nach Marc Bloch, op. cit., p. 606 – «künstliche Familie», unter dem Aspekt der von mir vertretenen These wäre fällig.

51 Bloch, p. 207.

52 Op. cit., p. 208.

53 Besonders zu bedauern ist, daß in dieser sonst erschöpfenden Arbeit kein Kapitel der Kindererziehung und den Beziehungen zwischen Erwachsenen und Kindern im Feudalismus gewidmet ist.

54 Op. cit., p. 212.

55 Der symbolische Sinn dieser Geste besteht wohl darin, daß sie den zwischen dem Erwachsenen und dem Kind bestehenden Größenunterschied wiederholt. Das gleiche gilt für Begriffe wie der «Höherstehende» und der «Untergebene» oder «Ungleichheit» oder «die Großen» und «die kleinen Leute» usw. Es sei daran erinnert,

daß das deutsche Wort «Herr» sich aus dem Komparativ des Adjektivs «hehr» entwickelt hat, dessen Grundbedeutung «grauhaarig», «alt» ist (Kluge).

56 Bloch, p. 210.

57 Op. cit., p. 223.

58 Op. cit., p. 331.

59 Op. cit., p. 320.

60 Op. cit., p. 327.

61 Op. cit., p. 327.

62 Op. cit., p. 618.

63 Op. cit., p. 618.

64 Op. cit., p. 492.

65 Op. cit., p. 493.

66 Ferdinand Lot, *La fin du monde antique et le début du moyen âge*, p. 406.

67 Garin, Bd. I, p. 12 f. Garin zitiert Chenu: «Die gesamte mittelalterliche Pädagogik gründet auf dem Lesen der Texte, und die Scholastik in den Universitäten ‹institutionalisierte› und erweiterte diese Arbeitsmethode.» (Bd. I, p. 51, Anm. 41.)

68 Garin, Bd. I, pp. 21–24.

69 Interessant die wechselnde Vorherrschaft einmal der *verba*, das andere Mal der *res*. In der Scholastik: die *verba*; im 12. und 13. Jahrhundert: Rückkehr zu den *res*. In der Renaissance: Gleichgewicht zwischen *verba* und *res*. Auf den Humanismus folgen dann die Humaniora, die Geisteswissenschaften (18. und Anfang 19. Jahrhundert): die *verba*. Das naturwissenschaftliche 19. Jahrhundert will nur noch mit den *res* zu tun haben. Dann, seit etwa 10 Jahren, Rückkehr an die Macht der *verba* (vgl. das Vorwort von Philippe Ariès zu Garins Buch).

70 Zitiert von Garin, Bd. I, p. 15.

71 Garin zitiert eine Stelle aus dem *Zibaldone* von Rucellai: «Laßt sie laufen, springen, Fangen und Ball spielen ... Ich möchte nicht und halte es auch nicht für richtig, daß sie Schläge bekommen. Einmal weil das kein Zeichen von Güte ist, sondern eher gegen die Natur und *geeignet, die Menschen servil zu machen* ...» (Kursiv von G. M.; Garin, Bd. III, p. 78).

72 Zu den psychologischen Voraussetzungen rechne ich neben der Zurücknahme der Selbstliebe – in verarbeiteter Form –, die sich im Phänomen Autorität aufgelöst hatte, und neben der Verminderung des Schuldgefühls auch das Klassenbewußtsein.

73 *L'enfant et la vie familiale sous l'Ancien Régime*, Paris 1960.

74 Philippe Ariès: «Le rôle nouveau de la mère et de l'enfant dans la vie moderne», pp. 39–40.

75 Die Verschulung nimmt übrigens auch in den Staaten, in denen keine politische Liberalisierung stattfindet, parallel zur industriellen Entwicklung zu.

76 Die politischen Freiheiten gewinnen dabei kaum an Raum. Vgl. Roger Errera, *Les libertés à l'abandon*.

77 Eine ausführlichere Darstellung findet sich in meinem Buch: *Die Generationskrise*.

78 Der Marxsche Satz vom Weltmarkt und der auf ihm basierenden Produktion hat erst heute, nicht schon für die Zeit von Marx, Gültigkeit.

79 Die wissenschaftliche Methodik hat sich, wohlgemerkt, erst aufgrund der Erfolge der angewandten Wissenschaft entwickelt.

80 Man denke nur an die Mondlandung, bei der Abermillionen von Menschen ihre Zugehörigkeit zur Erde viel stärker empfanden als ihre Zugehörigkeit zu einer Nation. Man denke daran, daß bis zum letzten Weltkrieg in Frankreich die Lehrbücher der Literatur bis zum Bakkalauriat kein einziges Kapitel über die Literaturen des Auslands enthielten. Der Geschichtsunterricht befaßte sich ausschließlich mit der Geschichte Frankreichs.

81 «Die Frau ist ein untergeordnetes Wesen, sie gehorcht zu sehr ihren Organen», sagt Balzacs Vautrin. Und weiter: «Die Launen einer Frau ..., Tyrannei eines Kindes, von der Leidenschaft über den Haufen geworfene Rechtschaffenheit, naive Bosheit, der Listenreichtum von Wilden! Die Frau mit ihrer Schindermentalität, ihren Foltertalenten ist das Verderben des Mannes und wird es ewig bleiben.» Vgl. auch Kate Millet, Sexus und Herrschaft.

82 Es versteht sich, daß diese neuen Phänomene nur in Erscheinung treten konnten, weil die das Kind konditionierenden Kräfte insgesamt schwächer geworden sind.

83 Für eine solche Diktatur würde eines der Hauptprobleme darin bestehen, den inneren Widerspruch aufzulösen zwischen der Notwendigkeit, die Kinder so auszubilden, daß sie imstande sind, die Ergebnisse der angewandten Wissenschaft nutzbar zu machen, *und* sie zugleich so zu konditionieren, daß sie sich als Funktionselemente im Dienste eines Ganzen verstehen.

84 Nehmen wir als Beispiel die Zensur: «Hier genau liegt der Unterschied zwischen einem nur autoritären Regime und einem totalitären: das erste verlangt lediglich, daß man es nicht angreift, das andere betrachtet alles, was nicht Lob ist, als Angriff. Das erste begnügt sich damit, zu erreichen, daß man ihm nicht schadet, das andere fordert darüber hinaus, daß man nichts tut, was ihm nicht nützt.» (J. F. Revel, Vorwort zu *Russie contestaire: documents de l'opposition soviétique*.

85 *Jugend und Sexualität in primitiven Gesellschaften*. Band 1, S. 195.

86 1968/69 wurde von Volks- und Sekundarschullehrern im Departement Tarn-et-Garonne eine Befragung von 800 Kindern im Alter von 9 bis 16 Jahren durchgeführt. Sie zeigte, daß jedes Kind im Durchschnitt jährlich etwas über 1000 Stunden vorm Fernsehapparat verbringt (in *Ciné-Jeunes*, nach einem Bericht von Le Monde, 16. 1. 71).

87 In Frankreich im Jahr 1900: 30 000 Studierende; 1971: mehr als 600 000.

88 Heute, da sich die verschiedenen institutionellen, sozio-kulturellen Gruppen infolge ihrer Unfähigkeit, einen neuen, nichtautoritären sozialen Konsens herbeizuführen, von einer Existenzkrise bedroht fühlen, ist das Individuum als Gegenkraft von tragischer Unzulänglichkeit.

89 Einem an der naturwissenschaftlichen Methode geschulten Denken jedenfalls erscheinen die Gründe, die den Gehorsam rechtfertigen sollen, lächerlich.

90 Ich habe die Gründe für diese geringere Konditionierung, die alle mit der technologischen Revolution zusammenhängen, ausführlich dargelegt.

91 Ebenso wurde das Entstehen eines «National-Klassenbewußtseins» bei den ausgebeuteten Kolonialvölkern erst durch die ökonomischen und sozio-kulturellen Umwälzungen im Gefolge des zweiten Weltkrieges ermöglicht. Jeder Bruch in der sozio-kulturellen Tradition erlaubt eine teilweise Entkonditionierung, die einen Fortschritt oder einen Rückschritt einleiten kann. Entkonditionierung an sich ist noch kein Fortschritt: sie bereitet ihm nur, im günstigen Fall, den Weg. Wir werden im folgenden noch darlegen, welche ethischen Entscheidungen die beiden Termini Fortschritt und Rückschritt implizieren.

92 Beispiel: Die Bedeutung, die von den Massenmedien mit Recht dem, was sie im abwertenden Sinn «Unruhe an den Schulen» nennen, beigelegt wird.

93 Sei es auch nur dadurch, daß sie ihnen «zum Problem werden». Daher neue Einrichtungen in der Art der «Elternschule» oder auflagenhohe spezielle Zeitschriften (*Eltern* usw.). Andererseits erwarten die auf allen Gebieten frustrierten Erwachsenen heute von ihren Kindern affektiv viel mehr als früher. Eine Art von affektiver Ausbeutung tritt zunehmend an die Stelle der ökonomischen.

94 Eine Meinungsumfrage in Frankreich im Mai 1971 hat gezeigt, daß das Problem der «Unruhe» an den Schulen die Franzosen (42 %) mehr beschäftigt als wirtschaftliche Probleme.

95 *Le problème de l'incroyance au XVIe siècle*, pp. 307–327.

96 Manche Leute scheinen anzunehmen, daß er von selbst komme, sobald die heutige Kultur zerstört sei. Gewiß wird sich notwendig ein Konsens einstellen, aber einer, der auf konstanter Gewaltanwendung von seiten des Staates beruht.

97 *Das Unbehagen in der Kultur*. G. W. Bd. XIV, S. 419–506.

98 Der Staat ist gewissermaßen sogar dazu gezwungen, da bei fehlendem sozialen Konsens die Gefahr besteht, daß Gewalt zur normalen Beziehung zwischen den Individuen wird. Andererseits befindet sich das Individuum in einer schizophrenen Situation: ein Teil seiner selbst strebt nach Freiheit, der andere, infantilisiert und mit Schuldgefühlen beladen, wie er es aufgrund der mangelhaften Erziehung ist, verlangt vom Staat immer mehr Sicherheit und Schutz. Diesem zweiten Teil würde eine pädagogische Revolution zu größerer Unabhängigkeit verhelfen. Tut sie es nicht, wird der Einzelne von der Nährmutter, zu der der Staat für ihn geworden ist, immer mehr erwarten, er wird dieses für seinen Narzißmus frustrierende Säuglingsdasein nicht ertragen können und wegen seiner Aggressivität gegen den Staat (seine Mutter) unbewußte Schuldgefühle entwickeln. Das ist im Grunde der gleiche circulus vitiosus, wie ihn Freud in *Das Unbehagen in der Kultur* beschreibt.

99 Allein eine solche Lehrzeit könnte verhindern, daß die Angst des Kleinkindes vorm Verlassenwerden nicht übermäßig lange genährt wird, eine Angst, die von der Gesellschaft bisher ausgenützt wurde, um zusätzliche, die Unterwerfung unter die Autorität begünstigende Schuldgefühle zu erzeugen.

100 Die Kommunistische Partei Frankreichs zeigt keine derartige selbstmörderische

Tendenz; denn sie hat sich in allen Stürmen ihr traditionelles autoritäres Gerüst erhalten. Es ist zu bemerken, daß es für die Anhänger dieser weltlichen Religion noch Transzendenz gibt, ohne die es, meines Erachtens, keine Autorität geben kann. Diese Transzendenz (in die das Individuum transzendiert und die ihm seinen Sinn gibt) ist die Gesellschaft, das Kollektiv. Die Kommunistische Partei setzt auf die Gesellschaft gegen das Individuum: «Ändern wir die Gesellschaft, und das Glück wird sich als Wirkung aus dieser Ursache von selbst ergeben.»

101 Der Faust des II. Teils meditiert am Schluß über das Handeln: «Dem Tüchtigen ist diese Welt nicht stumm / Was braucht er in die Ewigkeit zu schweifen?», und die letzten Zeilen von Totem und Tabu lauten: «... und darum meine ich ... man darf in dem Falle, den wir diskutieren, wohl annehmen: Im Anfang war die Tat.»

102 Die diktatorische Macht eines Hitler oder Stalin hat ihnen nicht ihre verlorene Selbstliebe zurückgeben können. Das Zusammentreffen von einem nach magischem Modell funktionierenden Denken und von quasi absoluter realer Macht ist kaum geeignet, die psychisch-affektive Reifung des Individuums zu fördern.

103 Was durchaus nicht bedeutet, daß er sich «in ihnen einrichtet», sondern daß er sie nicht – auch nicht teilweise – verleugnet.

104 Eine solche Verarbeitung ist von selbstanalytischer wie auch politischer Aktivität nicht zu trennen.

105 Es ist der Traum jedes Diktators, seine Untertanen gleichzeitig zu Säuglingen und zu Maschinen zu machen, zu Maschinen mit hundertprozentigem Nutzen; und auf politischer Ebene zu Säuglingen: d. h. zu Wesen, die in panischer Angst leben, mit ihrer Aggressivität allein gelassen zu werden. Alles, was autonome Aktivität hätte werden können, was aber frustriert wurde, hat sich auf die Erzeugung von Aggressivität umgestellt. Für ein Individuum, das dauernd einer derart intensiven Aggressivität in seinem Innern und dem dazugehörigen ebenso intensiven Schuldgefühl (d. h. der archaischen Angst, das Liebesobjekt zu verlieren) preisgegeben ist, bedeutet die Autorität des Diktators den einzigen möglichen Schutz. *Mit anderen Worten: ein seit seiner Kindheit in einem diktatorischen Regime erzogenes Individuum empfindet bei der Vorstellung, der Autorität nicht zu gehorchen, die ganze Verlassenheits-Angst eines Säuglings.*

106 Fortschritt auf individueller wie auch auf Gattungsebene, insofern jeder Mensch unvermeidlich diese – biologische und vor allem psychisch-affektive, phantasmatische – Versklavung erfährt und sich unvermeidlich auf eine anfängliche – psychomotorische und psycho-affektive – Befreiung hinbewegt. – *Human sein heißt für mich nicht, die Welt der Phantasien hinter sich lassen und in die Welt des Handelns eintreten, sondern die Problematik von Tat und Phantasie so vollständig wie möglich zu durchleben.*

107 Diese Definition der Begriffe «Fortschritt», «Befreiung», «Humanität» ist meine ganz persönliche. Wie der Leser in den folgenden Kapiteln noch deutlicher sehen wird, gründet sich meine Definition von «Fortschritt» – und also auch die implizierte ethische, axiologische Entscheidung – auf eine anthropologische Konzeption, der-

zufolge der Konflikt der natürliche Zustand des Menschen ist und derzufolge sein ganzes Verhalten und das der Gesellschaft darauf abzielen, diesen Konflikt – vor allem mit Hilfe von Idealisation und Projektion – zu verschleiern. Da der natürliche Zustand des Menschen der Konflikt ist, besteht die natürliche Reaktion des Menschen darin, alles zu tun, um den Konflikt zu unterdrücken und zu vergessen, worauf dieser unausweichlich unter anderen, aufs äußerste entfremdenden Formen wiederkehrt. Fortschritt zur Humanität hieße, mit seinen offengelegten Konflikten leben und sich um ihre Verarbeitung bemühen. Es versteht sich von selbst, daß eine solche Haltung nicht gelebt werden kann, ohne daß eine pädagogische Revolution das Schuldgefühl abbaut, das Selbstvertrauen des Individuums stärkt und ihm ermöglicht, den Umgang mit inneren und äußeren Konflikten zu erlernen.

108 Wie man weiß, mehr schlecht als recht: soziale Ungerechtigkeit, Krieg, Verfolgung, Kolonisation, entfremdende Erziehung usw. Die ganze menschliche Geschichte ist die Geschichte ständiger Gewaltanwendung.

109 So wie die chronische Schizophrenie eine pathologische *Lösung* des menschlichen Dramas ist.

110 Es ist nicht ganz leicht, die Frage zu beantworten, warum mir diese Art von Glück «inhuman» erscheint, warum «human sein» für mich notwendig bedeutet, den Menschen als Ganzes zu akzeptieren. «Glück» (oder Unglück) ist jedenfalls kein zureichendes Kriterium.

111 Abwehrmethoden, die darin bestanden, einen der Konfliktpole nach außen zu projizieren: «Der andere ist der Böse» ... usw.

112 Wissenschaft ist nicht identisch mit Technik. Eine wissenschaftliche Behandlung der menschlichen Probleme würde dem Bereich der Phantasien, dem Wort und dem Handeln jeweils den ihnen zustehenden Platz einräumen und Kindheit und Erwachsensein gleichermaßen schützen.

113 Jedoch asymptotische, nie zu erreichende Befreiung, insofern als die Einstellung zu ihr selbst neue Entwicklungen durchlaufen, neue Dimensionen hinzugewinnen wird. Humanisation ist kein Zustand, sondern ein Prozeß; er kann rückläufig sein oder immer weiter voranschreiten.

114 Der Leser sei auf die schon zitierte Schrift von Lucien Febvre hingewiesen, besonders auf Buch II, Kap. 3.

115 «Es beliebt Uns ...» dies oder jenes anzuordnen, sagt der absolutistische Herrscher, der Autokrat.

116 Es sei nur an den oft zitierten Vierzeiler von Goethe erinnert, in dem er «des Lebens ernstes Führen» seinem Vater und «die Frohnatur und Lust zu fabulieren» seiner Mutter zu verdanken glaubt.

117 Womit ich nicht sagen will, daß dem Patriarchat ein Matriarchat voraufgegangen wäre. Entscheidend scheint mir zu sein, auf was für einer unbewußten Imago das Wertsystem einer Gesellschaft basiert. Auch vor dem Patriarchat waren die Stammesführer zweifellos Männer, doch die bestimmende unbewußte Imago der Gesellschaft war das Bild der archaischen Mutter. Umgekehrt kann eine Frau sehr

wohl Staatsoberhaupt sein, während die herrschende gesellschaftliche Imago väterlichen Typs ist (Ceylon, Israel).

118 Vgl. das königliche Zepter, den Marschallstab usw.

119 Das erste Wertsystem entspricht dem, was die theoretische Psychoanalyse das «Idealich» nennt, das zweite Wertsystem entspricht dem «Ichideal».

120 Zum Thema der Übernahme der individuellen Aggressivität durch den Staat verweise ich auf das ausgezeichnete Buch von Franco Fornari, *Psicanalisi della situazione atomica.*

121 Es ließe sich denken, daß die von Freud seit 1920 vertretene und von manchen Psychoanalytikern aufgegriffene These eines Todestriebs die gleiche Funktion der Schuldentlastung hat: «Nicht *ich* bin aggressiv, sondern der andere, der Todestrieb in mir ...»

122 Ganz besonders aus diesem Grund und nicht im Namen einer transzendentalen Ethik ist die Ausbeutung des Menschen durch den Menschen zu «verurteilen». Der atheistische Materialismus kann und muß das Wertsystem, auf das er sich bezieht, mit rein materialistischen Argumenten rechtfertigen.

123 Den Tod einbegriffen: manche Technophrenen lassen sich bei ihrem Tod einfrieren in der Hoffnung, daß eine zukünftige Wissenschaft sie wieder zum Leben erwecken wird.

124 Marcuse.

125 «... er (Freud) hat es auch als erster unternommen, *die Trennung zwischen dem Positiven und dem Negativen (dem Normalen und dem Pathologischen*, zwischen Begreifbarem und nicht Mitteilbarem, Bedeutsamem und Unbedeutendem) *radikal aufzuheben ...*» Michel Foucault, *Les mots et les choses*, p. 372 (Unterstreichung von mir.)

126 Vgl. G. Mendel, *Die Revolte gegen den Vater*, Teil III, Kap. XI.

127 Das ist, hebt Freud hervor, bei der religiösen Haltung der Fall.

128 Freud, «Über eine Weltanschauung», in: *Neue Folge der Vorlesungen zur Einführung in die Psychoanalyse*, Ges. Werke XV, p. 184: «Diese Übereinstimmung mit der realen Außenwelt heißen wir Wahrheit. Sie bleibt das Ziel der wissenschaftlichen Arbeit, ...»

129 *Op. cit.*, p. 185.

130 «Sein (des wissenschaftlichen Denkens) Bestreben ist, die Übereinstimmung mit der Realität zu erreichen, d. h. mit dem, was außerhalb von uns besteht und, wie uns die Erfahrung gelehrt hat, für die Erfüllung oder Vereitelung unserer Wünsche maßgebend ist. Diese Übereinstimmung mit der realen Außenwelt heißen wir Wahrheit. Sie bleibt das Ziel der wissenschaftlichen Arbeit ...» *Op. cit.*, p. 184.

131 *Op. cit.*, p. 239 (Unterstreichung von mir).

132 Als Illustration zu diesem Text von Freud schlage ich die Antrittsvorlesung von Michel Foucault am Collège de France vor, in der die Trennung von Vernunft und Wahnsinn und die Scheidung zwischen wahr und falsch als Hemmnis für den «Diskurs» bezeichnet wurden. Der «wahre Diskurs» rückt damit in die Nähe der Offen-

barung, und der Wille zur Wahrheit, ohne den es keine Wissenschaft geben kann, wird damit als Hindernis denunziert.

133 Die Antipsychiatrie wäre so als Reaktion auf die «technologische» Einstellung bestimmter Psychiater aufzufassen, die angesichts der Fortschritte auf dem Gebiet der Psychopharmakologie überzeugt sind, daß es bald Medikamente gegen alle geistigen Störungen geben wird. Letzten Endes könnten dann auch das Bewußtsein von der Unausweichlichkeit des Todes und die Dimension des Unbewußten anästhesiert werden: damit wäre ganz einfach der Mensch als solcher ausgelöscht. In Ländern, wo gesellschaftliche Opponenten in psychiatrische Kliniken eingewiesen werden, ist man offensichtlich auf dem besten Weg zu einer solchen Auffassung. Den Antipsychiatern, die behaupten: «Die Leute, die unsere Gesellschaft akzeptieren, sind die eigentlichen Geisteskranken», stehen die Machthaber der UdSSR gegenüber, die erklären: «Wer unsere Gesellschaft angreift, ist ein Geisteskranker.»

134 Er verliert dabei allerdings, was er auch verliert, wenn er Friedhöfe und Fürsorgeheime mit Mauern umgibt: den notwendigen Bezug zur tragischen Dimension des menschlichen Lebens.

135 Vgl. Evans-Pritchard, *Les Nuer.*

136 Das gerade ist der Sinn der Einweihungsriten: die Tür zur Kindheit wird zugeschlagen. Ebenso bedeutet für die Frau, den Penis des Mannes besitzen, mit dem sie zusammenlebt (oder als Ersatz dafür: das Kind), Schutz vor der archaischen Mutter.

137 Als Illustration zu diesem Phänomen läßt sich die Tatsache anführen, daß in den in jüngster Zeit entstandenen Bauten von Großunternehmen das Büro des Chefs sich im obersten Stockwerk befindet. In Deutschland, einem traditionsgemäß sehr hierarchisch organisierten Land, läßt sich, wie es scheint, Stellung und Rang des Einzelnen an der Größe seines Autos ablesen.

138 Dieser endlose Kampf der Gegensätze ist sowohl von Freud als auch von Pawlow, jeweils auf ihrem eigenen Gebiet, theoretisch dargestellt worden. Für Freud kann ein Konflikt kein Ende haben, bei dem (im Rahmen seiner ersten Triebtheorie) Sexualtriebe und Ichtriebe oder (in seiner letzten Theorie) Lebenstrieb (Eros) und Todestrieb (Thanatos) einander gegenüberstehen. Für Pawlow liegt der Antagonismus im Wechselprozeß von Reiz und Hemmung.

139 Obwohl ich die Voraussetzungen für die derzeitigen Möglichkeiten einer pädagogischen Revolution dargelegt habe, droht ein zweites Mißverständnis. Eine pädagogische Revolution ist nicht zu trennen von einer sozialen Entwicklung, durch die sie überhaupt erst ermöglicht wird oder würde. In diesem Punkt stimme ich vollkommen der solide untermauerten These von Antoine Prost zu, derzufolge Entwicklungen auf dem Schulsektor immer von einem energischen Vorstoß auf gesellschaftlicher Ebene in Gang gesetzt wurden. Vgl. Antoine Prost: *L'enseignement en France, 1800–1967.* Umgekehrt aber kann, wie ich glaube, heute kein politischer Fortschritt erzielt werden ohne eine voraufgehende oder parallel laufende pädagogische Revolution. Das Kind und der Jugendliche sind nicht länger bloße Anhängsel des Erwachsenen, sie haben ihre eigene Entwicklung und ihr eigenes politisches

Gewicht: Beeinflussung kann heute nur noch in zwei Richtungen stattfinden, von der Jugend auf die Erwachsenen und von diesen auf die Altersklasse der Kinder und Jugendlichen.

140 Und gerade heute herrscht in den Beziehungen der Eltern oder der Gesellschaft zu den Kindern vollendete Anarchie. Dem 12jährigen das Wahlrecht zugestehen hieße zwischen den Altersklassen einen demokratischen Beziehungsmodus konstituieren.

141 Es sei daran erinnert, daß eine kürzlich im Anschluß an eine französische Fernsehsendung durchgeführte Meinungsumfrage zeigte, daß 64 % der Erwachsenen sich gegen die Herabsetzung des Wahlalters auf 18 Jahre aussprachen. Etwas differenziertere Begründungen lauteten, daß «Politik ein schmutziges Geschäft ist und den Charakter verdirbt» und daß man «die Jugend schützen muß». Umgekehrt standen 51 % der 15- bis 19jährigen dem Wahlrecht mit 18 Jahren positiv gegenüber.

142 Ich bin jedoch nicht der Meinung, daß der Ödipuskonflikt zum Verschwinden gebracht werden kann. Doch die Formen seiner Verarbeitung würden sich ändern, wie sie auch, meiner Meinung nach, vor der Ära der modernen Gesellschaften anders waren als die von Freud beschriebenen. Kurz gesagt: vor dem Neolithikum nicht-patriarchalische Gesellschaften (selbst wenn ein Mann die Autorität verkörperte, war diese wegen des Fehlens einer Vaterimago der Substanz nach eine archaisch-mütterliche); nach dem Neolithikum Vatergesellschaften (Vaterimago und Vatergestalten im Sozialbereich); heute Entwicklung auf postpatriarchale Gesellschaften hin, sei es als Rückkehr zu mutterbildlichen Gesellschaften, sei es als Fortschritt zur Konfliktgesellschaft.

143 Er unterscheidet sich jedoch von diesem insofern, als der Klassenkampf die Abschaffung der bürgerlichen Klasse und die Diktatur des Proletariats herbeiführen soll. Nun sind aber, wie mir scheint, Fortschritte nur da erzielt worden, wo der Klassenkampf fortdauerte. Was keineswegs bedeutet, daß das Bürgertum oder auch die Arbeiterklasse dazu bestimmt sind, ewig zu bestehen. Ich neige jedoch zu der Hypothese, daß beide gleichzeitig verschwinden werden, weil, besonders nach einer pädagogischen Revolution, andere Produktionsverhältnisse zum Entstehen anderer sich bekämpfender sozialer Klassen führen würden. Der Kampf der Altersklassen innerhalb des Schulsystems würde statt auf die Ausschaltung eines der beiden Konfliktpole (Kindheit oder Erwachsenenalter) auf eine gegenseitige Beeinflussung und die Anerkennung des Konflikts als eines Werts an sich tendieren.

144 Es wäre auch vorstellbar, daß jeder Erwachsene in einem bestimmten Augenblick seines Lebens für längere Zeit im Schulsystem eingesetzt würde. Was für die Stadt des Mittelalters die Kathedrale war, könnte in einer postpatriarchalen, postautoritären Kultur, in einer «Konfliktkultur» die Schule werden.

145 Ich habe immer wieder die Notwendigkeit der Zurücknahme der früher (und noch heute) auf die Großen delegierten Macht durch das Individuum und die Notwendigkeit der ökonomischen Gleichheit betont, deren Verwirklichung in allen politischen Regimen des zwanzigsten Jahrhunderts gescheitert ist. Aneignung der politi-

schen Macht und ökonomische Gleichheit können jedoch, wie ich glaube, nur erreicht werden, wenn das Kind im Rahmen seiner Altersklasse schuldentlastende Freiheit und Verantwortlichkeit erlernt hat, wenn es gelernt hat, mit dem Konflikt in allen seinen Formen zu leben, und zugleich sich voll in seinem Kindsein entfalten konnte. Andernfalls gerät man unausweichlich wieder in den sozialen Kreislauf von Herrschaft und Ausbeutung.

146 Dagegen kann der Antagonismus der Altersklassen verschwinden, wenn sich in einem Land die Jungen und die Erwachsenen gegen einen gemeinsamen Feind solidarisieren (Nordvietnam gegen die USA, Tschechoslowakei gegen die UdSSR).

147 Manche Beobachter sprechen sogar von einem Anti-Jugend-Rassismus.

148 In der psychoanalytischen Behandlung werden die energetisch kostspieligen archaischen Abwehrmechanismen durch solche ersetzt, die der aktuellen inneren und äußeren Wirklichkeit besser angepaßt sind. Im Gegensatz dazu wird in der Psychose die äußere Wirklichkeit zugunsten der inneren negiert. – Ebenso wird im Faschismus einer der beiden Konfliktpole Individuum–Staat negiert. Unter diesem Aspekt können Psychose und Faschismus auf einen gemeinsamen Nenner gebracht werden.

149 Der, auf gesellschaftlich-politischer Ebene, den Klassenkampf negiert: Arbeitnehmer und Arbeitgeber als die versöhnten Kinder des gleichen Vaterlands. Allerdings verschafft sich dabei eine bestimmte Sorte Kinder besser Gehör als die andere!

150 Er neigt dazu, eher «antipsychiatrische» Literatur zu lesen als psychiatrische; denn ihm scheint, daß hier wie überall die Wahrheit in der Verweigerung des soziokulturellen oder wissenschaftlichen Erbes, in der Verweigerung der Vergangenheit zu finden ist.

151 Selbstverständlich wird eine Menge videoskopischen Materials von den großen Firmen aufgezeichnet werden und so das Buch teilweise ersetzen. Das hat aber nichts mit dem Lernverfahren zu tun, dessen Elemente hier dargelegt worden sind, mit dem aktiven Lernverfahren, während das eben genannte nur dazu dient, das Gehirn noch zusätzlich zu «nudeln».

152 Bourdieu und Passeron haben in *Les Héritiers* und *La Reproduction* im einzelnen gezeigt, wie sich das Verhältnis der sozialen Klassen zur Sprache auf allen Ebenen des Schulsystems auswirkt.

153 Ich verwende den Terminus Koedukation nicht in dem gebräuchlichen Sinn von gemeinsamer Erziehung von Jungen und Mädchen, sondern im Sinn einer wechselseitigen Erziehung von Kindern und Erwachsenen in Unterscheidung zum Begriff der Selbsterziehung der Kinder.

154 Es fällt auf, daß jedes neue sozialistische Experiment – Jugoslawien, Tschechoslowakei, Chile – sofort ungeheures Interesse erregt. Obwohl die bisher realisierten Formen des Sozialismus sich im ökonomischen wie auch im politischen Bereich als Fehlschläge erwiesen haben, scheinen dennoch nur sozialistische Entwürfe das politische Interesse der Bürger wecken zu können. Niemals zuvor hat man weniger an den Sozialismus geglaubt, und niemals zuvor vielleicht hat man mehr an ihn glauben wollen als heute.

155 In der *Revue des Parents et des Éducateurs*, Nr. 118, Juli–Sept. 1970, schreibt jedoch Professor Zazzo: «Auf psychologischer Ebene hat ein 3jähriges Kind in bezug auf seine geistige Entwicklung die Hälfte des Erwachsenenalters erreicht.» Was natürlich nicht heißt, daß das Erwachsenenalter 6 Jahre sei, was aber darauf hinweist, daß die intellektuellen Möglichkeiten des Kindes ungeheuer sind, sofern man es nur auf seine Weise arbeiten läßt und es nicht autoritär behindert. Und wenn man nicht das Kind im Kind methodisch abwürgt und schon aus den Sechsjährigen Miniaturerwachsene macht! So wie heutzutage auch das Wachstum von Blumen und Gemüse «forciert» wird.

156 Nach Untersuchungen von J. M. Rivière.

157 *Die Generationskrise*, S. 219.

158 In Lebovici et Soulé, *La connaissance de l'enfant par la Psychanalyse*, p. 440.

159 *Jugend und Sexualität in primitiven Gesellschaften.* Band 1: Kindheit und Jugend in Samoa, S. 194 f.

Bibliographie

Adorno, T. W., u. a. The Authoritarian Personality. Harper, New York 1950.

Aichhorn, A., Verwahrloste Jugend. Die Psychoanalyse in der Fürsorgeerziehung (1925). 7. Aufl. Huber, Bern 1971.

Anthony, E. Y., und *Koupernik, C.*, L'enfant dans la famille. Congrès de Jerusalem 1970. Masson, Paris 1970.

Ariès, P., L'enfant et la vie familiale sous l'Ancien Régime. Plon, Paris 1961.

— Histoire des populations françaises. Ed. du Seuil, Paris 1971.

— Le rôle nouveau de la mère et de l'enfant dans la vie moderne. In: Les carnets de l'enfance, Nr. 10, 1969.

Bastide, R., La socialisation de l'enfant en situation d'acculturation. In: Les carnets de l'enfance, Nr. 10, 1969.

Bataillon, M., *Berge, A.*, *Walter, F.*, Rebâtir l'Ecole. Payot, Paris 1967.

Bernfeld, S., Antiautoritäre Erziehung und Psychoanalyse. Ausgewählte Schriften Bd. 1–3. Hrsg. L. v. Werder u. R. Wolff. März, Frankfurt a. M. 1969/70.

Bettelheim, B., Die Kinder der Zukunft. Molden, Wien 1971.

Bloch, M., La société féodale. 2. Aufl. Michel, Paris 1968.

Boltanski, L., Prime éducation et morale de classe. Mouton, Den Haag 1969.

Bourdieu, J. und *Passeron, J. Cl.*, Les Héritiers. Minuit, Paris 1964.

— La Reproduction. Minuit, Paris 1970.

Bourricaud, F., Esquisse d'une théorie de l'autorité. Plon, Paris 1961.

Bronfenbrenner, U., Two worlds of childhood: U.S. and U.S.S.R. Basic Books, New York 1970.

Brosse, J., und *Fauvel, Y.*, Le Génie adolescent. Stock, Paris 1969.

Browne, C. G., und *Cohn, T. S.*, Chefs et Meneurs. Psychologie sociale de l'Autorité et de la direction. P. U. F., Paris 1963.

Cahiers de l'enfance. Publication de l'UNESCO.

Cahn, R., und *Mouton, Th.*, Affectivité et troubles du langage écrit chez l'enfant et l'adolescent. Privat, Toulouse.

Chateau, J., u. a., Les Grands Pédagogues. P. U. F., Paris 1965.

Chiland, C., L'enfant de 6 ans et son avenir. Th. de doctorat es Lettres. P. U. F., Paris 1971.

Children in collective. Ed. Newbauer, Israël 1964.

Chombart de Lauwe, M.-J., Un monde autre: l'enfance. Payot, Paris 1971.

Dahl, R. A., Preface to «Democratic Theory». University of Chicago Press, 1956.

Danon-Boileau, H., und *Lab, P.*, L'inhibition intellectuelle. In: Psych. de l'enfant, V, 1, P. U. F., Paris 1962.
De Gaulle, Ch., Le fil de l'épée. Berger-Levrault, Paris 1932.
Deligny, F., Les vagabonds efficaces. Ed. Michon, Paris 1947.
De Rougemont, D., Journal d'Allemagne. Gallimard, Paris 1938.
Diatkine, R., Du normal et du pathologique dans l'évolution mentale de l'enfant. In: Psychiatrie de l'enfant, X, 1, P. U. F., Paris 1967.
Erikson, E. H., Kindheit und Gesellschaft. Pan-Verlag, Zürich und Stuttgart 1957 (Internationale Bibliothek für Psychologie und Soziologie, Bd. 15).
Fanon, F., Die Verdammten dieser Erde. Suhrkamp, Frankfurt a. M. 1966.
Fau, R., Les groupes d'enfants et adolescents. P. U. F., Paris 1942.
Febre, L., Le problème de l'incroyance au XVIe siècle. Michel, Paris 1942.
Ferrière, A., L'autonomie des écoliers. Delachaux et Niestlé, Neuchâtel 1921.
Fornari, F., Psicanalisi della situazione atomica. 2. Aufl. Rizzoli, Milano 1970.
— Psychoanalyse des ersten Lebensjahres (1963). Fischer, Frankfurt a. M. 1970 (Conditio humana).
Foucault, M., Les mots et les choses. Gallimard, Paris 1966. (Deutsch: Die Ordnung der Dinge. Suhrkamp, Frankfurt a. M. 1971.)
Freinet, C., Pour l'école du peuple. Maspéro, Paris 1969.
— Les techniques Freinet de l'Ecole Moderne. Colin-Bourrelier, Paris 1964.
Freinet, E., Naissance d'une pédagogie populaire. Cannes 1949.
Freire, P., Pädagogik der Unterdrückten. 2. Aufl. Kreuz-Verlag, Stuttgart 1972.
Freud, S., Gesammelte Werke. 18 Bde., Fischer, Frankfurt a. M. 1960 ff.
Fulchignoni, E., La civilisation de l'image. Payot, Paris 1969.
Garin, E., Geschichte und Dokumente der abendländischen Pädagogik. 3 Bde., Rowohlt, Reinbek 1964 ff.
Gerbod, F., Vie quotidienne dans les lycées et collèges au XIXe siècle. Hachette, Paris 1968.
Gesell, A., Die Jahre von zehn bis sechzehn. 3. Aufl. Christian-Verlag, Bad Nauheim 1968.
Golan, S., Collective education in Kibbutz. Edc. Dpt. Merchavia, 1961.
Guex, G., La névrose d'abandon. P. U. F., Paris 1950.
Halphen, L., Charlemagne et l'empire carolingien. Michel, Paris 1947.
Held, R. R., De la psychanalyse à la médecine psychosomatique. Payot, Paris 1968.
Hörnle, E., Grundfragen proletarischer Erziehung (1929). 3. Aufl. März, Frankfurt a. M. 1969.
Jouvenel, B. de, Über die Staatsgewalt. Die Naturgeschichte ihres Wachstums (1947). Rombach, Freiburg i. Br. 1972.
Kestemberg, E., L'identité et l'identification chez l'adolescent. In: Psychiatrie de l'enfant, V, 2, P. U. F., Paris 1962.
Klein, M., Die Psychoanalyse des Kindes. 2. Aufl. Reinhardt, München und Basel 1971.

Kluge, F., Etymologisches Wörterbuch der deutschen Sprache. 18. Aufl. De Gruyter, Berlin 1960.

Koupernik, C., und *Daily, R.*, Développement neuro-psychique du nourrisson. P. U. F., Paris 1968.

Lafont, H., *Meyer, P.*, *Pagnier, M.*, Boscoville analysée comme Institution totale (hektographiert).

Lapassade, G., L'entrée dans la vie. Ed. de Minuit, Paris 1963.

Lebovici, S., La relation objectale chez l'enfant. In: Psychiatrie de l'enfant, III, 1, P. U. F., Paris 1961.

— und *Crémieux, R.*, A propos du rôle et de l'image du père. In: Psychiatrie de l'enfant, XII, 2, P. U. F. 1970.

— und *Soulé, M.*, La connaissance de l'enfant par la psychanalyse. P. U. F., Paris 1970.

Lettres à une maîtresse d'école, par les enfants de Barbania. 1967. Frz.: Mercure de France.

Levy, R. I., Child management structure in Tahitian families. In: The Journal of Polynesia Society, Bd. 78, Nr. 1, März 1969.

Lewin, K., Psychologie dynamique. P. U. F., Paris 1958.

Lot, F., La fin du monde antique et le début du moyen âge. 3. Aufl. Michel, Paris 1968.

Makarenko, Ein pädagogisches Poem. Ullstein-Buch Nr. 2871, Berlin 1972.

Male, P., Psychothérapie de l'adolescent. P. U. F., Paris 1964.

Marcuse, H., Ideen zu einer kritischen Theorie der Gesellschaft. 4. Aufl. Edition Suhrkamp Nr. 300, Frankfurt a. M. 1970.

Marx, K. und *Engels, F.*, Manifest der kommunistischen Partei. Reclam, Stuttgart 1969.

Mauco, G., Psychanalyse et éducation. Aubier-Montaigne, Paris 1967.

Mead, M., Jugend und Sexualität in primitiven Gesellschaften. 3 Bde. Deutscher Taschenbuch Verlag, München 1970.

— Der Konflikt der Generationen. Walter-Verlag, Olten u. Freiburg i. Br. 1971.

Memmi, A., Portrait du colonisé. Les Temps Modernes, Paris 1957.

Mendel, G., Anthropologie différentielle. Vers une anthropologie sociopsychanalytique I. Payot, Paris 1972.

— Die Generationskrise. Eine soziopsychoanalytische Studie (1969). Suhrkamp, Frankfurt a. M. 1972.

— Die Revolte gegen den Vater. Eine Einführung in die Soziopsychoanalyse (1968). Fischer, Frankfurt a. M. 1972.

— Sociopsychanalyse I. Psychosociologie ... psychomanipulation. Payot, Paris 1972.

— Sociopsychanalyse II. La plus-value de pouvoir. Payot, Paris 1973.

— Sociopsychanalyse III. Psychanalyse et sociopsychanalyse. Payot, Paris 1973.

— und *Guedeney, Colette*, L'Angoisse atomique et les centrales nucléaires. Payot, Paris 1973.

Mendel, G., und *Vogt, Ch.*, Le Manifeste Educatif. Contestation et socialisme. Payot, Paris 1973.

Miller, N. E., Les périodes critiques du cerveau. In: Impact, XVIII, 3, UNESCO 1968.

Millet, K., Sexus und Herrschaft. Die Tyrannei des Mannes in unserer Gesellschaft. Desch, München 1971.

Mitscherlich, A., Auf dem Weg zur vaterlosen Gesellschaft. Ideen zur Sozialpsychologie, Piper, München 1963.

Montessori, M., Die Entdeckung des Kindes. 3. Aufl. Herder, Freiburg i. Br. 1972.

Naraghi, E., Jeunesse 1969. In: Courrier UNESCO, April 1969.

Neill, A. S., Theorie und Praxis der antiautoritären Erziehung. Das Beispiel Summerhill. Rowohlt, Reinbek 1970.

Oury, J., Etude des relations dans les groupes. Ed. et Techniques Nr. 9, 1962.

Ozouf, J., Nous, les Maîtres d'école Maspéro, Paris 1961.

Pages, M., L'Orientation non-directive en psychologie sociale. Dunod, Paris 1954.

Parsons, T., (Hrsg.), Toward a General Theory of Action. 4. Aufl. Harvard University Press, Cambridge (Mass.) 1959.

Pasche, F., De la dépression. In: A partir de Freud. Payot, Paris 1969.

Pawlow, I. P., Die bedingten Reflexe. Kindler, München 1972.

Pearson, Adolescence and the conflict of generations. Norton, New York 1958.

Pellowski, A., The world of children's literature. R. R. Bowker, London 1968.

Percheron, A., La conception de l'Autorité chez les enfants. In: Rev. fr. de science politique, XXI, 1, 1971.

Piaget, J., L'œuvre. Vgl. Bibliographie in: *Lerbet, G.*, Piaget. Ed. Universitaires, Paris 1970.

— La représentation du monde chez l'enfant. 4. Aufl. P. U. F., Paris 1972.

— Theorien und Methoden der modernen Erziehung, Molden, Wien 1972.

Place de la Psychiatrie de l'enfant et de l'adolescent. Ses rapports aves les autres sciences médicales (Broschüre, Paris 1970).

Prost, A., L'enseignement en France, 1800–1967. A. Colin, Paris 1968.

Rabin, A. I., Attitudes of Kibbutz children to family and parents. In: Americ. Journ. of Orthopsychiat., 29, 1959.

— Growing up in the Kibbutz. New York 1965.

Racamier, P. C., Etude clinique des frustrations précoces. In: R. F. Psych., XVII, 3, 1953 und XVIII, 4, 1954.

Relations Parents-enfants dans différentes cultures. In: Carnets de l'Enfance. UNICEF, 10, 1969.

Revel, J. F., siehe: *Russie contestataire.*

— Die Revolution kommt aus Amerika. Hoffmann u. Campe, Hamburg 1971.

Roheim, G., u. a., Psychoanalysis and the social sciences. I. U. P., New York 1947.

Russie contestataire. Documents de l'opposition soviétique (préface de J. F. Revel). Fayard, Paris 1970.

Schmid, J. R., Le Maître camarade et la pédagogie libertaire. Delachaux et Niestlé, Neuchâtel 1936.

Schmidt, W., Psychoanalytische Erziehung in Sowjetrußland. Bericht über das Kinderheim-Laboratorium in Moskau. Internationaler Psychoanalytischer Verlag, Leipzig, Wien, Zürich 1924.

Snyder, G., La pédagogie en France aux XVIIe et XVIIIe siècles. P. U. F., Paris 1965.

Sombart, W., Der Bourgeois. Zur Geistesgeschichte des modernen Wirtschaftsmenschen. Duncker und Humblot, München und Leipzig 1913.

Spiro, M. E., Children of the Kibbutz. Harvard University Press, Cambridge (Mass.) 1958.

Trichaud, L., Education et développement en Italie. Ed. Jeune Europe-Etinco, 1970.

Union des foyers de jeunes travailleurs. Mutations de la société et leurs incidences sur la jeunesse. Paris 1968.

Vasquez, A. und *Oury, F.*, Vers une pédagogie institutionelle. Maspéro, Paris 1967.

Winnicott, D. W., Kind, Familie und Umwelt (1957). Reinhardt, München und Basel 1969 (Beitr. zur Kinderpsychotherapie Bd. 5).

Analytisches Inhaltsverzeichnis

charakterisiert. Fehlt einer der Punkte, handelt es sich nicht mehr um das Phänomen Autorität, sondern um nackte Gewalt (und ihre Anwendung) oder um Macht (und ihre Mechanismen).
Wer die Gewalt oder Macht in Händen hat, wird immer versuchen, sich hinter der täuschenden Maske der Autorität zu verbergen.

III. Die westlichen Gesellschaften der Gegenwart: Autorität und Legitimität oder ein neues, nicht hierarchisches Kräfteverhältnis? 42

Kurze kritische Analyse des Entwurfs einer Theorie der Autorität (*Esquisse d'une théorie de l'Autorité*) von François Bourricaud.
Im Gegensatz zu diesem Autor bin ich der Meinung, daß die Charakteristika der «Polyarchien» (R. Dahl) nicht mehr auf das Phänomen Autorität zurückgeführt werden können. Was bisher Autorität war, läßt sich jetzt entweder unter dem Begriff des Kräfteverhältnisses fassen («Gewalt setzt der Gewalt Grenzen») oder dem Bereich technischer Zuverlässigkeit zuordnen, die die Übermittlung von Anweisungen sichert. Im polyarchischen System gibt es Zwänge, die die soziale Maschinerie in Gang halten, aber keine echte Autorität. Der Kampf der Kräfte wird durch diese Zwänge, die ökonomischer Art (Vermeidung des Bankrotts) oder vitaler Art (Atomkrieg verhindern) sein können, in Grenzen gehalten.

IV. Die psychisch-affektive Komponente der Autorität 47

Das Überleben des Säuglings (und Kleinkindes) hängt von den Erwachsenen ab. Es ist unvermeidlich, daß er gegen die Erwachsenen, die ihn zeitweise notgedrungen frustrieren müssen, gelegentlich Aggressionen entwickelt. Das ebenso unvermeidliche Korrelat zu dieser Aggressivität ist die Angst, im Stich gelassen zu werden.
Auf diese Prozesse, die nicht von Dauer sein müßten, hat der Erwachsene seit den Anfängen der Menschheit das Phänomen Autorität gegründet.
Das Phänomen Autorität ist nichts anderes als die Verstärkung, Ausbeutung und Perpetuierung (insbesondere durch Drohung mit Liebesentzug) der Angst des Kindes, im Stich gelassen zu werden, d. h. genau genommen seines Schuldgefühls. Die anachronistische (weil inaktuelle, nur auf die ersten Lebensmonate bezogene) Angst vorm Verlassenwerden, diese unauslöschliche Prägung, bewirkt, daß das Kind und der spätere Erwachsene sich in einer quasi automatischen konditionierten Reflexreaktion jedem Höherstehenden unterwerfen.

Folgen des ungleichen Kräfteverhältnisses zwischen Kind und Erwachsenem manipulierte, verstärkte und perpetuierte. Große und Kleine, Ausbeuter und Ausgebeutete: die Ausbeutung des Menschen durch den Menschen stützt sich immer auf die Konditionierung des Kindes durch den Erwachsenen. 65

6. Aus allem bisher Gesagten ergibt sich, daß es nur einen einzigen, nämlich hierarchischen Typ von Autorität gibt; er findet seine Rechtfertigung in einer religiösen oder weltlichen Transzendenz, die für etwas Höheres als das Individuum gehalten wird. 66

II. Von der totalen (biologischen, psychisch-affektiven, gesellschaftlich-politischen) Abhängigkeit zur schrittweisen Befreiung 69

In den – mythischen – Anfängen der Menschheit war die Autorität der Erwachsenen über die Kinder am größten. Denn in «primitiven» Gesellschaften sind die Erwachsenen vollkommen der Autorität der Götter, der Gruppe (Gruppen-Ich + Bräuche und Tabus) und einer führenden Minderheit unterworfen. Selbst vollkommen unterworfen, konditionierten sie natürlicherweise die Kinder auf eine gleiche vollkommene Unterwerfung unter die Eltern. 69

Das zeitlich erste Phänomen auf dem Weg zur Befreiung scheint eine Abschwächung des Unterwerfungsreflexes auf seiten der Erwachsenen gewesen zu sein, eine Abschwächung, die sich sekundär auf die Erziehung der Kinder auswirkte. 72

Nach der neolithischen Revolution brachten Veränderungen in den Produktionsverhältnissen (im Marxschen Wortsinn), die ihrerseits auf Umwandlungen der Produktivkräfte zurückgingen (verstärkter oder geringerer Warenaustausch, technische Erfindungen, die Folgen der sozialen Kämpfe, der Kriege, der Forschungsreisen usw.) jedesmal auch Veränderungen in den soziokulturellen Traditionen mit sich. Diese Veränderungen bewirkten ihrerseits wieder einen partiellen ideologischen Hiatus, eine partielle Entkonditionierung im Hinblick auf die traditionelle Ideologie. Dank dieser Entkonditionierung konnte sich bei den Ausgebeuteten ein gewisses Maß an Klassenbewußtsein entwickeln.

Auf jede Entkonditionierung des Autoritätsreflexes beim Erwachsenen, wie er ihm in der Kindheit eingeprägt wurde (traditionelle Ideologie), kann eine Rekonditionierung folgen. Neues Phänomen heute: die technologische Revolution wirkt sich nicht nur auf das Verhältnis des Erwachsenen zur Autorität aus, sondern auch auf das Verhältnis des Kindes und des Jugendlichen zum Erwachsenen, der für ihn die Autorität repräsentiert. Nicht mehr nur ändern die Erwachsenen ihr Verhältnis zu den Kindern, sondern die Kinder können von sich aus, nicht mehr nur wie früher sekundär, ihr Verhältnis zu den Erwachsenen ändern. 75

2. Daher liegt es nahe, die industrielle und die nachfolgende technologische Revolution mit ihrer rücksichtslosen und beschleunigten Veränderung der Produktivkräfte als eine eigene determinierende Kraft anzusehen.

Infolge der Ausweitung des ökonomischen Warenaustauschs zwingt die technologische Revolution nach und nach dem gesamten Planeten ihre auf dem Leistungsprinzip gründenden Gesetze auf (maximale Rendite, technische Effizienz, Roboter-Ideal, Konzentration der Industrien und Arbeitskräfte, Umschichtung und Mobilität der Bevölkerung, tiefgreifende Veränderung der Umwelt und der Lebensgewohnheiten, Autoritätsschwund wegen des Vorrangs der technischen Kompetenz). 92

3. Wieso bewirkt das Leistungsprinzip die Auflösung der auf dem Autoritätsprinzip basierenden sozio-kulturellen Institutionen? Erstens wird dem sozio-kulturellen Erbe, trotz seiner Entwicklungsfähigkeit, seine Unangepaßtheit zum Verhängnis. Zweitens sieht der Erwachsene, der das Erbe vermittelt, wie das Bezugssystem, für das er in seiner Kindheit erzogen und konditioniert wurde, vor seinen Augen zerfällt. Daher seine tiefe Verunsicherung, die das Kind sehr deutlich spürt. Drittens: die Vermittlung des sozio-kulturellen Erbes fand in der Adoleszenz in den Einweihungsriten statt, die den krönenden Abschluß der Konditionierung des Kindes auf Autorität bildeten. Die Examina und Diplome, die bisher die Stelle der Einweihungsriten einnahmen, werden heute vom Jugendlichen nicht mehr als eine leibliche und seelische Identifikation mit den Älteren und der Gesellschaft erlebt, sondern vielmehr als soziale Brandmarkung («diensttauglich»). Der Jugendliche sieht sich als ein von der sozialen Maschinerie, als welche er die Gesellschaft erlebt, Abgestempelter.

Die technologische Revolution übt auf das Kind und den Jugendlichen eine doppelte *direkte* Wirkung aus, eine psychologische und eine soziologische.

Eine psychologische: in unseren patriarchalischen Gesellschaften repräsentierte der Mann (Gottvater, König oder Häuptling, Familienvater) Sicherheit und Schutz, in ihm verkörperten sich Ordnung, Vernunft, die kulturellen Werte im Gegensatz zum Unbekannten, zu Unordnung und Chaos, als deren Bild zu fungieren die Frau von der Kultur gezwungen wurde. Vaterbild, Werte und Autorität bildeten eine Einheit. Heute geht die Gesellschaft einer unbekannten, angsterregenden Zukunft entgegen, über deren Entwicklung die mit Ohnmacht geschlagene Autorität offensichtlich keine Macht mehr hat und die statt dessen der anonymen, lebensfeindlichen, allmächtigen Willkür einer technisch-ökonomischen und bürokratischen Maschinerie ausgeliefert ist. Diese Gesellschaft stellt sich darum heute dem Unbewußten viel mehr als archaische Mutterimago dar denn als Vaterimago. Mit einem Wort: die Erwachsenengesellschaft stellt sich dem Jugendlichen nicht mehr als eine Gesellschaft dar, in der er leben möchte, sondern als etwas Gefährliches und Angsterregendes.

V. Welche Perspektiven und welche Fragen ergeben sich aus unserem Ansatz? 111

Es ist offensichtlich unmöglich, sich im Kampf zwischen Leistungsprinzip und Autoritätsprinzip für eines von beiden zu entscheiden. Das in dieser Stunde dargelegte Entwicklungsschema, nach dem die Werte entstehen, zeigt, warum weder Leistung noch Autorität Werte sind. Das Leistungsprinzip wird, sobald sein Sieg gesichert ist, seine eigene soziale Ordnung entwickeln, die nicht mehr auf Autorität, sondern auf Zwang, auf Gewalt basiert. Von einer «informierten» Polizei überwacht, in allen Details «aktenkundig», von der Notwendigkeit, arbeiten zu müssen, um überleben zu können, vorangepeitscht, fasziniert von der Aussicht auf eine jährliche leichte Hebung des Lebensstandards, wird dann das Individuum seine letzten oppositionellen Regungen unter dem Einfluß von staatlich verordneten psychochemischen «Glückspillen» und adaptiven Psychotherapien dahinschmelzen sehen. 112

Die autoritären Regime, die die «Geschichte ausstreichen» möchten (Marx), werden von den sozialen Konsequenzen der Umwälzungen auf dem Gebiet der Produktivkräfte weniger berührt. Mit der internationalen wirtschaftlichen Konkurrenz der Leistungsgesellschaften konfrontiert und erdrückt vom Gewicht einer schwerfälligen Bürokratie, werden sie jedoch entweder in einen Krieg getrieben oder zur Verstärkung ihrer Polizeimaschinerie gezwungen. Wie aber die industrielle Revolution die Arbeiterklasse hervorgebracht hat, so bewirkt heute die technologische Revolution die Entstehung neuer oppositioneller Kräfte, die geeignet sind, als eine dritte Macht in den Kampf zwischen Leistungs- und Autoritätsprinzip einzugreifen. Zu diesen neuen Kräften ist die Jugend als Altersklasse und als soziale Klasse zu rechnen.

Es hängt teilweise von den Erwachsenen ab, ob diese neue soziale Klasse politisch im konstruktiven oder destruktiven Sinne tätig wird.

Die Jugend kann sich aber de facto nur organisieren, sich klare Ziele setzen und volle Verantwortung übernehmen (d. h. ein echtes Klassenbewußtsein entfalten), wenn eine pädagogische Revolution stattfindet. In einem dritten Teil sind also noch die Bedingungen für eine solche pädagogische Revolution zu präzisieren, wobei dem gegenwärtigen Stand der gesellschaftlichen Kräfte, dem Druck der bewußten und unbewußten Schuldgefühle und der allgemeinen Gesellschaftskrise Rechnung zu tragen ist. 113

DRITTER TEIL:
DIE PÄDAGOGISCHE REVOLUTION

Gleichheitsstatus von Kind und Erwachsenem; Entfaltung des Phänomens Konflikt als neuer, das Phänomen Autorität ablösender sozialer Konsens und als neuer Wert

I. Zwischenspiel oder Etappe? 117

1. Kind und Erwachsener. Individuum, Klasse, Gesellschaft.

Direkte Auswirkung der Veränderung der Produktionsmittel auf das Kind.
Das Kind spiegelt nicht mehr nur die empfangene Prägung auf den Erwachsenen zurück. *Neues* Phänomen: es übt nun einen spezifischen Einfluß als Glied einer Alters- und sozialen Klasse auf die Erwachsenenwelt aus.
Der soziale Konsens beruhte bisher auf dem Phänomen Autorität. Heute Entkonditionierung des Autoritätsreflexes und ideologischer Hiatus. Wie wird der neue soziale Konsens aussehen? Autoritätsverlust des Staates und der herrschenden Klassen und Verstärkung ihres Polizeiapparates. Nackte Gewalt. Aber das Individuum gewinnt auch, dank des Autoritätsschwundes, zunehmend ein Bewußtsein von dem, worum es gebracht worden ist, was es auf die autoritären Instanzen delegiert hat. Der Konflikt zwischen Individuum und Staat (und denen, die den Staat in der Hand haben) läuft Gefahr, zu einem Zusammenstoß zwischen tönernem und eisernem Topf zu werden, falls sich kein stärkeres Klassenbewußtsein entwickelt (das zum Selbstbewußtsein, zur vollen individuellen Bewußtheit hinzutreten muß).
Das um so mehr als zu dem Schuldgefühl, das mit dem «Erwachsenwerden» verbunden und dem Menschen wesenseigen ist, noch das zusätzliche soziokulturelle Schuldgefühl der frühen Kindheit hinzutritt. 117

2. Fortschritt zu größerer Humanität oder Rückfall in die Versklavung. Über den Konflikt als natürlichen Zustand des Menschen.

Das Modell jeder Versklavung, ihre ursprüngliche Form ist der Zustand des Säuglings in seiner biologischen, fantasmatischen und psychisch-affektiven Abhängigkeit. Der Säugling ist in seinen Wunsch-, Aggressions- und Schuldphantasien total entfremdet.
Nach diesem Modell hat die Gesellschaft der Besitzenden bisher alle Formen der Versklavung je nach Alter, Geschlecht, Rasse, ökonomischem und politischem Zustand entwickelt. Das Modell jeder Befreiung, ihre ursprüngliche Form ist mit der Entwicklung der Psycho-Motorik und der Sprache gegeben. Mit ihr gewinnt das Subjekt mehr Macht über die Wirklichkeit, es erweitert seine objektive Kenntnis der Welt und kann ein autonomes Bild seiner selbst entwickeln.
Versklavung durch die unbewußten Phantasien. Befreiung durch Handeln, dem das Wort zur Seite tritt. Grundsätzlich unauflöslicher Konflikt.
So ist also der Konflikt der natürliche Zustand des Menschen, Kampf zwischen dem Ich und den unbewußten Trieben, zwischen dem Ich und der realen Außenwelt.
Die gegenwärtige Verschärfung der Konflikte und ihre Ausweitung über die traditionellen antagonistischen Klassen hinaus ist nicht auf die Offenlegung der Konflikte zurückzuführen. Das Gegenteil ist richtig. Die Ursache liegt in der technologischen Revolution, d. h. in umwälzenden Veränderungen auf der

Insofern der Gleichheitsstatus die Gegenposition zur früheren totalen Ungleichheit zwischen Säugling (bzw. Kleinkind) und Erwachsenem darstellt, ermöglicht er die Eindämmung der psychisch-affektiven Folgen dieser Abhängigkeit, also der Frustration der narzißtischen Libido, der Aggressivität, der intellektuellen Entwicklungshemmungen und des Schuldgefühls. *Humanisation, Befreiungsprozeß, Entstehen der Werte, «Fortschritt» – das sind die psychisch-affektiven Dimensionen, in denen und durch die sich die Zurücknahme der Selbstliebe vollziehen kann.*

Gleichheit ist, vorausgesetzt, ein sozialer Konsens besteht, der Status, der die Entwicklung nur eines Minimums von Aggressivität garantiert.

5. Die Erscheinungsform der Werte 138

Die Werte als Glieder einer Kette, die von der anthropologischen («spezifischer anthropogener Kern») und technisch-ökonomischen Infrastruktur bis zum sozio-kulturellen Überbau reicht.

6. *Der Wert als ein dem Kollektivbereich zugehöriges Phänomen* 140

Ein Wert ist nur, was die fortschreitende Entkonditionierung des Autoritätsreflexes ins Kollektiv einzubauen ermöglicht. Alle Werte sind der absoluten willkürlichen Autorität der Frühzeit abgerungen.

7. *Vermengung der Begriffe «Wert» und «sozialer Konsens». Die Autorität ist kein Wert, sie ist nur ein sozialer Konsens.* 142

Ein bezeichnender Zug unserer Zeit ist die Tendenz, die Werte in dem Maß abzulehnen, wie sich das Phänomen Autorität auflöst, so als ob beide Phänomene notwendig miteinander verbunden wären. Muttergesellschaften (archaische Mutter im Unbewußten) und Vatergesellschaften.

In den Vatergesellschaften ist der durch die jeweilige Gesellschaftskultur genau festgelegte Inkarnationsort der Werte und der Autorität der idealisierte Vater (in Wahrheit aber ist das Subjekt der Ursprungsort der Werte).

Der Vater (als Gegenspieler zur archaischen Mutter) und das Phänomen Autorität, die in den Vatergesellschaften Hand in Hand gehen, finden sich heute beide infolge der tiefgreifenden Veränderung der Produktionsmittel, der «technologischen Revolution», weitgehend in Frage gestellt.

Hauptproblem: Mit der Entkonditionierung des Autoritätsreflexes muß die Zurücknahme dessen, was das Subjekt auf den Vater delegiert hat (seine Selbstliebe oder das Ichideal, seine Macht, die Werte) eng zusammengehen, wenn nicht die Werte (und damit das Subjekt selbst) in den offenbar unaufhaltsamen Verfall des Phänomens Autorität mit hineingerissen werden sollen.

Diese Zurücknahme seiner Projektionen und seiner Idealisierungen durch das Subjekt selbst ist nichts anderes als die Annahme und Übernahme des Phänomens Konflikt als neuer Wert und als neuer Konsens.

Wenn aber auch das Subjekt sich heute der Autorität entziehen kann, ist sein unbewußtes Schuldgefühl doch sichtlich das gleiche geblieben.

Die pädagogische Revolution – Gleichheitsstatus von Kind und Erwachsenem – ist das einzige geeignete Mittel, um das unbewußte Schuldgefühl des Kindes abzubauen, so daß es lernen kann, mit seinen Konflikten zu leben, ohne auf die traditionellen Fluchtlinien – Projektion, Idealisierung, Illusion – rekurrieren zu müssen.

Das Problem besteht – noch einmal – darin, die Werte zu trennen vom Phänomen Autorität als Konsens und vom Vater als Totem-Imago der Gesellschaft, die sich beide, als Konsens und als Totem, auflösen.

8. *Zurücknahme der Projektionen und Idealisierungen; Aufhebung der Entfremdung, aber Auftreten neuer innerer Konflikte* 149

Projektion und Idealisierung sind dem Menschen wesenseigene Prozesse. Die Gesellschaft, der Staat, die Besitzenden schaffen sie nicht, aber sie verstärken sie und beuten sie aus, indem sie institutionalisierte Scheinlösungen anbieten.

Untersuchung einiger dieser Scheinlösungen:

a) Der Krieg als Mittel zur Freisetzung von Aggressionen und als Rechtfertigung der Aggressivität. Gleichwertigkeit der Themen «gerechter Krieg» und Revolution «für ein Goldenes Zeitalter» (ein Thema, das die Verleugnung der Aggressivität und der Schuld des Subjekts erlaubt).

Die gesellschaftliche Scheinlösung des Konflikts Liebe–Haß: «Nicht du bist schuldig, ‹böse› ist der Ausländer, der Schwarze, der Jude, der Revisionist, die Gesellschaft usw.»

Das Bekenntnis zu seiner doppelten Aggressivität – seiner ursprünglichen und der durch die sozio-kulturell bedingten Frustrationen erzeugten – wird den Unterdrückten nicht daran hindern, gegen den Zustand der Unterdrückung zu kämpfen.

b) Die Verheißung des «ewigen Lebens», der Unsterblichkeit, als Scheinlösung im allgemein menschlichen Konflikt Leben–Tod.

c) Idealisierung des Wahnsinnigen als Instrument gegen die Vernunft, die Werte, die Autorität und die Gesellschaft. Umgekehrt Projektion des eigenen Wahnsinns auf den Wahnsinnigen, der so zum Sündenbock gemacht wird.

In beiden Fällen Verleugnung des jedem Individuum innewohnenden Konflikts zwischen Wahnsinn und Vernunft.

d) Die Frau. In dem Maß, wie das neu entstehende Vaterbild an Macht gewann, projizierte der Mann seine Archaismen auf die Frau, erlebte seine Herrschaft über die Natur als Aggression gegen die Mutter-Imago im Unbewußten, inkarnierte diese attackierte und verstümmelte Mutter-Imago in der Person der Frau (Frau als «Wesen ohne Seele» oder als «Kastrierte») und überbewertete, idealisierte andererseits defensiv das männliche Geschlechtsorgan, den Penis. Damit wird das Fortleben der Archaismen im eigenen Unbewußten und die (insbesondere orale und anale) Kastrationsangst verleugnet.

e) Das Kind. Mit der Erziehung, Dressur, Züchtigung des Kindes bekämpft der Erwachsene seine eigenen Triebe. Je frustrierter er ist, desto mehr frustriert er. So baut er sich eine äußere Verteidigungslinie auf und gehorcht dabei zugleich (mit einem Mindestaufwand an Energie) der von der Gesellschaft in seiner frühen Kindheit in ihm installierten Autorität, wobei er sich mit seinen ehemaligen Ausbeutern identifiziert.

f) Der Vater. Die Anerkennung des Konflikts als Wert setzt die Reintegration der Aggressivität, des Todes, des Wahnsinns, des Archaischen, der Kastrationsangst, der infantilen Triebe in das Selbst und ihre Anerkennung als Teile des Selbst voraus. Der Zustand des «anerkannten Konflikts» wird nur durch einen schon in früher Kindheit einsetzenden Lernprozeß, durch eine pädagogische Revolution ermöglicht, nur so kann er ertragen und verarbeitet werden. Andererseits wird aber in diesem Zustand auch die Konfliktspannung sehr viel geringer sein als heute, da die Frustrationen, die Aggressivität und das Schuldgefühl nachlassen werden.

9. *Um einer zu sein, muß man drei sein.* 166

Um seine Archaismen verarbeiten zu können, muß sich das Subjekt auf ein äußeres Objekt stützen (herkömmlicherweise auf den Vater). Früher gewährleistete die Differenzierung der elterlichen Rollen diese Verarbeitung, heute könnte das ein anderes trinitarisches System leisten. Nicht mehr: Kind + Mutter + Vater. Sondern schon sehr früh: Kind + Altersklasse der Kinder + Altersklasse der Erwachsenen.

10. *Konflikt, Wert und sozialer Konsens* 167

Der zum kollektiven Wert gewordene Konflikt ist das Agens, das der Verschleierung eines der Antagonismen entgegenwirkt. Das Phänomen Konflikt als neuer sozialer Konsens mit allen seinen politischen Implikationen würde die Auslöschung des Individuums durch den Staat, die Gesellschaft erschweren. Nur eine pädagogische Revolution könnte die kollektive Aneignung des Phänomens Konflikt in diesem zweifachen Sinn ermöglichen.

III. Kindheit als Zustand und als sozio-politische, von den Erwachsenen getrennte Klasse: eine realistische Utopie 171

1. *Hauptthese* 171

Das Kind ist heute in der «Lernmaschinerie» der Schulen von der Wirklichkeit isoliert, von der Welt der Erwachsenen abgeschnitten und, bei zunehmender Unmöglichkeit der Kommunikation mit ihr, auf präödipale Entwicklungsphasen fixiert. Bisher wuchs das Kind in die Erwachsenengesellschaft hinein, indem es zugleich mit einer vollständigen Identifikation mit dem Erwachsenen sein Kindsein aufgab. Die Kindheit war die je nach Kultur mehr oder weniger lange Zeit der Abtötung des Kindseins.

Heute kann eine Entwicklung nur vom Zustand des Kindseins ihren Ausgang nehmen: nicht mehr Identifikation mit den Erwachsenen, sondern Konfliktverarbeitung in der Begegnung mit der Erwachsenenwelt und in wechselseitiger Beeinflussung beider.

Dreifache Voraussetzung:

a) Die Kindheit besteht nicht mehr einfach darin, erwachsen zu werden, sondern (im Laufe von Generationen) immer stärker die Charakteristika der Kindheit zur Entfaltung zu bringen. Das Kindsein sollte sich parallel mit der Entwicklung der Charakteristika des Erwachsenseins das ganze Leben hindurch weiterentfalten. Es gibt keine Kindheit «an sich». Ebensowenig aber auch ein Erwachsensein «an sich». Sondern nur im einen Fall unterdrückte, im anderen Fall entwickelte psychisch-neuro-biologische und sexuelle Charakteristika. Unter den (abgesehen von bestimmten inneren Grenzen) fast unbeschränkten Entwicklungsmöglichkeiten der Gattung Mensch (die mit dem Überwiegen erworbener Verhaltensweisen über angeborene Automatismen und einem größeren Spielraum für Entscheidungen gegeben sind) ist bis heute nur bestimmten Charakteristiken «Redefreiheit» zugebilligt worden: fast ausschließlich nur denen des männlichen Erwachsenen innerhalb homogener Kulturen.

Ein Fortschritt im Bereich des Humanen scheint nur auf dem Weg über die Entfaltung anderer Charakteristika – nämlich der Frau und des Kindes – erreicht werden zu können und auf dem Weg über eine wechselseitige Durchdringung der Kulturen. Die relativ lange Dauer der Kindheit ist ein für die Gattung Mensch außerordentlich bezeichnendes Merkmal; man spricht von den «drei Lebensaltern» des Menschen.

b) Die gegenseitige Beeinflussung von Jugend und Erwachsenen kann nur von Klasse zu Klasse (Alters-, soziale, politische Klasse), nicht auf individueller Ebene stattfinden.

c) Diese neue Begegnung des Erwachsenen mit der Kindheit würde nicht mehr auf die Vernichtung dieser durch jene abzielen (wenn weder das Kind noch der Erwachsene ausgelöscht zu werden bestimmt sind, ist die Voraussetzung dafür gegeben, daß sich das Phänomen Konflikt als Wechselspiel von Gegensätzen statt als Kampf auf Leben und Tod abspielen kann); sie ist zweifellos nur auf der Basis der Gleichheit möglich. Das Stimmrecht vom 12. Lebensjahr an würde diese Gleichheit garantieren.

Mit dieser These wird meines Erachtens keine Neuerung propagiert, sondern nur ein sich bereits entwickelndes Phänomen beschrieben, das nach und nach in aller Klarheit zutage treten wird, wenn das Kräfteverhältnis seine Entfaltung begünstigt. Eine wichtige Rolle spielt dabei ganz sicher die Einsicht in die Zusammenhänge des sich entwickelnden Phänomens, die es erlaubt, Einfluß darauf zu nehmen.

2. *Bemerkungen zum Altersklassenkampf innerhalb des Schulsystems bzw. zur konfliktuellen Koedukation* 176

Entkonditionierung des Autoritätsreflexes ist keineswegs schon identisch mit Fortschritt oder Befreiung. Sie ermöglicht beides, vorausgesetzt, daß die gegenwärtigen Chancen für einen Fortschritt erkannt und genutzt werden.

In bezug auf das Kind würde die konfliktuelle Koedukation diesen Fortschritt möglich machen. Andernfalls scheint Regression die unausweichliche Alternative zu sein (Drogenkonsum, Delinquenz, Geisteskrankheit, Vergötzung eines Großen Magiers).

Der Erwachsene seinerseits würde sich sein Kindsein durch den Kontakt mit der Altersklasse der Kinder innerhalb des Schulsystems wie auch mit Jugendgruppen innerhalb der Erwachsenenwelt bewahren.

3. *Bemerkungen zur Videoskopie* 182

Die Videoskopie ist – für die Altersgruppe der Kinder und Jugendlichen – ein Modus der Begegnung mit der Wirklichkeit, eine eigenständige Sprache, die der Verarbeitung dieser Begegnung dient, und ein neuer Modus der Begegnung mit der Altersklasse der Erwachsenen.

Für den jungen Menschen der Zeit zwischen 1950 und 1960, dem sich ein bestimmtes Problem stellte, war die Zeit der Beobachtung quasi gleich null, die seiner eigenen Befragung der Wirklichkeit sehr begrenzt, am meisten Zeit beanspruchte die interpretatorische Antwort, die ein von einer Autorität verfaßtes Buch lieferte.

Für den jungen Menschen der siebziger Jahre, der sich der Videoskopie bedient, liegt das Hauptgewicht auf der Beziehung zur Wirklichkeit und ihrer Befragung, wobei letztere allerdings möglicherweise in einen Leerlauf mündet.

Zu den Kinderkrankheiten der Videoskopie würden «Sensationismus» (der Kult von Schockbildern), Selbstzerstörung durch Überdokumentation, Faszination durch die «magische» Antwort eines Großen Verführers gehören.

Die Videoskopie kann für die Jugend zu einem hervorragenden Instrument einer aktiven Begegnung mit jenem Hindernis für das Wunschdenken werden, als welches sich die äußere Wirklichkeit darstellt – ein Hindernis, das ihnen früher in Gestalt der Autorität der Erwachsenen entgegentrat.

Die Anwendung der Videoskopie ist von der Diskussion innerhalb der Altersklasse nicht zu trennen.

Diese Prozesse insgesamt bilden eine «erste Phase»: konsequent durchgeführte Befragung der Wirklichkeit allein mit den Mitteln der eigenen Altersklasse. In einer «zweiten Phase» kommt es darauf an, die wissenschaftlichen Einsichten früherer Generationen zu rezipieren, nicht mehr aber als Antwort, die dem Fragen ein Ende macht, sondern als Hilfe für die Weiterverarbeitung der eigenen Untersuchungsergebnisse.

4. *Charakteristika der Kindheit* 190

Sie stehen mit den bio-neuro-psychologischen Besonderheiten des Kindes in Zusammenhang. Bisher sind sie nie über einen embryonalen Zustand hinausgekommen: das Kind hat, wie der kolonisierte Eingeborene, nicht seine eigene Kultur, seinen persönlichen Reichtum entfalten können. Das Kind von heute ist kein Kind, sondern ein infantilisiertes Wesen.

Die Kindheit ist gekennzeichnet durch ihre enge Beziehung zum Phantasiebereich (Imagination, Spiel); durch ein Verhältnis zur eigenen Altersgruppe, das weniger in einer Identifikation (wie mit dem Erwachsenen) als vielmehr in einer Art von Verschmelzung besteht; durch eine Kreativität, die weniger als die der Erwachsenen aus der Identifikation mit geistigen Vorbildern entspringt; durch eine praktizierte Sexualität besonderen Typs (zum Beispiel die Masturbation). Diese Form des Kindseins, aus der eine echte *Kultur des täglichen Lebens* hervorgehen könnte, wird sich nicht entwickeln, wenn nicht die Kinder und Jugendlichen – unter dem unerläßlichen Beistand der Erwachsenen – darum kämpfen.

Entwicklung eines Kinderrechts. Das Kind gehört weder seiner Familie noch dem Staat: es gehört sich selbst. Grenzen des Elternrechts, vor allem im Fall einer Scheidung. Stimmrecht ab zwölftem Jahr.

Im Fall eines Konflikts mit seiner Familie könnte das Kind sich an ein zu gleichen Teilen aus Angehörigen beider Altersklassen zusammengesetztes Schiedsgericht für Kinder wenden. Entscheidungen innerhalb des Schulsystems.

Das Kind: gestaltloses Wachs, dem die Gesellschaft ihr Siegel aufdrücken muß.

Die Kindheit: eine Zeit der Vorbereitung auf das Erwachsensein. Möglichkeit der Selbsterziehung des Kindes.

Die Kindheit, eine absolut individuelle Übergangszeit.

Die Kindheit, eine Zeit des Träumens.

Das Kind ist unreif, nicht verantwortungsfähig, unangepaßt. Variante: «Die Kindheit ist das Leben eines Tiers» (Bossuet); das Kind ist ein kleiner Engel, es ist «rein» (Verleugnung der Sexualität).

Das Kind gehört seinen Eltern oder dem Staat.

Ein im Zeichen der Ungleichheit stehendes Kräfteverhältnis. In der Gegenwart beginnt eine affektive Ausbeutung des Kindes an die Stelle der bisherigen materiellen Ausbeutung zu treten. Das heutige Kind als der Sinn, den Erwachsene ihrem Leben geben, als einziger Inhalt ihres Daseins, der ihnen in der allgemeinen gesellschaftlichen Krise noch bleibt.